数字人权概论

高一飞 著

北京

图书在版编目（CIP）数据

数字人权概论 / 高一飞著. -- 北京 : 法律出版社, 2024. -- ISBN 978-7-5197-9880-2
Ⅰ. D082-39
中国国家版本馆CIP数据核字第2024ED2719号

数字人权概论 SHUZI RENQUAN GAILUN	高一飞 著	策划编辑 朱　峰 责任编辑 韩泓宇　金　姗 装帧设计 贾丹丹

出版发行　法律出版社	开本　710毫米×1000毫米　1/16
编辑统筹　辞书·融出版编辑部	印张　17.75　字数　258千
责任校对　王　丰　郭艳萍	版本　2024年12月第1版
责任印制　吕亚莉	印次　2024年12月第1次印刷
经　　销　新华书店	印刷　北京建宏印刷有限公司

地址：北京市丰台区莲花池西里7号（100073）
网址：www.lawpress.com.cn　　　　　　　　　销售电话：010-83938349
投稿邮箱：info@lawpress.com.cn　　　　　　　客服电话：010-83938350
举报盗版邮箱：jbwq@lawpress.com.cn　　　　　咨询电话：010-63939796
版权所有·侵权必究

书号：ISBN 978-7-5197-9880-2　　　　　　　　定价：72.00元
凡购买本社图书，如有印装错误，我社负责退换。电话：010-83938349

序言："数字人权"有必要存在吗？

互联网、云计算、大数据、人工智能、区块链、物联网、元宇宙等数字技术的普及应用，叠加行进中的工业化和信息化进程，已然逐渐带来一个全新的数字时代，形塑出数字化的生存样态和发展需求，同时也指向了变迁的法律场景和迥异的人权语境，演变出繁多芜杂的人权挑战，以至于出现了"无数字、不人权"的趋向，推动数字人权作为学理概念铺展开来。相应地，法律作为保障人权的坚实后盾，乃是数字人权从应然走向实然的关键要素，于法治维度回应数字时代的人权问题，建立同数字人权相契合的法律保障机制，亦是中国特色社会主义人权发展道路中不可忽视的重要问题。

一、走出"数字人权"的概念之争

在理论层面，数字人权作为学术概念进入国内法学视界，可以追溯至2019年张文显教授"无数字、不人权"的主题讲演，之后马长山教授将数字人权定位为"第四代人权"，并系统阐释了数字人权的时代背景、生成缘由、概念内涵、保障路径等基本原理[1]，引发了学界的广泛关注。与之相应，刘志强教授撰写多篇论文反对、批判与检讨数字人权概念，坚持认为数字人权这一概念并不成立，更无法归类到第四代人权[2]。正是在"支持/反对"循环往复的学术论争过程中，数字人

---

[1] 参见马长山：《智慧社会背景下的"第四代人权"及其保障》，载《中国法学》2019年第5期，第5—24页。

[2] 参见刘志强：《论"数字人权"不构成第四代人权》，载《法学研究》2021年第1期；刘志强：《"数字人权"再反思——与马长山教授等商榷》，载《政法论坛》2022年第6期；刘志强：《三论"数字人权"之榷扬》，载《中国法律评论》2023年第4期；刘志强、李越开：《再论"数字人权"的解构与追问》，载《北京航空航天大学学报（社会科学版）》2024年第1期。

权成为理论热点,相关研究方兴未艾[1],理论深度不断增强。

　　透过对以上极简学术史的梳理不难发现,作为学术概念的"数字人权"在产生之初,就面临着正当性质疑和代际争论,这种"针锋相对"式的研究理路具有显著的反思性和批判性,推动数字人权迅速成为广受关注的学术议题,避免我们不加审视地接受"无用的新概念"。然而,概念之争并不是数字人权研究的全部内容,过多苛责"数字人权"这一概念,反而有可能忽略数字时代人权保障的新变化与新形势。正是因此,笔者希冀有限度地承认"数字人权",至少将之作为一种约定俗成的固定称谓,以便将数字人权研究的重点置于如何在法律层面保障数字人权。这一处理方式的缘由指涉以下三端:

　　首先,某一学术概念或称谓是否必要,没有绝对的评判标准。一方面,概念代表了社会成员特定的思维方式和世界观,是思想的构建模块,体现出对客观事物本质的反映。就数字人权而言,这个概念恰恰折射出数字技术深嵌社会运转所带来的人权新挑战,即便无法确证其必要性,也难以论断完全谬误。质言之,对某项概念的争论通常源自概念的含义,如在数字人权并无确定内涵的情境下径直否定其本身存在的必要性,可能会陷入"为否定而否定"的窘境。另一方面,参酌心理表征理论不难发现,概念作为思维和语言的中介,一个重要功能在于方便认知、沟通和论证。在笔者看来,数字人权主要指涉数字技术应用过程中的人权议题,此时数字人权更像是一个简化概念,用于更简洁有力地回应数字时代的人权议题。进一步而言,按照结构主义语言学的观点,"能指/所指"之间的关联具有任意性,很大程度上取决于主体间的共识[2]。即对于某一概念的称谓,多数人的"民主"或"可接受性"具有决定意义,既然"数字人权"这一称谓已在"是否成立"的争论过程中为学界所广泛接受,肯认"数字人权"并继续探讨其内涵外延

---

[1] 据不完全统计,自2019年至2024年8月,"中国知网"以"数字人权"为关键词的论文共有121篇,以数字人权为标题的论文共有52篇。

[2] 当然,鉴于人类的语言表述系统不断精密化,这种任意性在现代社会受到了诸多限制,只是一种"有限的任意性"。依照索绪尔"语言决定概念"的观点,新概念实际是思维/语言互动的产物,无法脱离既有的价值理念和理论体系。例如,数字人权依然属于人权范畴,建立在既有的人权基本原理之上,只不过进行了领域限定。

与保障机制,乃是最有效率的研究进路。

其次,妥当回应数字技术应用带来的人权威胁,属当务之急。数字技术全面介入了生活、生产,并催生了翻天覆地的变化,对于个体权利的挑战是全方位的。数据、算法这些不同于既往的客体,不仅冲击了既有法学理论和法律规范体系,也展现出对个体权利保障的全新挑战:其一,数字技术应用带来的侵害具有持续性。数字技术的重要特征在于自动化、智能化,这种自动化的数据归集和智能化的数据运算是一种系统机制,造成权利侵害后不会自动停止,而是成为一种连续性的常规动作;其二,数字技术应用带来的侵害具有表面轻微性。我们普遍认为,数字技术应用可能导致隐私受损、信息控制、算法歧视等一系列危害,但这些侵害不同于传统意义上的财产损害或人身损害,往往不会给社会成员带来即时且显著的痛苦或不便。与之相应,消除这些侵害通常费时费力、成本高昂,人们也就倾向于有意无意地忽视数字技术应用的负面效应;其三,数字技术应用带来的侵害具有中立性表征。数字技术具有鲜明的客观性特征,因之产生的负面侵害也被视为系统自动运行的客观结果,这种缺乏主观故意的"侵害""隐藏在进步和福利的身后"[1],能否纳入法律责任体系本身就存有争议,更遑论刺破"客观性面纱"。

鉴于权利/人权二者的关联和区别,以上三重特征或许不足以直接证立"数字人权"概念,却能够昭示出数字时代个体权利面临的全新挑战。而伴随着数字技术成为人类不可或缺的一环,这些受到威胁的权利既具有基本权利的特质,也展现出纵向性特征。此时,建立契合数字时代趋向的人权理论和人权保障机制,乃是无可回避的重要议题——即便不存在数字人权这一概念,数字时代的人权保障问题也无法简单套用既有的人权法原理予以回应。循此而论,不妨对数字人权这一概念少一些本体论上的概念"苛责",多一些认识论和方法论的学理"支持",继而将研究重点逐步转移至制度保护的层面。

---

[1] 马长山:《智慧社会背景下的"第四代人权"及其保障》,载《中国法学》2019年第5期,第7页。

最后,"数字人权"这一概念本身不存在逻辑问题。按照惯常理解,某种类型或具体的人权或基本权利,通常以"××权"的形式出现,诸如财产权、自由权、平等权等类型,又可衍生推导出言论自由、就业平等等"二阶权利"。其中,无论是抽象的财产、自由、平等,还是更具体的言论自由、就业平等,都是意欲保护的目标或客体。与之相反,"数字"与"人权"并不符合这种一般结构,"数字"反而是"人权"的威胁和抵御对象,似乎存在着逻辑上的不自洽。笔者认为,"数字人权"虽然是人权的下位概念,但这种上/下位关系并不体现为内容上的包含/被包含,"数字人权"实际属于人权的一个特殊领域,即可以简单地将数字人权理解为数字领域,或曰数字技术应用过程中的人权议题。

二、数字人权概念的必要性阐释

对"数字人权"概念的反思有助于夯实相关研究的理论基础,避免了将数字人权简单理解为诸项数字权利的集合,数字人权的学理资源也在反思过程中被不断挖掘。然而,如若继续将学术焦点置于数字人权的"本体论"研究,纠结于数字人权是否成立,既有可能限缩数字人权背后的理论旨趣,也可能搁置需要迫切解决的实践议题。本书认为,数字人权作为回应数字时代人权挑战的新概念,其特殊性与必要性可以从以下三方面加以理解。

第一,数字人权的主要对象不同于以往。数字人权仍旧最终落脚于人权问题,只不过这些人权问题源自数字技术在社会中的广泛应用,其间的数据、算法等要素构成了数字人权区分于一般人权形态的主要因素。一方面,无论是数据、算法,还是以二者为核心要素的数字平台,都不以物理实体的形式存在,更容易被理解为"看不到、摸不着"的虚拟物,人们往往对其运行原理和运行后果缺乏直观、形象的认知,对其中法律问题和人权议题的认知、理解也不得不诉诸专业知识,学科间的思维差异与知识壁垒更为明显;另一方面,数据、算法等数字载体的内在机理更为复杂,难以用简单的"是/否"二元符码加以判断。虽然数字技术建基于"0/1"的二进制符码,但因之产生的社会问题却纷繁复杂。例如,数据治理政策往往在"保护—利用"的两端摇摆,必须依赖于更精细的情景化判断。算法所造成的歧视或损害也难以直接套用既有的平等审查理论和侵权损害原理予以回应。显然,客体的变化必然导致权利内容的变化,数字人权的概念必要性随之凸显。

第二,数字人权所涉及的"纵向关系"更为复杂。根据人权的一般原理,人权与权利一个重要的区别在于,人权主要处理"国家/个人"的纵向关系,体现的是公民个体对于国家的请求权。而随着大型企业、跨国公司等社会组织日渐增多,不少学者主张将"国家/个人"的纵向关系扩展理解为纵向的"权力关系",并据此回应"社会权力"对个体权利的威胁,也因之出现了"工商业与人权""基本权利水平效力"等理论。数字人权的特殊之处在于,基于数字设施之于社会的不可或缺性,以及数字技术的自我赋权机制,越来越多的公司企业对个体基本权利产生了类似于权力的强制性影响,这种权力又被称为"数字权力",可归类为"社会私权力"。除此之外,随着数字政府建设铺展开来,数字技术还与传统的国家公权力紧密结合在一起,使得数字人权的义务主体范围不断增大,判定标准也日趋复杂。更进一步而言,也并非所有的互联网公司或公权力机关在任何情境下都享有数字权力,还应该结合影响力与强制程度等因素予以判断,这些复杂性是数字技术应用的特定产物,也是数字人权理论的独特性所在。

第三,数字人权可以指引弥补现有法律规则的空白。数字人权主要指向数字领域或数字技术应用的过程,由于数字技术仍处于高速发展期,相应的法律空白较多,已制定颁布的法律条文在实施过程中也存在着诸多不确定性,此时数字人权作为一项价值指引或价值判断标准,既能够指导数字立法,也还可以用于司法裁判中的法律解释和漏洞填补活动。

三、作为"时代性"概念的数字人权?

然而,上述三点理由可能面临的诘问在于,使用"人权"而非新创制的"数字人权",似乎同样可以解决以上三个方面的问题,由是数字人权的概念必要性何以显现？笔者认为，相较于一般性的"人权"，数字人权的特殊性体现为三点：

一是特定性。即相较于宽泛的"人权"，数字人权的针对性更强，领域指向更为明显，与数字时代的权利保障需求更加契合，也因之细化、发展、创新了某些人权基本原理；二是技术性。人权具有历史性、文化性、政治性、（法律）规范性等多重面向，随着人类社会进入所谓"权利的时代"，"人权泛化""虚伪的人权"等批评声不绝于耳。数字人权则隐含了"去政治化"的趋向，希冀就数字技术应用中的法律议题来谈人权，可以成为一个更法治化而非政治化的概念，从而正本清源，消除某些对于人权理论的误解；三是时代性。数字人权关注的是与数字技术应用相关的人权议题，或许是一个特定历史阶段的产物：正是因为人类社会面临着翻天覆地的数字变革，相关的价值共识远未形成，相应的法律规范尚不完整，才更需要专门强调数字人权。在此意义上，"数字人权"是比"人权"更有理论吸引力和时代号召力的概念，更容易引发人们对于数字领域人权问题的关注，也更便于为数字治理提供人权理论的支撑。

着眼于未来，或许数字人权会是一个终将"消亡"的概念——要么因为人权基本原理已贯穿数字技术应用的全过程，无须特意强调"数字人权"；要么因为随着数字技术继续介入人类社会，诸种具体人权都呈现出数字化形态，所有的人权都已是"数字人权"。未来无法预测，现实必须面对。无论如何，至少在今后很长一段时间内，都有必要单独强调数字领域的人权议题。

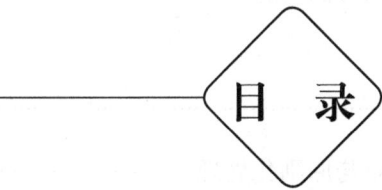

上 编 数字人权的基本原理

第一章 数字人权的概念剖释 …………………………………………… 003

　第一节 问题之缘起：解构"数字人权" …………………………… 004

　第二节 数字人权概念的双重证成 ………………………………… 010

　第三节 数字人权的核心目标 ……………………………………… 015

　第四节 数字人权的内容类型 ……………………………………… 021

　第五节 数字人权的概念功能 ……………………………………… 027

第二章 数字人权的价值解析 …………………………………………… 034

　第一节 前设的追问：数字人权是一种权利"集合"吗？ ………… 035

　第二节 数字人权的结构与功能 …………………………………… 042

　第三节 数字人权的运行机理 ……………………………………… 049

　第四节 数字人权作为客观性的价值判断标准 …………………… 055

第三章 数字人权的规范构造 …………………………………………… 065

　第一节 "规范构造"与"数字人权" ……………………………… 067

　第二节 数字人权规范的内容构造 ………………………………… 075

第三节　数字人权规范的形式构造 083

第四节　数字人权规范的适用方法构造 089

第四章　数字人权的原则适用 099

第一节　数字人权的理论反思与原则化处理 100

第二节　数字人权原则的适用条件识别 107

第三节　数字人权原则的具体适用形态 115

第四节　数字人权原则的类型化适用方法 122

下　编　数字人权的原理应用

第五章　基于数字人权的"数字弱势群体"权利保障 135

第一节　概念解释：何谓"数字弱势群体"？ 136

第二节　根由剖判："数字弱势群体"何以产生？ 141

第三节　制度建构：如何保障"数字弱势群体"权利？ 145

第六章　基于数字人权的平台义务构造 153

第一节　平台人权义务的演进脉络 153

第二节　平台人权义务的理论根基 161

第三节　平台人权义务的基本架构 168

第七章　基于数字人权的地方公共数据治理 174

第一节　问题缘起："数据地方主义"何以形成 175

第二节　路径解析："数据地方主义"的表现形式 177

第三节　功能剖判:"数据地方主义"的作用机理 …………… 183
　　第四节　机制完善:"数据地方主义"的人权治理策略 ……… 190

第八章　基于数字人权的网络信息安全保护 ………………… 204
　　第一节　数字人权视角下的公民网络信息安全 ……………… 204
　　第二节　"通过人权的预防":公民网络信息安全的事前保护 … 211
　　第三节　"通过人权的救济":公民网络信息安全的事后保护 … 213

第九章　基于数字人权的《民法典》功能延展 ………………… 219
　　第一节　实在法面向:《民法典》保障数字人权的基本形式 … 220
　　第二节　正当性证成:《民法典》保障数字人权的逻辑理路 … 225
　　第三节　规范化建构:《民法典》保障数字人权的机制优化 … 232

参考文献 ……………………………………………………………… 240

后　　记 ……………………………………………………………… 272

上编

数字人权的基本原理

第一章　数字人权的概念剖释

　　一系列眼花缭乱的数字技术迅速发展和广泛普及应用，令人应接不暇，已然逐渐带来了一个全新的"数字社会"。"数字社会"在全面改变人类生产、生活方式和存在、组织形式的同时，也深刻影响着人类精神世界，由此牵引了法律场景的变迁，出现了"以新的技术结构支撑新的社会结构的人类新时代"[1]，进而形塑出数字化的生存样态和发展需求，指向变迁的法律场景和迥异的人权语境。于此背景之下，"数字人权"这一概念应运而生，以期"在价值上申言数字科技必须以人为本，必须把人的权利及尊严作为其最高目的"[2]，进而于2020年7月被列入全国科学技术名词审定委员会审定的第一批"大数据新词名录"。但是，数字人权只是得到了初步的证立，如若将其定位于"数字时代和智慧发展中作为人而应该享有的基本权利"[3]，那么以"数字科技嵌入"以及由此带来的社会关系和法律结构变迁为理由，陈述其概念正当性与现实必要性就仅仅只是第一步，甚至面临着概念本身是否成立的诘问[4]。由此，结合关于数字人权是否成立的理论争论，还需要进一步将数字人权纳入人权理论谱系之中，借由经典原理构筑数字人权的理论框架和基础理论，促使其从一个"问题式的概念"转化成一种"命题式的研究"。

---

[1] 吴汉东：《人工智能时代的制度安排与法律规制》，载《法律科学》2017年第5期，第129页。
[2] 张文显：《新时代的人权法理》，载《人权》2019年第3期，第21页。
[3] 马长山：《智慧社会背景下的"第四代人权"及其保障》，载《中国法学》2019年第5期，第16页。
[4] 例如，刘志强教授就持续对"数字人权"这一概念进行了批判性反思。参见刘志强：《论"数字人权"不构成第四代人权》，载《法学研究》2021年第1期；刘志强：《"数字人权"再反思——与马长山教授等商榷》，载《政法论坛》2022年第6期；刘志强：《三论"数字人权"之权扬》，载《中国法律评论》2023年第4期；刘志强、李越开：《再论"数字人权"的解构与追问》，载《北京航空航天大学学报（社会科学版）》2024年第1期。

申言之,笔者认为,数字人权作为代际人权意义上的法理概念固然有待商榷,但人权保护从来都不严格遵循"理论证成—实践行动"的道路,而恰恰可能展现出相反的逻辑。故而,站立于数字人权司法保障的立场,笔者试图采取一种更加审慎和务实的视角:赞同"'数字人权'已经具备了新型人权的特征,尤其契合中国等发展中国家的人权观"[1],但反对将之视为一项权利或某些具体权利的简单集合,而是立足于人权固有的价值特征,强调其话语性、理念性和宣言性功能。尝试通过对数字人权的解构和对传统人权理论的建构,塑造数字人权的价值体系和整体架构,使之成为"数字规范"与"数字事实"之间的桥梁,为阐论数字人权的法律保障奠定基础,作好理论准备。促使数字人权这一概念将价值问题与科技问题合而为一进行整全性的推进,回应数字时代愈发紧迫的人权挑战。

第一节 问题之缘起:解构"数字人权"

按照马长山教授的定义,数字人权是"以数据和信息为载体,展现着智慧社会中人的数字化生存样态和发展需求的基本权利,具体包括数据信息自主权、数据信息知情权、数据信息表达权、数据信息公平利用权、数据信息隐私权、数据信息财产权等等"[2]。这一界定最早概括出了与数字技术密切相关的权利种类或范围,勾勒出了对数字人权的基本认知,具有开创性的意义。但是在完成概念提出的理论任务之后,简单将数字人权定位为诸项新兴(型)权利的集合,却不得不面对独立性难题和有效性诘问。

---

[1] 丁晓东:《论"数字人权"的新型权利特征》,载《法律科学》2022年第6期,第53页。
[2] 马长山:《智慧社会背景下的"第四代人权"及其保障》,载《中国法学》2019年第5期,第16页。

一、数字人权是否成立？

根据现有的学术论著，数字科技深嵌于社会运转之中，乃是数字人权概念证成的主要理由。易言之，数字时代意味着变革的技术嵌入社会运转和价值塑造，运用"个体化的规则进行更为精确的调整"[1]，国家与社会、法律与算法、伦理与技术开始同构新的法律秩序和权利关系。于是数字科技所带来的观念变迁和制度变革构成了创制数字人权概念的主要动力：一方面，数字科技创造了全新的生产方式和生活方式，数据作为一种新型的生产要素渗透至日常生活的方方面面，各种新兴技术把人类关系提升到前所未有的复杂高度，现代文明赖以建构的整齐划一的公民与国家关系网络已逐渐"分崩离析"，因此带来的社会关系与社会结构变革不仅丰富和再构了权利形态与权利内容，也使得社会成员实现权利的期待和需求更加多元、复杂；另一方面，新兴（型）权利[2]叠加传统人权呈现出新面向，加之人权保护背景和路径方式的变迁，数字科技也带来了全新的人权议题和人权挑战。于是"智能利维坦"的出现、形成及其衍生的法律、伦理、基本人权问题，向"个人本位"人权观发起全方位挑战，其间并不是一般性地加剧社会不平等和两极分化，而是明显危及个人隐私、自由平等和人格尊严，严重地损害数字时代的机会公平、社会教育、劳动就业和社会保障等各项人权，由此展现出倡导"数字人权"的必要性和紧迫性。然而实际上，上述论证最主要的功能还在于强调数字时代人权保障的背景变迁和观念更新，具有显著的现实回应性色彩。正所谓"人权与人权概念不是一回事"[3]，一旦将数字人权定位为一项与自由权、财产权、生命权等相类似的严格意义人权概念，就不得不面临独立性的难题。

---

[1] 李晟：《略论人工智能语境下的法律转型》，载《法学评论》2018年第1期，第106页。

[2] 一般认为，新兴权利和新型权利的区别并不只是语言层面或修辞意义上的，所以笔者采取了概括性的"新兴（型）权利"表述。谢晖教授则对新兴权利和新型权利的差异进行了精当的总结，即前者是自发的、自然的、流变（多元）的，后者是自觉的、法定的、成型（统一）的。参见谢晖：《论新型权利的基础概念》，载《法学论坛》2019年第3期，第5-9页。

[3] 伍科霖：《新兴人权困境及其辨证》，载《人权》2020年第2期，第142页。

作为回应,学界的解决方案可以归结为解释性路径和建构性路径两种,前者强调以传统法律价值为圭臬对数字人权进行时代性解释,后者则希冀构造出不同于既往的全新人权类型和权利内容。二者共同描述了数字人权的主要类别和延展路径,但却可能使得数字人权陷入矛盾的境地:一项诉求如果能够通过解释经典权利获得正当性,那么为何又将之划归到数字人权之列?相反,某种利益若希冀通过新兴(型)权利予以肯认,势必是一种"涉及价值、意义和政策考量的复杂活动"[1],同时还必须时刻警惕"权利泛化"的责难。以此为基础不难发现,除去数字科技的外观,将数字人权作为诸项新兴(型)权利的"集合",似乎难以形成一以贯之的内在逻辑,其本质上更类似于一项综合性的人权议题,而非独立的人权类型。一方面,解释性路径并不创制新的权利形态,实质上可视为基础人权类别中衍生出的数字权利,所以诸多可归类为数字人权范畴的权利实际遵循着迥异的功能目的和运行原理,而尚未构筑共享性的规范基础或价值共识。解释性路径致力于将因数字科技产生的权利诉求"就近"纳入经典人权类别中,以增强其可接受性。如此一来,数字人权就成为数字科技与诸种人权具体形态的交集部分,即"'数字人权'的人权主体、义务主体、权利义务关系,都可以在既有人权体系的框架内得到合理的解释"[2]。另一方面,建构性方法虽然指向了新兴(型)权利,但主要还是以现有权利体系为基础的。易言之,新兴(型)人权并不是凭空建立的,既需要深厚的社会基础和道德基础,也必须关注现有法律体系的安定性,所以"从既有权利到将来权利"的嫁接方法和"从一般权利到特定权利"的涵摄方法构成了新兴权利"渐进性入法"的主要路径[3],其间的各类新兴(型)权利在实现相应主张或者要求的过程中,依然会还原到自由权、平等权、财产权、隐私权等传统人权类型之中[4]。由此观之,数字人权尚缺乏连续的逻辑,而类似于一种综

---

[1] 雷磊:《新兴(新型)权利的证成标准》,载《法学论坛》2019年第3期,第29页。
[2] 刘志强:《论"数字人权"不构成第四代人权》,载《法学研究》2021年第1期,第34页。
[3] 参见王庆廷:《新兴权利渐进入法的路径探析》,载《法商研究》2018年第1期,第33—35页。
[4] 例如《深圳经济特区数据条例》在"征求意见稿"中曾规定:"数据权是权利人依法对特定数据的自主决定、控制、处理、收益、利益损害受偿的权利。"而在后续的立法过程中,关于"数据权"的定义被删除。

合性的统称——诸种数字人权之间不仅未形成共通的价值基础和运行原理,也存在着权利主体的抵牾和权利客体的错位,且其实现方式和保护手段也未脱离原有的法治系统。于此意义之上,现有关于数字人权的界定更多是对数字时代人权主张的笼统表达,而非一个严密完整的人权概念——毕竟我们一般认为,人权概念建基于观念的基础上,属于人为创建的实践性范畴。

二、数字人权能否回应时代难题?

正所谓"人权是一种应然的理念,也是一种制度性的事实"[1],数字人权如欲获得证立,就不仅要呈现理想性、反思性,还必须具备某种意义上的有效性——或能够转化为制度性的规范保护手段,或有助于改善作为弱者的社会成员之命运和地位。对于数字人权的证成而言,社会转型以及相应法律转型更多指向的是必要性和紧迫性,由此也就有可能"把人权定位在工具性、客体性的被决定者位置"[2],其在学理和实践上的有效性因之面临着下述两方面的挑战。

第一,数字人权的综合性特征凸显了不同权利内容之间的冲突。从学理上看,由于数字人权只是得到了初步证立,而尚未建构起基本框架和自洽体系,故而难以在理论层面有效回应智慧社会的法律场景变迁。无论是基于解释性路径还是建构性路径,数字人权都未能形成严密完整的体系,而是实质内含了自由、平等、发展、透明等多种价值倾向,且每一价值谱系上也符合了多重的权利诉求。这种复合的多元性有助于完整呈现数字时代名目丛生、内容芜杂的权利需求,但却不能针对不同权利需求,在不同语境下建立取舍原则和冲突化解方案,反而会因为目标上的含混使得数字人权停留在玄虚空洞的理想层面。申言之,人权因其强烈的价值色彩而淡化了规范效力,据此数字人权虽然表达的是一种倾向而非"是/否"的判断,但也应形成一套价值权衡方法,以弥补人权普遍性和广泛性所带来的不确定性及主客体相互间的抵触性,直面不同数字权利之

---

[1] 叶传星:《人权概念的理论分歧解析》,载《法学家》2005年第6期,第43页。
[2] 刘志强:《"数字人权"再反思——与马长山教授等商榷》,载《政法论坛》2022年第6期,第72页。

间的疏离、割裂、冲突和相互依存,进而寻求一种共同的价值基础或共通的价值桥梁。

第二,数字人权的不确定性放大了体系内部的矛盾,也消减了其有效性。数字人权概念本身并没有表达确定的意涵,反而在不同方向上隐藏着各种张力,这种张力不止是人权固有矛盾的显现,也叠加了数字科技应用与法律规则、道德规范的争持:(1)"保护—利用"的矛盾。不同于过往物理空间内的三代人权,数据及其算法构成了数字人权的主要客体要素,而在当下的智慧社会,数据的生命力恰恰在于流通和利用,甚至早已有学者认为,对于网络空间中的数据(信息),若不让人自由利用的话,它便是一种道德上的恶[1]。一方面,人权的落脚点在于"保护",但人格权模式和财产权模式对个人数据所依附的权利属性进行了迥异的理解,如何弥补二者之间的裂痕关乎数字人权保护体系的统一性。而伴随着数据量级的迅猛增长和数据技术的跳跃式发展,两种模式的缺陷和争议不断涌现,似乎越来越难为个人的数据保护需求提供实质性保障;另一方面,智慧社会的发展"更加依赖各种数据的挖掘与使用,片面强调个人数据的保护已无法有效回应时代发展的需求"[2],通过财产权或人格权赋予个人对其自身数据一定的控制能力,某种意义上已成为数据利用的制约和阻碍。(2)"公益—私益"的矛盾。按照人权哲学的一般原理,近代西方的人权理论建基于以原子式个体为本的个人主义,并在此基础上创生了以自由权、财产权、生命权为代表的第一代人权,奠定了人权的价值基调,即强调人权的归宿还在于个人的最终发展。正是依循这种绵延悠长的理念,基本权利辐射至数字技术应用层面,演变为个人的权利诉求,也就隐含了个人正当私益的优先性。然而,基于数字科技本身的目标功能以及数据本身的公共性、可共享性,有学者提出"将社会控制作为大数据时代的个人信息保护和使用的理论基础"[3],以期反思将个人信息保护界定为绝对支配权的刻板观点,

---

[1] See Richard A. Posner, *The Right of Privacy*, Georgia Law Review, Vol.12: 393, p.393-402(1977).
[2] 朱新力、周许阳:《大数据时代个人数据利用与保护的均衡——"资源准入模式"之提出》,载《浙江大学学报(人文社会科学版)》2018年第1期,第19页。
[3] 高富平:《个人信息保护:从个人控制到社会控制》,载《法学研究》2018年第3期,第99页。

通过张扬数据的公共属性来建立适应数字时代个人数据利用的新环境和新方式。显然,"社会控制论"一定程度上契合了现实,但却将数据"公益—私益"的矛盾引入了人权本身的"个体性/集体性"论争之中,使得数字人权面临着更为复杂的割裂风险。(3)"自由—平等"冲突。作为人权哲学的两大支柱,自由和平等往往具有不可通约性,相互间的冲突在数字人权领域同样尖锐,诸如数字时代"强者愈强、弱者愈弱"的格局、非国家力量的持续膨胀、数据资源的不公正分配、算法的实质歧视与言论自由之争等大大小小的人权难题,本质上不仅延续了自由优先哲学和平等优先哲学的无休止争论,也加入了更为复杂多变和更加"黑箱化"的科技要素,自由和平等的协调因之更为棘手。如果数字人权理论无力回应这一内部对立范畴,也就很难获得来自有效性的支持。

显然,由于缺乏规范的和经验的平衡机制,数字人权以上两个方面的理论不完备定然传导至实践层面,带来可欲性和可行性的分离。一方面,按照人权的一般发展规律,从抽象的个体观落实到具体的个体观,必然会衍生出更多对新兴人权的需求,由此数字人权在证立之初必然会聚焦于可欲性和绝对性问题,从而边缘化或消减"权利身份确立的正当性和可行性"[1],即由于数字人权缺少严谨的逻辑结构,而无法将人权的道德理由和正当性根据有效转化为必需义务和责任话语,也就可能进一步导致人权价值减损;另一方面,"权利的成本意味着提取和再分配公共资源的政府部门,实质上影响着权利的价值、范围以及可行性"。[2]数字人权在转向实践的过程中,还必须面对预算成本和社会成本难题:不论是致力于个体各种自由免受数字科技克减的消极权利,还是着眼于促进社会成员平等共享数字发展成果的积极权利,实际上都涉及对公共资源的分配或主张,也必然需要以增加数字技术应用成本为代价。所以,如何通过建立数字人权与其他人权相互协调支持的关系来避免昂贵的人权成本,减少不同人权诉求之间的竞争与冲突,

---

〔1〕 姚建宗、方芳:《新兴权利研究的几个问题》,载《苏州大学学报(哲学社会科学版)》2015年第3期,第57页。
〔2〕 [美]史蒂芬·霍尔姆斯、凯斯·R.桑斯坦:《权利的成本——自由为什么依赖于税》,毕竞悦译,北京大学出版社2004年版,第15页。

不单决定了数字人权在实践中的保护与实现程度,也关乎这一概念本身是否存有充足的成立理由。

以上两方面的困境带来了数字人权的正当性诘问,但笔者对于数字人权的"解构"意不在否定概念本身的正当性,而是希冀反思数字人权的定位问题,凸显学理上进一步精细化的可能方向,为人权法律保障提供前提性的理论依托。在笔者看来,无论是将数字人权理解为一项概念还是一种称谓,相应目标都不在于对数字社会法律问题的策略性回应,而在于重构数字时代诸种行为和主张的正当性人权标准——不同于既往科技革命所带来的工具性风险,智慧社会的数字科技实际是一种"正常使用的风险",从而和作为主体的人构成了"耦合性关系"。所以数字人权还必须坚持一种反对权力滥用和提倡权利保护的立场,以人权的价值属性为载体和指针,确立数字化个体自主、尊严和自决能力认同的价值标尺——即数字人权本身是一种抽象的价值集合,而非具体权利形态的集合。循此而论,数字人权并非"另起炉灶",而宜理解为人权价值的数字之维或数字时代的人权价值重申,进而基于人权的价值机理来回应数字时代的诸多挑战。笔者所尝试进行的数字人权价值构造,实际是将数字人权视为不同于实在法规范效力的价值命题和价值宣言,强调从人之所以为"人"的角度证成数字人权并建立价值内容体系。进而于此基础之上,将彼此排斥的数字人权诉求予以类型化整合,析出数字人权作用于法治实践的价值机理,形成人权法律保障的制度载体。

第二节 数字人权概念的双重证成

如前文所述,特定的价值意蕴乃是决定人权与具体权利关系的基础,而人权的价值性则集中体现为"在尊严、正义和平等的基本原则上规定了人在社会中的权利义务关系"[1]。于是在解构数字人权的有效性和独立性的基础上，笔者强调数字人权的正当性主要来自其价值属性，而非转折性的背景或实证性的效力。质言之，数字人权可以视为一项价值命题，具有鲜明的宣言和指引色彩。而"证成"作为一个"回溯性"的概念，意在沿循"发生学"的路径来回应数字人权的独立性和正当性问题。对于数字人权的解构，业已证明了其有效性之困境和独立性之不可能。其间，独立性难题意味着数字人权不同于关联数字技术的各类具体权利，并不直接指向法定权利意义上的人权[2]，从而无法实现规范性证成，而只能在价值证成的基础上构造实在性的数字人权规范；有效性困境则展现了数字人权实现的障碍，增加了事实性证成的难度，意味着仅仅以数字时代背景变迁为理由终归是不充分的——变迁的事实更多是一种外部的必要性阐释，而不是内部的本体论证明。所以，价值证成理应构成数字人权正当性的可能路径[3]。

一、主体性的证成范式

基于人权的产生背景，主体性论证构成了基本的证成路径，即遵循自然法传统，从普遍的道德意义来阐述人权，由是人的主体性之于人权，实则是自明的前提。沿此进路，数字人权实际是在数字时代重申"人之所以为人"，从而捍卫人的自主性。

一方面，主体性人权观立足于"一个人仅仅因为是人"[4]这一普遍性认知，以自主意志和个体理性为基点。由于数字技术"向人身体、思维乃至心灵和意志深处浸入"[5]，人的理性也加入了非个体化的智能要素，基于数据运算的"数字理

---

[1] Stephen P. Marks, *Emerging Human Rights: A New Generation for the 1980s?* Rutgers Law Review, Vol.33: 435, p.437 (1981).

[2] 一般而言，人权往往在三个层次上使用：一是指人权存在的正当性依据；二是指"道德权利或应有权利"；三是指依托于制度安排的"法定人权"。相关论述可参见张文显：《二十世纪西方法哲学思潮研究》，法律出版社1996年版，第508—509页。

[3] 除去笔者所采用的"主体性—关系性"证成方式，亦有学者从安全、尊严、平等三个角度证成数字人权。相关论述可参见丁晓东：《论"数字人权"的新型权利特征》，载《法律科学》2022年第6期。

[4] [美]杰克·唐纳利：《普遍人权的理论与实践》，王浦劬等译，中国社会科学出版社2001年版，第3页。

[5] 齐延平：《论人工智能时代法律场景的变迁》，载《法律科学》2018年第4期，第41页。

性"占据了日益重要的地位,自主意志不得不面对人工智能的挑战。虽然人权主体概念与范围并未发生本质性变化,但"自我决定"的意义被不断淡化,"人是理性的存在"这一自主性命题[1]因之面临着被消解的威胁。而一旦失去理性的根基,人权的主体性体系一定会坍塌。在此意义上,数字人权不仅着眼于化解"人"的危机,捍卫"人之所以为人"的传统价值,也尝试回应数字时代的人权哲学变迁,从"人"的理性和自主性的角度保护人权的正当性基础。

另一方面,主体性视角意味着人权的使命在于"保护我们作为人的资格"[2],并因此奉价值意义上的"自由"和"平等"为圭臬。而在遍布信息鸿沟、数字鸿沟、智能鸿沟、技术鸿沟的数字时代,技术的发展并不会自动践履"全民"原则并"自动均匀地普惠至每一位社会成员"[3],反而更有可能成为强者独享特权的乐土,社会系统的型构作用则进一步固化和放大了这种非均衡格局,"数字弱势群体"成为人权保护的新议题。与之相应,普遍应用的数字技术往往依赖于个人无法控制的信息通信、数字设备、网络平台等软硬件基础设施,个体所享有的数字生活便利实际是以同意"智能利维坦"的控制为基础的,自由不仅再无可能依循"自我支配"和"免于干涉"的标准,也不得不面临着更多的约束和更少的选择[4]——前者意味着个体"知"与"说"的权利将遭遇到更多的技术阻碍因素,而个体本身则处于愈发"透明"的状态;后者则强调数字技术应用的"是/否"二元符码,实质上剥夺了个人选择的权利。在这一意义上,为避免"人权泛化",数字人权并不特意突出新的权利诉求,而是认为固守对某些传统价值的理解无异于缘木求鱼,转而应当强调对基本性、共识性人权价值的扩充解释和内容延展,以此通过发现、确认和再构那些体现"人的本质特征"的人权观念来抵御数字权力的

---

〔1〕 自主意志或自主性实际代表着一种特殊的道德和政治价值,从而构成了一项人权的基础。在此意义上,自主性是不同于自由的概念,其所反对的是洗脑、支配、操纵,而自由的对立面则是强制和约束。相关具体论述参见Gerald Doworkin, *The Theory and Practice of Autonomy*, Cambridge University Press, 1988, p.13-15.

〔2〕 [英]詹姆斯·格里芬:《论人权》,徐向东、刘明译,译林出版社2015年版,第39页。

〔3〕 高一飞:《智慧社会中的"数字弱势群体"权利保障》,载《江海学刊》2019年第5期,第163页。

〔4〕 按照一般的自由原理,施加约束和削减选项构成了限制自由的两种主要形式。参见[英]詹姆斯·格里芬:《论人权》,徐向东、刘明译,译林出版社2015年版,第200页。

侵蚀，为人的主体性辩护。

二、关系性的证成范式

关系性证成以交往语义学为前提，认为人权归根结底是一种人际社会关系中的要求，或曰罗尔斯所谓的"任何社会合作系统的必要条件"[1]，因此主体间的相互承认占据了重要地位，强调人权在实践中的正当性源于社会经验及其推导出的普遍可接受性，反之人权理念的更新亦会推动社会关系的变迁。而鉴于"人权是与人在特定时代下的基本生存方式相联系的"[2]，数字人权的关系性证成主要指涉以下三端：

第一，数字技术引起的社会变迁，不只带来了权利内容和形态的变化，也催生了新的权利诉求和需要。其一，作为数字时代最重要资源的数据已然成为"人身、财产和社会关系的外溢呈现与权益表达"[3]，主体间的相互关系也突破了实有的物理空间，转而更依赖于虚拟空间和信息属性。其二，算法作为"推动计算机技术以及人工智能技术发展的核心驱动力之一"[4]，在社会成员之间嵌入了"黑箱性"的程序指令，既有的纵向"公权力—私权利"和横向"私主体—私权利"结构之中加入了"数字权力"这一要素。在"万物互联"的背景下，这种"数据"与"算法"的耦合势必会改变"共同体内每一个成员和每一个他者的关系"[5]，而恰恰是这种关系，在某种意义上被视为人权的内核。值得澄清的是，以社会关系变迁证成数字人权，并不必然意味着把人权置于"工具性"的范式之下，而重在强调人之基本需求所发生的转变。况且价值本身就可视作一种关系性概念，其最终落脚点依旧在于人本身，即"数字社会的出现拓展了人的社会属性外延"[6]。

---

[1] See John Rawls, *The Law of Peoples*, Harvard University Press, 1999, p.68.
[2] 常健:《人的数字化生存及其人权保障》，载《东南大学学报（哲学社会科学版）》2022年第4期，第52页。
[3] 马长山:《智慧社会背景下的"第四代人权"及其保障》，载《中国法学》2019年第5期，第11页。
[4] 周辉:《算法权力及其规制》，载《法制与社会发展》2019年第6期，第123页。
[5] [美]贝思·辛格:《实用主义、权利和民主》，王守昌等译，上海译文出版社2001年版，第33页。
[6] 龚向和:《人的"数字属性"及其法律保障》，载《华东政法大学学报》2021年第3期，第77页。

第二,与数字技术相关联的新兴(型)权利,往往内含着一种全新的人权逻辑。按照萨姆纳的观点,权利的核心或表现为"自由"(愿意做什么和不愿意做什么的权利),或表现为"要求"(要求他人做某事的权利)[1],二者共同构成了权利的本质所在。而在数字技术介入的权利结构中,权利客体不管是新近的数据、信息或算法,还是传统的物、财产或人格,都必须依赖于网络系统和信息设备,于是"支配"或"占有"的含义也发生了变化,"自由"的独立性不断减弱,"请求"占据了举足轻重的地位,权利的本质因之更接近于费因伯格的"合法要求权"[2],与之相应的关系逻辑也由"人—人"变为了"人—技术—人"。这种全新逻辑无论寄希望于在既有的权利谱系中获致恰当解释,还是试图融入再建构的权利图景中,都更加强调社会共识意义上的主体间相互承认。而数字人权作为"在兼容大数据时代特征的基础上所孕育并诞生的新兴人权"[3],不仅有利于在应然层面表达"权利持有者"对数字技术应用的道德立场,也有助于反向促成社会成员就数字技术的权利问题形成某些共识。

第三,伴随着数字技术的广泛应用,物质层面的变迁业已传导至法律层面,《民法典》《网络安全法》《数据安全法》《个人信息保护法》等都旨在对数字技术应用中的法律关系和法律权益予以法律规范。"信息权(益)""数据权(益)""算法权(益)"等概念也开始实质性地进入法律规范体系,获得越来越多的社会肯认,从而"自下而上"地为数字人权的确立提供了规范基础。但是,立法的滞后性在数字领域也体现得更加明显,新技术引发的权利新现象与权利新类型往往需要通过个案予以具体衡量、甄别和确认,司法机关受限于多重因素,难免呈现出谨慎乃至保守的趋向。因此以数字人权提炼数字时代权利保护的价值准则和观念指引,不仅有利于建立统一的数字人权规范体系,也具有强化法律人权保障功能

---

[1] 相关论述可参见[加]L.W.萨姆纳:《权利的道德基础》,李茂森译,中国人民大学出版社2011年版,第44页。

[2] See Joel Feinberg, *Rights, Justice, and the Bounds of Liberty: Essays in Social Philosophy*, Princeton University Press, 1980, p.155.

[3] 郭春镇:《数字人权时代人脸识别技术应用的治理》,载《现代法学》2020年第4期,第23页。

的作用。

总之，数字人权在价值层面既有"好的理由"（good reason），也体现出同事实相契合的可接受性（acceptability）[1]，并且体现着"主体间共享的偏好"[2]——这种偏好意味着将权利建基于价值共识之上，即共享的价值表达了诸善的可偏好性（preferability），以期消除其间多个方向上的价值不可通约性。在此意义上，数字人权乃是一项价值判断和价值共识的产物，体现了对数字技术应用进程中某些"正当"所进行的价值"赋值"。

第三节 数字人权的核心目标

数字人权的价值正当性证成，在理论上初步回应了现有困境，进一步的追问在于，数字人权如何进行恰当定位，进而刻画出不同于"具体权利集合"的价值面孔。正所谓"选择是现代法律和法律文化的一个核心概念"[3]，"数字人权"实际是将"人"及其自主性作为了正当性判断和价值衡量的最高标准，并据此形成了要素丰富、结构严整的价值体系。而基于数字人权的价值属性，其主要趋向在于反对数据、指令和平台组成的"冰冷"系统及其对人的"客观控制"，避免"个人越来越透明，控制个人的力量（包括政府和商业机构）变得越来越晦暗"[4]。同

---

[1] "好的理由+可接受性"来自哈贝马斯程序主义进路的价值论证理论，意味着论辩理论中的正确性，诉诸的是价值冲突和价值沟通问题，而这一洞见同样适用于权利证立中的价值判断。相关论述详见李俊增：《论违宪审查之程序理性——从 Dworkin 独白取向之裁判理论到 Habermas 之司法法律论辩理论》，载《"中研院"法学期刊》（台北）2015年第16期，第166-167页。

[2] 朱振：《事实性与有效性张力中的权利——关于权利来源的省思》，载《浙江社会科学》2018年第10期，第21页。

[3] [美]劳伦斯·弗里德曼：《选择的共和国：法律、权威与文化》，高鸿钧等译，清华大学出版社2006年版，第114页。

[4] 郑戈：《在鼓励创新与保护人权之间——法律如何回应大数据技术革新的挑战》，载《探索与争鸣》2016年第7期，第82页。

既往的人权境遇不同,数字技术应用所产生的人权威胁大多是零散、轻微但却持久、顽固的,甚至只能找到相关性因素而非决定性因素。所以数字人权的内容虽然没有超出既有人权的范畴,但并不带有鲜明的政治色彩,通常也与社会成员根本性的生存权利或身体权利无涉。据此,数字人权强调从理念上重视数字时代这种看似"微不足道"且不是"即刻出现"的人权威胁,将数字技术的发展应用与既有的人权价值相勾连,捍卫数字时代人的自主性,进而为数字社会的法律关系分配、规范制度设计、权利司法救济提供价值指针。

一、私权自治的目标

英文"rights"所蕴含的"理应""正当",带有强烈的价值判断色彩。若从"人"的角度出发,权利的核心要义在于"个人的自主行为为正当"[1],即"权利既不是道德,亦不是'非道德'的"[2],而是一种不同于道德的正当性。立足于这一定位,数字人权的首要目标在于厘定并捍卫数字时代公民个体的自主性,抵御系统、算法、数据或他者不正当且无处不在的干涉,彰显数字人权的反思性功能,避免"主体性的黄昏"及其引发的"人权例外"[3]。具体而言,这一目标又可分解为三点:

其一,对信息和数据的自主处分。无论是可识别信息的保护还是匿名化数据的流动[4],都应突出个体自主选择的优先性。数据的巨大利用价值与个人完全所有之"不可能"相叠加,促使数据"不再只作为一种绝对的财产权或人格权对象而出现,而具有一定的'公共性'"[5]。然而在这种公共性的理念之下,依然应当

---

[1] 金观涛:《观念史研究:中国现代重要政治术语的形成》,法律出版社2009年版,第104页。
[2] 张佛泉:《自由与人权》,台北,台湾商务印书馆1993年版,第166页。
[3] 谢晖:《数字社会的"人权例外"及法律决断》,载《法律科学》2021年第6期,第43页。
[4] 我国《民法典》并未对数据和信息进行区分,学界普遍认为二者存在差异,但对于分析这种差异的必要性则莫衷一是。结合现有研究区分二者的语境和目的(相关论述可参见梅夏英:《信息和数据概念区分的法律意义》,载《比较法研究》2020年第6期;韩旭至:《信息权利范畴的模糊性使用及其后果——基于对信息、数据混用的分析》,载《华东政法大学学报》2020年第1期),基于本章的研究主旨,笔者对数据和信息并不作专门性的区分。
[5] 孙清白、王建文:《大数据时代个人信息"公共性"的法律逻辑与法律规制》,载《行政法学研究》2018年第3期,第54页。

赋予个体消极性的自主处分权利,以此为基准来消解"保护—利用"之间的张力,即个体对于自身数据的保护和利用具有"知"的权利,进而可以否定特定情境下的个人数据应用。其二,开放对算法的选择。算法作为自动化数字技术应用的核心,通常被视为"黑箱"。鉴于其固有的专业性特征和可能的言论自由或商业秘密性质,规制算法的重点不在于过程,而在于多元化的算法自主选择,即个体可以拒绝或选择适用不同的算法,且这种自主选择不需要以可能的消极性后果或不平等待遇为代价。其三,反对系统的支配。数字技术应用的一个显著特征在于系统"是/否"的二元符码化选择,这种简单化处理指向的是一种"进入或退出"的两极化评价,并以"客观"为名限缩了个人在应用系统中的自主权利。"反系统支配"意在扭转个人之于系统的不均衡,例如建立"有限的"进入机制、灵活的对话协商平台,以此张扬意思自治在数字时代的特有价值。以上三端旨在基于人权的防御特性建立数字时代个体保障的"权利束",进而衍生出数字人权特有的双重价值取向:一曰牵引和呼应相关法律规范的废、改、立;二曰将相应理念嵌入司法裁判中的价值判断,在数字领域推进人权的司法保障。

二、权力制约的目标

权力作为"通过支配人们的环境以追逐和达到目标的能力"[1],与数字技术一道构造出全新的数字权力形态。数字权力这一概念源于技术的权力属性,"数字化如同人身体中的毛细血管一样渗透进社会生活的各个领域,生成了一种新型的隐性控制的微观权力。"[2]质言之,无论是马尔库塞所断言的"工业化的技术就是政治的技术"[3],还是哈贝马斯阐论的"作为'意识形态'的技术与科学"[4],都

---

[1] [英]迈克尔·曼:《社会权力的来源》(第一卷),郭忠华等译,上海人民出版社2015年版,第8页。

[2] 张以哲:《数据资本权力:数字现代性批判的重要维度》,载《西南大学学报(社会科学版)》2021年第1期,第45页。

[3] [美]马尔库塞:《单向度的人:发达工业社会意识形态研究》,刘继译,上海译文出版社2006年版,第18页。

[4] 相关论述可参见[德]哈贝马斯:《作为意识形态的技术与科学》,李黎、郭官义译,学林出版社1999年版,第38—80页。

强调技术并非逻辑实证主义者所谓的"价值无涉",而是在不断作用于社会关系的过程中重构社会成员的价值理念和行动方式,进而介入对现代社会和现代人的直接性建构。

由此,数字权力实则是技术权力理论的数字化表达:一方面,数据成为生活生产不可或缺的要素,日常的语言、社交、出行、交易等活动也都被编译为能够智能识别和接收的数据。而数据有赖于计算机软、硬件设备,因之生成了数据控制的权力;另一方面,算法乃是数字时代的"基础语言",不仅广泛运用于商业领域,也逐渐在公共事务中发挥着不可替代的重要作用。其间算法不断通过推荐、排序、分类、筛选、评价、预测等代码组合,决定了社会成员被对待的方式和可预期的机会,从而产生了重构社会关系和社会秩序的算法决策权力。数据操控的权力和算法决定的权力又合而为一,生成"更加本能的、无意识的、分散的,且分布于整个人口之中"[1]的支配力量,这种数字权力既展现为数据和算法对人的影响力,也表现为人对数据和算法的认同与服从。更进一步而言,权力机理的变化预示了数字权力主体的变迁:无论是西方传统的"国家/社会"二元划分,还是中国独具特色的"政法结构",其核心皆为集中化、等级化、理性化的国家权力,聚焦于中心主义逻辑基础之上的"合法性",以及据此产生的刚性强制力和实体性的物理意义。与之相反,数字权力实际是一种技术自我"赋权"的扁平化、多元化社会权力,指向的是数据的掌控者、算法的应用者和数字平台的管理者,也就突破了单一的政府主体,扩大了"公私合作"的趋向,凸显了私主体资本权力的新形态。在此情境下,数字技术与资本结合,对社会成员形成非制度性、非强制性但却持续且全面的影响力,数字权力因之呈现出双重面向。

一方面,各类庞大的互联网公司作为资本的载体,不断创造并主要控制着平台、数据以及数字生态系统,社会成员在普遍接受数字服务,享受数字便利的过程中,"数字人"的属性不断凸显,促使数据和算法从技术客体变成了支配人的主

---

[1] 肖东梅:《"后真相"背后的算法权力及其公法规制路径》,载《行政法学研究》2020年第4期,第8页。

体。显然，以资本为推力的数字权力是一种"自发"的权力，逻辑在于社会成员以获取进入数字化生存的资格为对价，"自愿"或"半自愿"接受数据资本权力的支配和影响，实质是一种"权利让渡的半契约逻辑"[1]。而由此形成的"私权力"则"将广泛性权力和深入性权力、威权性权力和弥散性权力以前所未有的方式结合起来"[2]，通过"看不见的手"和"软治理"将权力隐蔽化地作用于个体。

另一方面，数字技术创造了新型劳动形态和劳动关系，然而在祖波夫看来，这种创造不啻于一种技术权力异化而来的"监控资本主义"——数字技术借助对个体行为的跟踪、解析、挖掘和条件反射实现对个体的规训，"进化"成为资本增值服务智能系统[3]，即平台系统以看似更为自由的劳动形式和更为丰厚的劳动报酬取得了对劳动者实际控制的权力，劳动者成为执行系统意志的"工具人"，因之也印证了大卫·哈维的洞见——"历史上很多事物看似蕴含着解放的可能性，结果却是资本主义剥削的支配性实践的回归。"[4]除此之外，当算法与公权力主体相结合，又会整合并再生成出新型的"算法治理术"（algorithmic governmentality），即因算法产生全新的权力机制而形成的一种全新治理模式[5]。这种耦合性的数字权力往往嵌入行政行为中，既缺乏明确的法定授权，也难以符合固有的公开性要求，由是就产生了脱逸行政正当原则的冲动，放大了公权力之于私权利主体的威胁。

综上所述不难发现，数字权力实质是"具有去中心化外观的再中心化"[6]，

---

[1] 这种"半契约逻辑"和"算法利维坦"相呼应，强调公民为生活便利和社交诉求将自身权利让渡给平台公司。其间公民只是被动的参与者和数据的生产者，而非缔约的主权者，甚至不得不面对"同意或退出"的非此即彼式选择。相关论述也可参见张爱军：《"算法利维坦"的风险及其规制》，载《探索与争鸣》2021年第1期，第95-102页。

[2] 周尚君：《数字社会对权力机制的重新构造》，载《华东政法大学学报》2021年第5期，第26页。

[3] See Shoshana Zuboff, *The Age of Surveillance Capitalism: The Fight for Human Future at New Frontier of Power*, Public Affairs, 2019, p.56.

[4] [美]大卫·哈维：《跟大卫·哈维读〈资本论〉（第2卷）》，谢富胜等译，上海译文出版社2016年版，第249页。

[5] 相关论述可参见虞青松：《算法行政：社会信用体系治理范式及其法治化》，载《法学论坛》2020年第2期，第39页。

[6] 马长山：《数字社会的治理逻辑及其法治化展开》，载《法律科学》2020年第5期，第6页。

也将本来就面对数字鸿沟、数字歧视、数字"黑箱"的公民个体置于更弱势的境地。更为重要的是,正所谓"自计算机产生起,技术改变的核心问题是权力的转移"[1],权力主体的多元化、权力内容的隐蔽化以及权力作用方式的更迭,不只平添了数字时代人权保护的障碍,也决定了既有的规范主义进路的局限性。在此意义上,数字人权强调的是通过构造全新的数字权力制约理念和防御机制来避免"机器拟人化"趋向下"人的机器化",其间理路又可概括为三种:(1)数字人权预设倾斜保护的取向,以期均衡权利主体和权力主体的力量对比。不同于与义务相对应的权利,人权作为一种"原生态意义上的对抗权"[2],内含着"非对称"的价值理想,本身就致力于"惠及社会中形形色色的弱势群体和边缘群体"[3]。而基于个体之于科技企业、平台公司、政府部门的弱势地位,数字人权强调通过不均衡的义务分配来形成均衡的"权利—权力"结构,其基点即在于制约数字权力。(2)数字人权划定数字权力的边界,尝试消解权力内容的任意性。在传统的实证主义框架下,法律规范构成了权力行使的边界。但数字权力往往发轫于法律空白或灰色地带,通常缺乏相匹配的规则边界。更为重要的是,在鼓励科技创新的导向下,对于"资本"的法律规制往往更为审慎包容,从而在一定程度上放任了数字权力对个体的"压制"。数字人权虽无法直接创制齐备法律效力的权力约束规则,却可以在价值理念和观念共识层面产生约束力。例如,数字人权强调"必须把人的权利及尊严作为其最高目的,并以人权作为根本的划界尺度和评价标准"[4],其实就是通过"人之所以为人的权利"明确数字权力的行使限度,并借此防止数字权力对人的异化。(3)数字人权统合权力主体和义务主体,彰显数字权力主体的人权责任。在传统的人权理论谱系中,为"冲抵"公权力对个体的人权威胁,国家机构被赋予了尊重、保障、救济和促进人权的义务。而在数字权力突破公私二分结

---

[1] [美]马克·格雷厄姆、威廉·H.达顿:《另一个地球:互联网+社会》,胡泳等译,电子工业出版社2015年版,导言第34页。
[2] 刘志强:《人权法国家义务研究》,法律出版社2015年版,第1页。
[3] [美]劳伦斯·弗里德曼:《人权文化:一种历史和语境的研究》,郭晓明译,中国政法大学出版社2018年版,第30页。
[4] 张文显:《新时代的人权法理》,载《人权》2019年第3期,第21页。

构的背景下,数字人权强调科技企业至少应承担部分人权义务,这种义务既构成了人权实践的应有题中之义,亦是数字权力合法性证成的重要来源。

第四节　数字人权的内容类型

如果说价值目标在进一步证成数字人权的同时,限定了其功能范围。那么"价值内涵"则尝试在此基础上论齐数字人权的具体内容,并回应人权贬值、权利泛化的攻讦,避免"每一种目标和偏好都变成了人权的对象"[1]。进而有助于剖释出一种有别于"法律权利/道德权利"范式的数字人权——人权不只可以被理解为具体权利的集合,解释成为一种形而上的不证自明,也是一种具有感召力和共识性的价值宣言。这种固有的价值特征意味着,人权的作用机理并不限于"人权—权利"转化的规范主义进路,还能够彰显宣言功能、话语机制和指引作用,并贯穿司法裁判的全过程,也即杜兹纳所断言的"人权是一个无价值的世界里的价值观"[2]。而基于数字科技与人权价值的不同关系维度,数字人权又可界分为"人权的数字形态""基于数字的人权""通过数字的人权""数字中的人权"四种形态[3]。四者立足于数字人权的两种证成模式,以数字人权的价值目标为承接,形成了相互区分而又彼此相连的价值体系,为数字人权司法保障提供了价值指引。

一、人权的数字形态

数字技术升级所导致的社会和经济范式变迁,昭示着数字时代的人权概念和

---

[1] [英]理查德·贝拉米:《重新思考自由主义》,王萍译,江苏人民出版社2005年版,第249页。
[2] [美]科斯塔斯·杜兹纳:《人权与帝国》,辛亨复译,江苏人民出版社2010年版,第206页。
[3] 这一类型化界分在某种意义上套用了波斯纳对"法律与文学"的范畴划分,但其间原理却截然不同。与此同时,这一划分还借鉴了张文显教授对"数字人权"意涵的四方面论述,即"通过数字科技实现人权""数字生活或数字空间中的人权""数字科技的人权标准""数字人权的法理依据"。参见张文显:《新时代的人权法理》,载《人权》2019年第3期,第20—22页。

实践理念必然将发生颠覆性的转换,由此人权保障也面临着场景变迁带来的全新挑战。如前文所述,这种挑战构成了当下证成数字人权必要性的知识资源,也在某种意义上消解着既有人权理论固有的人性基础和意识形态。在本书数字人权的框架中,"人权的数字形态"应当预设一种有限的与时俱进人权观,既期待人权理念日新月盛不断回应社会需求,也反对人权无限制的道德扩张和无根基的自我正当化,其间内涵可以从下述两方面加以理解:(1)在形式上,人权的数字形态实则是传统人权客体变化所带来的内容更新,尝试沿循人权的主体性证成范式,将数字技术应用过程中的一系列关系图谱和利益诉求附着于广泛认同的人权类别之上,进而将新兴数字问题与经典权利理论勾连起来,以获致正当性。(2)在方式上,人权的价值内涵与社会现实呈现出双向互动。一方面,人权的数字形态展现出"类比推理"的结构:通过对数字问题进行本质剖判和价值归类,在人权标准下类比出数字科技应用行为和相应法律规范之不足,这种实然与应然的背离构成了以人权价值反思社会现实的推动力与正当事由,进而不仅促进了人权内容的更新,也在价值维度生成了优化数字社会运行的"规范效力"。如通过对自由权、平等权、隐私权、安全权等经典人权类属的阐释,既实现了传统人权价值与新兴科技应用的耦合,也足以析出数据自主支配、网络隐私保护、反算法歧视的价值依据和正当性理由。另一方面,诸多科技引致的权利问题皆可纳入人权的作用机制之中,并通过"扩张性解释"获得价值层面的正当性。例如,数据财产权即是将特定数据解释为一种新的财产类型,进而作为财产权的一个分支。综合以上两方面,人权的数字形态并不强调创设新的人权类型,而是强调镜鉴"权利动态性"理论,将更多客体整合进人权的价值体系,丰富既有人权的内容,扩大人权的功能范围。

二、基于数字的人权

"基于数字的人权"同样表达了数字技术对人权内容的重塑。然而不同于"人权的数字形态"偏重于对传统人权价值的数字化解释,"基于数字的人权"沿袭的是一条"建构"的理路,是类似于"天赋人权""商赋人权"表述的"数赋人权",即数字技术所引发的某些"要求"(claim)足以达到称之为"人权"的程度,且这些"要求"往往是传统人权价值难以直接涵盖的,无法通过"扩张解释"圆满类归到诸项"自由系权利"(人身、财产、表达、隐私等)和"平等系权利"(经济、社会、文化等)之中。所以"基于数字的人权"是数字技术催生的新的人权诉求,是人权价值指引下的"新兴(型)权利",或曰新兴(型)权利中与"人之主体性"密切相关的权利,指向的是信息、数据、算法这些"非物理性"对象,而这些"非物理性"的客体则将一切社会现象和个人行为纳入其中,不仅衍生出信息和数据的支配、利用、删除、被遗忘等诉求,也关涉到个人的面部、指纹等生物信息和行踪、轨迹等位置信息,这些客体决定了"解释之不能"以及"建构之必须",并因之区别于"人权的数字形态"[1]。

一方面,"基于数字的人权"意图界定"在适宜的处境和恰当的动机下的行动者"[2],意味着诸多人权观念和具体权利的产生开始基于数字技术——而非局限于契约、国家或社会共同观念,由此也突显了数字技术所带来的人权范式转变:其超越了个人/集体的主体二分,转而强调对客体更为精确的切分,背后蕴含着从绝对的主体性到相对的关系性的人权元观念变迁——每一个体所享有的"基于数字的人权"并不是界限分明、截然独立的,以全有或全无的面貌呈现,而大多"含混"于复杂的数据生产机制之中,展示出"犬牙交错"的状态[3]。由此对其间人之主体性的判断也就更依赖于包括场景、情境、程度等因素在内的关系网络,即个体与他人、社会的关系,或者说社会对个体的潜在评判,构成了"基于数字的人

---

[1] 在数字时代,隐私、信息、数据三者的表达重心各不相同,有学者提出"事实层、描述/内容层和符号层"的差序格局。相关论述可参见申卫星:《数字权利体系再造:迈向隐私、信息与数据的差序格局》,载《政法论坛》2022年第3期。

[2] [美]F.M.卡姆:《权利》,杜宴林、李子林译,载朱振、刘小平、瞿郑龙等编译:《权利理论》,上海三联书店2020年版,第53页。

[3] 典型例证如数据权利,个人对自身产生的数据并不具有完全意义上的所有权,数据的流通和利用也具有正当性,但当数据能够识别出个人敏感信息时,就可能会威胁到个人隐私、人格平等、自由支配等人权。其间的正当性界限、程度区分更加精确,也更加变动不居、争议不断。

权"的重要内容。

另一方面,"基于数字的人权"展现出复合性特征,对于数字科技现象的认知和解释具有模糊性。例如,携带权、被遗忘权等数据权利往往难以准确归类到某一既有的权利范畴之内,诸如算法推荐、人脸识别、自动定位等典型"数字现象"也无法借助传统的人权价值原理得到直接回应,甚至难以辨别相应行为具体侵犯到了哪一具体类型的人权——经典的人权价值发轫于社会结构相对简单的工业社会初期,因此不同人权诉求的价值指向较为单一。然而在社会结构不断复杂化的数字社会,单一的价值目标及具体的权利形态已难以同价值对象形成严格意义上的一一对应关系,即某一数字应用行为通常指涉着多种类别的人权价值和法定权利。笔者认为,"基于数字的人权"存在着多重面向,经常以"基础原则+衍生价值"的结构呈现,其实质乃是基于"人之所以为人"的基本认知,对不同价值进行整合与再解释[1]并诉诸综合性的人权价值,在观念层面产生对数字技术应用行为的约束效力,消解"权利理论勃兴的'扬'与司法实践审慎的'抑'之间的巨大张力"[2]。

三、数字中的人权

这一类型主要重申数字技术应用过程中所必须坚持的人权原则和人权义务,其间涉及的人权概念和称谓并未变化,但人权所根植的社会环境却急剧变迁,以至于带来了人权价值本身的消减或虚化。由是"数字中的人权"重在回应数字时代两个方面的全新挑战,挽回人权价值的落寞。

---

〔1〕 以研究成果颇丰的被遗忘权为例,其既涉及自由和自主性,也影响着个人隐私、信息安全,还可能牵扯到算法歧视,并可能产生"知情"的价值诉求。其间的基础原则乃是自由,在此基础之上,还与平等、安全、隐私乃至透明的价值密切相关。所以被遗忘权所欲回应的是某些数字技术行为对人权多方向的背离,也就无法被纳入某一人权类别之中予以完整回应,必须诉诸对自由、平等、隐私、理性、透明等价值理念的数字化理解,正是在这一过程中,"基于数字的人权"成为数字人权价值体系中不可或缺的要素。

〔2〕 温昱:《搜索引擎数据痕迹处理中权利义务关系之反思——以两起百度涉诉案例为切入点》,载《东方法学》2020年第6期,第45页。

第一,回应智慧社会中其他价值对人权价值的挤压。正所谓"资本是打开现代社会秘密的一把钥匙"[1],数字技术虽然未贴上资本主义的标签,但却与资本生产体制直接相关[2]——正是资本构成了数字技术产生、创新和发展的主要推动力,也意味着数字技术的适用导向首先是经济性的而非伦理性的,而资本的大规模介入则注定这种经济性目的有赖于对现有法律制度的"破窗性"挑战,借助"技术先占"的方式在规则空白处或灰色地带自我赋权[3]。在这种"非法兴起"并以效率为合法性依据的演进路径中,与破窗法律规则一道发生的,乃是法律规则背后价值体系的变迁,即在效率面前,近代以来确立的人权伦理似乎开始变得越发无足轻重。

第二,回应数字化生存对"人"的改造与重塑。无论价值表征的是主观还是客观,都离不开人类认知世界的方式及其背后的生存方式和社会关系,由是对于"人之所以为人"的理解也就会逐渐不同于工业时代。加之近半个世纪人权内容膨胀和人权话语滥觞所带来的诘问、质疑和批评,人权不再是必须优先考虑的责任,甚至其底线性要求也开始被有意无意地忽视。更重要的是,每一种技术或科学的馈赠都有其黑暗面,数字化生存不仅建构了区隔现实/虚拟的"数字身份",还增加了个人遭受持续、隐蔽、微小侵害的风险,最终则可能加剧"人的异化",使得个体完全沦为冷冰冰的数字和被计算的对象,个体的欲望、交往乃至情感亦需要诉诸数据和算法。

基于上述客体与主体两方面的挑战,"数字中的人权"实质是数字时代对人之价值的重申,以期对抗"客体主体化"与"主体客体化"的异化趋向,缩减数字鸿沟和数字弱势群体规模,继而在立法和司法过程中强调价值判断的人权价值取向。具言之,面对飞速发展且高度专业的数字技术,立法文本的滞后性日渐明

---

[1] 孙承叔:《资本与历史唯物主义——〈马克思恩格斯全集〉中文第二版第30、31卷的当代解读》,载《西南大学学报(社会科学版)》2013年第1期,第8页。
[2] 相关论述可参见胡大平:《网络与全球资本主义》,载《马克思主义与现实》2002年第2期。
[3] 相关论述参见马长山:《智慧社会建设中的"众创"式制度变革——基于"网约车"合法化进程的法理学分析》,载《中国社会科学》2019年第4期。

显,当权者还必须时常在创新和秩序之间审慎决断,这一趋势传导至司法裁判领域,也增加了所谓"疑难案件"产生的频率[1]。由此"数字中的人权"重在强调当存在多重价值选择方案时,应以不侵害"人之所以为人"的地位为底线,以张扬人之基本权利为目标,选择有助于巩固人的自主性地位的方案[2]。

四、通过数字的人权

不同于前述三者,"通过数字的人权"强调数字技术之于人权的工具性价值,其内容至少指涉两端:一方面,数字技术在带来一系列人权挑战的同时,也为人权保障创造了诸多有利条件,带来了"'科技理性'与'法律理性'的深度融合"[3],如互联网之于信息自由与平等的重要意义、移动技术带来的效率提升、视频监控对公共安全的积极影响,都映射出数字技术增进人权的可能性与现实性;另一方面,数字技术变革所推动的智能司法、智慧法院不仅致力于从基础设施层面支持人权的法律保障,也牵引了事实认知、裁判权限、程序运转等方面的观念变迁,从而构造了司法公正"内—外"交互的促进机制。显然,类似于"双刃剑"下的科技向善和以人为本宣言,"通过数字的人权"对技术应用者施加了人权义务,强调将数字技术融入人权保障体系之中,赋予中立性工具以明确的价值导向,最终以技术为动力创造人权新的增长点。

---

[1] 关于疑难案件,有"完全否定说""完全肯定说""有限存在说"的争议。出于本章论证目的,只是笼统地接受简单案件与疑难案件的二分法,认为疑难案件是在个别情况下"法律适用的个别化"(参见胡玉鸿:《论司法审判中法律适用的个别化》,载《法制与社会发展》2012年第6期)。具体到数字技术的法律问题,缘由可要归纳为三点:一是立法规范不足,使得"依法裁判"难以实现;二是涉及大量专业技术问题,造成对案件事实存在多种理解;三是在规范与事实之间,法官必须考虑案件的示范效应。

[2] 这种选择其实意味着双重的价值判断,一是人权和其他价值的权衡,如人权与经济效益、人权与市场竞争等;二是对"人之所以为人"的评判,即何种权利或行为对象才能和人的主体性地位相关联,以避免人权话语的滥觞。

[3] 李傲、王娅:《智慧法院建设中的"战略合作"问题剖判》,载《安徽大学学报(哲学社会科学版)》2019年第4期,第68页。

第五节　数字人权的概念功能

前述四端描绘了数字人权的基本面孔，其中"人权的数字形态"和"基于数字的人权"分别从权利扩展和派生新权利着手建构了数字人权的客体之维，"数字中的人权"与"通过数字的人权"则侧重于通过义务具体化和创设新义务来强化数字人权的主体之维，四类要素紧密互动而又相对独立，以个体的自主性为核心，并通过整合、凝聚、传递、表征等功能展现出价值指引的机理，最终共同架构了数字人权的基本原理。在此基础上，发挥数字人权的价值指引功能就构成了数字时代人权法律保障的重要路径，其间又包括识别数字人权和适用数字人权两方面的内容。

一、准确识别数字人权

正如人权这一概念面临着泛化、贬值、空洞、正当性等危机，数字人权同样必须警惕无限制地扩张，也就需要建立进入数字人权概念价值体系的标准，以明确相应的价值范围与界限。而依循康德式的人权观，数字人权的重心在于强调"人的道德能动性或自主性的尊重"[1]，由此根据"人之所以为人"这一论断，具体权利形态或法律价值"准入"数字人权的核心标准就在于，是否明显且直接关涉到人的"自主性"——"如果一个道德行动者的意志不为外界因素所决定，而且这个行动者能够仅依据理性而应用法则于自身，那么他就是自主的。[2]"而基于数字人权论证的主体性范式和关系性范式，这一标准又可从主体地位和关系结构两方面

---

〔1〕 朱振：《权利与自主性——探寻权利优先性的一种道德基础》，载《华东政法大学学报》2016年第3期，第28页。

〔2〕 [英]尼古拉斯·布宁、余纪元编：《西方哲学英汉对照辞典》，人民出版社2001年版，第95页。

加以延展。

第一,相应的人权诉求应当与人的主体地位密切相关。秉持人权固有的"人的尊严"和"把人当作人来对待"的理念[1],数字人权致力于数字时代人的主体性,而主体性作为重要的现代性原则,亦是证立数字人权正当性不可或缺的前提。正是在这种二元互动的结构中,数字人权的主体性标准实际展现出鲜明的价值判断色彩:(1)主体性应当昭示观念意义上的必不可少性。主体性在观念上强调"自主地自我塑造的道德能力"[2],细化到具体的数字人权实践情境中,即展现为诉求或价值取向背后的观念认知,对于人的数字化生存是不可缺乏与不可替代的——"不可缺乏"意味着某些价值构成了主体性的必需要素,如若缺失则难以抵抗数字化的工具理性浪潮[3];"不可替代"意味着对于某些值得社会保护的事物或利益,最恰切的方式是以人权价值为指引予以法律保障[4];(2)主体性意味着具体权利不可转让。人们通常以"不可放弃的权利"(unalienable rights)描述"生命权、自由权和追求幸福的权利"的极端重要性,而"转让"作为"放弃"的一种特定形式[5],昭示了人权所蕴含的无条件的、不可比较的内在价值,即"不可转让"是在权利价值重要性的维度之上建构了数字人权的标准。申言之,无论是"不可转让",还是"不可放弃""不可剥夺",并不是一种实在性的规范描述,而是在象征意义层面强调与"人"的密不可分性,即一旦转让或放弃就失去了道德能力和社会意义。而数字人权所关切的,正是数字技术应用对这些不可转让的权利

---

[1] 严海良:《人权论证范式的变革——从主体性到关系性》,社会科学文献出版社2008年版,第44页。

[2] 陈景辉:《权利可能新兴吗?——新兴权利的两个命题及其批判》,载《法制与社会发展》2021年第3期,第102页。

[3] 例如,缺乏对平等与时俱进的理解,算法歧视极有可能导向一种新的"身份制",由此对平等观念的数字化解释就是不可或缺的,算法平等(权)以及衍生的算法解释权或算法知情权,亦可视为数字人权的具体形态。而无处不在的算法既可能遮蔽多元化的选择,也会将人异化为可计算的数据,因此也就需要对自由观念进行扩张理解。

[4] 比如,任意利用面部信息不仅威胁到隐私权利,也会对财产和安全产生消极影响,所以人脸识别实际是人权的综合性价值与数字科技应用问题的交集,其背后乃是个体生物信息伦理上值得保护和法律上必须保护的共识观念。这种共识观念体现了数字人权的价值意义,同时与《民法典》中关于身体权和个人信息权利的规定相呼应。

[5] 参见陈景辉:《不可放弃的权利:它能成立吗?》,载《清华法学》2020年第2期,第6页。

及其价值内涵的影响。

第二,相应的人权诉求能够具有规范力。区别于一般性的道德概念,作为法学概念的人权应当具有规范力,这种规范力意味着人权拥有独立于道德理由的独特力量。展言之,数字人权所追寻的数字时代"自主性",一端根植于"人"的主体性地位,另一端则系于"权"的规范效力,后者预设了类似于康德式主观权利的前提,强调人的"自主性"有赖于要求尽义务的能力和提出主张的正当性。这种能力和正当性或许不属于严格意义上的价值概念,但本身就代表了一种价值偏好,并从客观上决定了人权的价值指引功能,而一旦缺少规范力,自主性也必将成为无源之水、无本之木。如若进一步将规范力作为数字人权的检视标准,则可析分出应然和实然两个层面的要求:一是在应然的义务层面,鉴于"价值及其重要性程度取决于它们被认可的社会情境"[1],规范力意味着至少在观念上,能够基于人权价值规约数字权利主体"应当做某事"或"有义务做某事"。这种义务不同于一般权利所对应的指向性义务,而是具有非指向性,即恰好同一般权利的结构相反——数字人权的义务主体为相应的国家和公司企业,其义务指向的是"不特定的大多数",这就不同于一般性具体权利中"权利主体特定、义务主体非特定"的结构。因此,当某种行为要求或利益诉求可以基于自身属性而衍生出数字权力主体负担义务的观念共识,便可能具备规范力。二是在实然的规则层面,数字人权的规范力还强调转化为法定规则或法律权利的可能性。如果依据"应然—实然—法定"的人权区分标准,人权的价值链条大抵包括"生成应然人权""应然人权转化为法定人权""法定人权落实为实有人权"三个阶段,其间应然向法定的转化具有关键性的承接意义。具体至数字人权,在层出不穷的数字现象中甄别和权衡出值得保护的客体,乃是彰显价值指引功能的重要方面,而应然向法定的转化则是人权指引功能的延伸。尽管人权的反思性特征意味着,以转化概率来作为确立数字人权的价值标准有本末倒置之嫌,但"可能性"既可以侧面反映出社会

---

〔1〕 雷磊:《规范、逻辑与法律论证》,中国政法大学出版社2016年版,第299页。

迫切性与重要性，也可以间接验证观念共识的凝聚程度，继而对形式各异、层出不穷的所谓数字人权之要求或主张构成了规范力限制，最终通过实证主义进路保证数字人权的"集约化"和"高效率"[1]。

二、动态适用数字人权

数字人权的价值机理不仅指涉静态的确立标准和相应的应用场景，更落脚于动态的适用机制，即聚焦司法层面的价值判断，把数字人权和"国家尊重与保障人权"的宪法条文有机结合起来，并将数字人权的适用标准和应用场景具体化，确认并论证数字争议解决过程中人权价值的优先性。具体而言，有关于数字争议的司法判决往往缺乏统一的内在逻辑和充分的外在理由，引发了诸多合理性乃至合法性的质疑，数字人权的裁判指引功能恰恰具有锚定和纠偏功能，试图通过确立法律推理中的价值判断准则来完善人权的司法保障方法，具体内容包括下述两个层阶[2]。

第一层结构为"依法裁判"基础上的人权价值指引。基于"事实与规范直接等置"之不可能[3]，在法律规范与案件事实一一对应的过程中，人权作为一种价值就能够作为判断准据进入司法裁判。具言之，高度精的法律规则必须面临不同的个案事实，因此在德沃金所谓的"阐释性结构"中[4]，法律语言势必沿着不同的层面和尺度具体展开。尤其是对于与数字技术应用相关的法律文本，立法表述同现实情境之间遍布着"语言缝隙"，诸如法律解释等法律方法作为填补这一鸿沟的重要工具，亦存在着多重可能。将数字人权价值注入法律方法，重点在于以数

---

[1] 值得注意的是，数字人权不只是生成法定数字权利的价值动力，也是针对数字法治实践的观念总结和价值整合。至少在本土化语境下，诸多法定数字权利更多是基于普遍的数字技术应用和大量的社会现实需求而得到法律确认的，在立法过程中数字人权至少在形式上是缺位的。因此，数字人权的价值指引机制也就不限于生成应然人权和转化法定人权，实在法基础上的价值凝聚同样是增强人权规范力、发挥价值指引功能的重要方面。

[2] 当然，某些关于数字人权的学说亦有可能以某种方式成为司法裁判的理由。至于学说如何影响司法论证，可参见彭中礼：《司法裁判引证法律学说的功能研究——基于生效裁判文书的实证分析》，载《现代法学》2022年第1期。

[3] 陈林林：《裁判的进路与方法——司法论证理论导论》，中国政法大学出版社2007年版，第74页。

[4] 参见[美]德沃金：《法律帝国》，李常青译，中国大百科全书出版社1996年版，第20页。

字人权为准则指引法律规范对个案事实的涵摄,在多种可选择的法律方法和裁判结论中选择不损害人权价值或最有利于人权保障的方案,进而建构"以'人权保障'基础的法律解释规则"[1]。

第二层结构是"法律空白"处的人权价值指引,依赖于人权及其背后观念所凝聚的共识,以主体间的"共识"或"同意"作为价值指引的核心要义。"依法裁判"本身就被众多学者视为一种"客观性的幻象",而数字技术应用产生的法律问题更加形态各异,即便能够归类到现有的信息或数据法律规范之中,但具体情形下的法律适用依然是不确定的,更遑论无处不在的"法律空白"所蕴含的潜在争议。所以"规则—案件"之间的巨大鸿沟乃是人权价值指引的空间所在。正所谓"法律决定的证成基础应当立基于法体系之上"[2],人权作为"共同体所有成员的态度"的展现[3],可视为一类富有"公共客观性"的价值规范[4]。而依照哈贝马斯的理解,原则实际是和价值可以互换的概念,由此人权的价值指引和原则的利益衡量就具有了相通性,此时数字人权既可以成为法律适用过程中提炼抽象权利的价值指针,也能够作为论证裁判结论合理性的正当性资源,进而以客观性的方式推动个案的具体化价值实现,于法律方法层面增进人权的司法保障[5]。

上述双层结构从法律方法的角度论析了数字人权的价值指引机制,但更进一步的追问在于,人权体现的是一种综合性价值,而诸价值之间往往具有"不可通约性"。于是在以人权为基准进行价值判断时,还必须处理人权内部的价值冲突问题。尽管创设普遍性的价值序列已被证明徒劳,但基于数字时代的情境变迁和人权的一般原理,仍可大体从下述两方面解决司法适用中的价值冲突:一是以实

---

[1] 陈金钊:《"法律解释权"行使中的"尊重和保障人权"》,载《政治与法律》2019年第1期,第71页。

[2] 宋旭光:《依法裁判与民意诉求——基于弹性法律秩序的方法论反思》,载《浙江社会科学》2016年第2期,第51页。

[3] 参见[美]乔治·H.米德:《心灵、自我与社会》,李月瑟译,华夏出版社2003年版,第148页。

[4] "公共客观性"是一种主体间的客观性,强调以多数人的"共识"或"同意"作为客观性的核心要义,即价值的客观性取决于社会成员的认同。相关论证可参见[美]杰拉尔德·J.鲍斯特玛:《适于法律的客观性》,载布莱恩·莱特编:《法律和道德领域的客观性》,高中等译,中国政法大学出版社2007年版。

[5] 至于如何在司法过程中保障数字人权,此处只是简单的纲领性介绍,后续还会专章进行进一步的论述。

证为基础的规范性标准。人权具有应然性和反思性的特征,但这种特性应当更多集中在立法层面,司法层面的人权价值指引还宜沿循"规范—价值"的理路,坚持依法裁判的前提,将法定权利作为判断准据,或以人权原理来解释相应法律条文背后的价值内涵,从而促使人权价值成为"因为立法过程支持而具有法律效力"的价值规范[1]。因而至少在司法裁判领域,具有法律文本依据——尤其是宪法文本依据的人权价值应处于优先序位,并可参照法律位阶来确定人权体系内部具体权利形态的位阶。二是公共导向的重要性标准。在人权价值向具体法律条文层层扩展的"同心圆"结构中,借由重要性尺度形成了一种客观价值秩序,诸如生命(人身)、自由、平等、安全等核心人权居于中心性的地位,也反映了人类文明发展进程中所凝聚的价值共识,因之具有更强的公共性。于是当需要对不同的人权价值进行权衡时,可以考察不同价值或事物与"基本人权"的"邻近性",以此在具体情境中确定"价值秩序"和更有"吸引力"的人权价值。

  总之,数字时代不只意味着技术变革,更重要的是,人权的生长背景、威胁因素、表现方式,甚至概念内涵和保护逻辑都悄然发生了变化。例如,数据作为数字人权的主要对象,并不具有传统意义上的排他性;算法作为数字人权中的重要因素,亦超出了一般理性人的知识范围。正是在此情境下,数字人权甚至被视为"数字权利体系的皇冠"[2],意在重申"人"之于科技应用的主体性价值,阐论守正创新的人权理念及其哲学基础,并对既有的相关法律规范进行人权价值抽象,进而通过对数字人权内涵与标准的剖判,建构起整合性的人权价值指引机制。沿此进路,将数字人权作为一类独立的新兴(型)人权不仅面临着诸多理论诘问,也似乎对解决现实问题并无明显助益:数字人权涵盖哪些具体权利形态或许并不重要,重要的是在适度区隔人权与权利的前提下,将人权价值注入数字科技的应用之中。申言之,数字人权和传统人权并不是割裂的,甚至可以用一般性的"人权"概念来替代——至少在笔者看来,数字人权并不创设新的权利形态,也离不开普

---

[1] 蔡琳:《裁判合理性理论研究》,法律出版社2009年版,第91页。
[2] 张吉豫:《数字法理的基础概念与命题》,载《法制与社会发展》2022年第5期,第53页。

遍性的人权价值,其试图在"数字利维坦"中捍卫"人之所以为人"的自主性。着眼于未来,正所谓"在人权问题上没有完成时,只有进行时;没有最好,只有更好"[1],在党的二十大再次强调建设"数字中国"的背景下,如何进一步细化数字人权的价值内涵和作用机理,明晰司法裁判过程中的指引机制,并将这一机制实质性融入"国家尊重和保障人权",不只是数字时代人权保障的重要理论基础,亦是丰富发展中国特色社会主义人权理论的应有之义,更有益于在人权话语维度"增强中华文明传播力影响力"[2]。

---

[1] 中共中央党史和文献研究院:《习近平关于尊重和保障人权论述摘编》,中共文献出版社2021年版,第3页。

[2] 李书磊:《增强实现中华民族伟大复兴的精神力量》,载《人民日报》2022年10月21日,第5版。

第二章　数字人权的价值解析

如前章所述，自2019年始，数字人权作为学术议题引发了诸多讨论。而在2020年7月，全国科学技术名词审定委员会则将"数字人权"（digital human rights）纳入了第一批发布试用的大数据新词名录之中，标志着数字人权获得了进一步的认同。然而，现有研究或聚焦于具体"数字权利"的法律保障，或纠结于数字人权的谱系定位和概念正当性，反而忽视了对数字人权基础理论的学理化剖释，将数字人权简单理解为诸项一般权利的统称，也就断裂了"抽象价值—具体规范"的人权逻辑链条，使得数字人权在理论上陷入了无源之水、无本之木的尴尬境地。

笔者认为，既然"数字人权"已初步获得"官方"认可，过多争论本身存在的必要性似无意义，况且数字人权和传统人权并不是割裂的，其理论目标未必在于建立与财产权、生命权、自由权等经典人权相并列的独立人权类型，甚至无意成为一项类似于环境权、发展权的人权新形态——数字人权涵盖哪些具体权利形态或许并不重要，重要的是在适度区隔人权与权利的前提下，如何将人权价值注入数字科技的应用之中。而除去将人权理解为具体权利的集合，人权还是一类话语、一种理念、一项宣言，由是数字人权重在强调人权生长背景、威胁因素、表现方式甚至概念内涵和保护逻辑所悄然发生的变化，核心在于重申数字时代"人"之于科技应用的主体性价值。沿此进路，本章基于论证目的而将数字人权进行"极简化"的处理，即界定为"与数字技术应用相关的人权"，从抽象价值——而非具体权利的角度研析数字人权[1]。在上一章提出数字人权具有价值属性的基础

---

[1] 按照既有的人权原理，人权和权利存在着纵向与横向的区分，即人权主要指向不平等的权力主体，而权利则主要处理平等主体间的权利问题，本章的论述亦以这一认知为前提。

上，将之视为一种整合性的价值系统并阐论其间的价值机理，继而析出守正创新的人权理念及其哲学基础，构建起自洽的数字人权价值指引机制，探讨从价值指引角度研究人权理论的可能性，为加强数字人权的法律保障提供理论依据。

第一节 前设的追问：数字人权是一种权利"集合"吗？

在浩如烟海的人权研究论著中，人权往往和体现人某些基本性质的类权利或具体权利密切相关，进而我们倾向于把人权视为诸种权利的合集。沿循从具体到抽象的认知规律，这一路径符合我国对舶来词人权（human rights）和权利（rights）的一般理解，也构成了人权本土化研究的基本框架。然而，这种理解却有可能在语义上悬隔了rights与价值正当性之间的必然关联，使得人权成为一个"至大无外、至小无内"的学术概念。具体至数字人权议题，如欲在提出概念的基础上进一步建构理论体系，证成其本身的必要性和有效性，则不能仅限于人权的表层形态，而是必须探析表层结构背后具有深层指引意义的价值理念，将人权视为一种抽象价值，重视人权的话语力量和宣言功能。

一、数字人权的理论困境

将数字人权视为一项价值，源于现有的概念独立性质疑和有效性诘问。按照通常的定义，数字人权"具体包括数据信息自主权、数据信息知情权、数据信息表达权、数据信息公平利用权、数据信息隐私权、数据信息财产权等等"[1]。这一界定概括出了与数字技术密切相关的权利种类或范围，勾勒出"数字人权"的基本认知和基本内容。但是，这一定义实质上未将人权和权利进行适度区隔，数字人

---

[1] 马长山：《智慧社会背景下的"第四代人权"及其保障》，载《中国法学》2019年第5期，第16页。

权实际被视为与数字技术应用相关的权利的统称,因之势必将面对概念必要性的难题。

第一,数字人权的独立性困境。将数字人权有意无意地视作各种数据权利与信息权利的集合,最大的挑战在于这一"集合"称谓作为学术概念存在的必要性。一方面,如果数字人权仅仅是一种为了表述方便的"概称",就难以实质性地影响到所谓的数字新兴(型)权利。在"集合—子集"的结构中,人权与具体权利的关系模式大抵有二:一是总分关系,即从概括性的人权中可以推衍出一系列具体权利。例如从"平等"这一抽象的人权要求出发,扩散出了性别平等、肤色平等以及反歧视和反向歧视等形形色色的平等诉求,其共享的理念在于"同者等之,不同者不等之"。比较而言,数字人权目前尚未生成具有统合性的价值理念,将之作为"集合"注定只是一种松散的统称,而非有机的整体;二是类型化的关系,即从诸项具体权利中概括出抽象人权,提炼出共通的价值要义。例如自由权就可视为人身自由、财产自由、言论自由、宗教自由等各类自由诉求的"凝聚物",进而形成了类型化的"自由系"权利。反观数字人权尚难以基于各项数字新兴(型)权利抽象出不同于既往的类权利,以至于各项数字新兴(型)权利之间缺乏一以贯之的价值标准,数字人权和数字新兴(型)权利也就无法实现实质性的互动。

更进一步而言,如若将数字人权定位为一种"集合",则难以自洽到人权理论体系之中。数字人权作为"概称",内在的主张并未超越现有人权的范畴,诸多以数据或信息为客体的权利诉求实际是"传统人权在新语境下的权利变种"[1],通过扩展性的解释即可纳入现有框架。所以"从既有权利到将来权利"的"嫁接"方法和"从一般权利到特定权利"的"涵摄"方法,构成了新兴权利"渐进性入法"的主要路径[2]。按照人类认知的一般规律,其间的主张或者要求依然会还原到自由权、平等权、财产权、隐私权等传统人权框架之中予以解决,由此也就意味着作为具体权利的集合,数字人权势必缺乏独立性——甚至于数字人权所"包

---

[1] 刘志强:《论"数字人权"不构成第四代人权》,载《法学研究》2021年第1期,第23页。
[2] 参见王庆廷:《新兴权利渐进入法的路径探析》,载《法商研究》2018年第1期,第33-35页。

含"的那些新兴(型)的数据权利和信息权利,也开始被质疑"只是一个多余的主张",没有理由成为"一个独立的话题"[1]。就此而论,数字人权作为具体权利的"集合"似乎并无太多实质性意义,既无力找寻"共通点"来整合纷繁复杂的数字新兴(型)权利,也可能将本就争议颇多的人权理论体系置于更加混乱的境地。

第二,数字人权的有效性难题。数字人权的提出肇始于数字科技所带来的观念变迁和制度变革,旨在捍卫数字时代"人之所以为人的权利"。然而将数字人权的研究简化或局限为数字新兴(型)权利,则似乎难以有效回应数字时代的人权挑战:(1)作为"集合"的数字人权并未展现问题的全貌。建构数字新兴(型)权利只是数字时代人权境遇的一个侧影,其间的难题还包括对人及其理性的数字化理解、对现有人权体系的扩张性解释、对人权救济机制的全景式优化,将数字人权视为"集合"无意中回避了上述问题,从而限缩了人权的作用范围。(2)作为"集合"的数字人权忽视了人权的复杂作用机制。就本质而言,人权作为具体权利的"集合"更多只是一种表象,其背后实际是以主体性的价值理念和主体间的价值共识为纽带的有机整体,以此区别于松散的具体权利"累加"或"集合"。易言之,"集合"不具有"结构"和"功能"的意涵,也就缺失了人权应有的价值指引功能和观念整合意义。(3)作为"集合"的数字人权未能显著影响法律实践。人权在产生之初即具有鲜明的反思性色彩,这种反思功能和前述的价值指引、观念整合等心理机制密切相关,一味地从具体权利来认知数字人权也就消解了这种反思功能。正如我国法治实践所展示的,诸项信息权利、数据权利的确立先于数字人权概念的确证,相应的具体实施规则也未见人权的"影响因子",由是数字人权更像是一种"事后的总结"——作为一种"集合",难免将精力聚焦于人权新形态的正当性,但这种人权语境下的聚焦既不具有宏观的导引力,又失之精密具体,必然无法实质性地介入数字时代的法治实践。

---

[1] 参见陈景辉:《权利可能新兴吗?——新兴权利的两个命题及其批判》,载《法制与社会发展》2021年第3期,第90—110页。

二、人权固有的价值功能

以上论述展现出数字人权的理论困境，但并不预示着对这一概念本身的全盘否定。笔者认为，数字人权依然具有极为重要的时代意义，只不过这种重要性不在于将之作为"集合"，创设一种全新的人权类型或创造多少人权内容的增量，而在于"在价值上申言数字科技必须以人为本，并以人权作为其根本的划界尺度和评价标准"[1]，即数字人权的核心要义在于，于数字时代的多重变革中张扬人权价值，捍卫人的主体性，并将人权作为"一个无价值的世界里的价值观"[2]来评价或指引数字科技应用于社会的各种行为或制度。

首先，价值性是人权的本质属性。按照马克思主义的观点，人权就是"人本身"价值的直接体现[3]，是一种体现着人的本质的价值标准，其间又可以基于对价值的三重理解加以延展[4]：一是人权凝结了近代以降，尤其是第二次世界大战之后人类文明进程中的价值共识。在此意义上，人权是一种共同（通）的价值偏好或观念倾向，表达了主体对自主性的主观追求和心理认同；二是人权蕴含了现代社会"人之所以为人"所必需的某些客体属性，诸如财产、生命、自由、平等、隐私等，构成了独立主体的必备要素，而这些必备要素又共同塑造了人权价值的客观之维；三是人权传达了正当化的人类欲念和诉求，其中的正当化标准则源于对人性的阐释，即人权可视为权利（rights）领域"对主客体相互关系的一种主体性描述"[5]，体现的是主体对客体的需要程度以及客体对主体的满足程度。与之相应，权利本身也具有丰富的价值内涵，特定权利亦表达出特定的价值判断，故人权作为具体权利的"集合"，并不是各类权利具体形态的累加，而是对诸种权利形

---

[1] 参见张文显：《新时代的人权法理》，载《人权》2019年第3期，第21页。
[2] 参见[美]科斯塔斯·杜兹纳：《人权与帝国》，辛亨复译，江苏人民出版社2010年版，第206页。
[3] 参见任帅军：《人权价值尺度思想研究》，载《湖北社会科学》2016年第10期，第5页。
[4] 基于不同的应用场景，人们对于价值的理解具有差异性，从而形成了对价值的三重理解，即分别把价值定义为主体的需要、客体的属性以及客体与主体的关系。
[5] 李德顺：《价值论》，中国人民大学出版社2013年版，第53页。

态背后价值的抽象。质言之，人权的作用机制并不依赖于具体的权利形态，而是根植于人性和主体间性的"价值综合体"[1]，这种价值综合体既可以生产话语作用于实践，也可以整合观念、权利、理性等人权相关因素形成有机整体。也正是基于人权的价值属性，人权的作用机制得以向"过往"和"未来"两个时间维度扩展：一方面"向后"回溯总结，以人权为价值准则来反思、评价和归纳既有的相关法律规范，充实人权的实践机制，另一方面则"向前"预测指导，以人权为价值目标强化对权力行为的伦理约束和法律规制。

其次，价值论析有助于纾解数字人权的理论困境。依循人权的价值特质，数字人权并不足以构成一种新型人权，其指向的是与数字科技应用相关的人权议题，强调在面对数字科技的社会应用问题时，必须以人权价值为底线、尺度或导向。虽然其含义可以归结为在数字时代和智慧发展中"作为人而应该享有的权利"，但其中的"权利"还应当以"人"为价值尺度进行宽泛理解，即同时涵盖了具体权利和抽象权利、新型权利和传统权利、法定权利和应然权利，呈现出以人的自主性价值为内核，以具体权利形态为表现形式的结构逻辑。进一步而言，数字人权的价值论析有助于正本清源，回应数字时代的人权挑战，并能够"顺带"增强概念本身的正当性：一是价值论析可以消解数字时代有关于"人权泛化"的疑虑，将"人权"和"权利"适度区隔。正是因为人们将增加权利数量视为人权事业进步的标志，人权被质疑为一种无需根基的自我正当化产物，以至于拉兹批判其"充斥着空洞的伪善"[2]——恰恰是由于对"权"的形式性追逐远远超过对"人"的实质性思索，导致人权的价值属性长期处于隐而不彰的状态，使得人权赖以存续的价值根基不断消解。于是以数字科技对人的异化危机为契机，数字人权希冀回归对人的价值解析，亦构成了对人权理论误区的纠偏。二是价值论析更契合数字时代的人权背景。一方面，在网络信息爆炸的数字时代，个体之间的观念差

---

[1] 某种意义上，"价值综合体"具有文化学的整合意涵，源于人类学家爱德华·泰勒将文化界定为一种"复合整体"。参见[英]爱德华·泰勒：《原始文化》，连树声译，广西师范大学出版社2005年版，第1页。

[2] [英]约瑟夫·拉兹：《人权无需根基》，岳林译，载《中外法学》2010年第3期，第367页。

异更为显著,而高度精密的社会分工、全面嵌入的数字设备、无处不在的算法推荐又加剧了观念分化,因此多元价值的激烈碰撞使得人权的价值共识愈发稀有,而这也是当下"人权危机"的根结之一。数字人权的价值之维则致力于形成更多关于"人之所以为人"的共识,消解数字技术所带来的"自动不平等";另一方面,数字科技几乎将人的一切行为纳入"数据—算法"的记录评价机制之中,人的"数字身份"开始占据愈发重要的地位,随之显现出主体客体化的趋向。与此同时,数字科技对人权的威胁往往是轻微但却隐蔽且持续的,加之权力主体和义务主体的转变或扩展,数字时代的人权哲学势必发生重构,其间价值则是"重构"的基点。三是价值论析可以回应数字时代的人权难题。由于空前的数字科技发展速度,立法的滞后性缺陷被不断放大,法律规范的确立通常陷入"头痛医头、脚痛医脚"的被动境地,不同规范间也难以形成严整的体系。此外在数字争议当中,法律规范同案件事实之间的鸿沟亦不断增大,往往指向"超出法律规范的涵摄范围"[1]的疑难案件,也就需要诉诸缺乏充分法条依据的价值判断[2],而其中必然遍布着迥异的判断标准。面对法律创制和适用的困境,数字人权的价值解析旨在形成以人权为尺度的价值体系,以期指引建立体系严整、新旧衔接、繁简适宜的数字立法体系,优化完善兼具合法性与合理性的数字司法方法。

三、作为"价值"的数字人权

综上所述,对于数字人权而言,重点不在于创造新权利,而在于人权观念和人权原理的更新。因此从价值维度出发,笔者将数字人权视作一种"不甚严谨"的价值系统,以此为框架阐释数字人权的价值形态、价值结构与价值功能,从而展现数字人权发挥功用的价值机理,剖释数字人权作用于法治理论与实践的可能路径。

---

[1] 陈金钊:《解决"疑难"案件的法律修辞方法——以交通肇事连环案为研究对象的诠释》,载《现代法学》2013年第5期,第3页。

[2] 关于价值判断的适用场域有争议性,有的认为价值判断贯穿司法活动始终,有些则认为价值判断只出现在"疑难案件"中。笔者认为,司法裁判必然伴随着价值判断活动,但在一般案件和疑难案件当中,强度是不一样的,前者涉及的是对法律文本的解释,后者往往是一种法律"续造"。

具体而言，"系统"在不同语境下表达着不同的意涵，数字人权的价值系统则重点展现出整合性的指引意义。一方面，数字人权的价值系统契合了塔尔科特·帕森斯系统论的结构功能主义特征[1]，形成了"要素—结构—功能—整合"的逻辑理路，其间以"权利—义务"为基点，如前文所述，数字人权的价值系统内容可以界分为"人权的数字形态""基于数字的人权""通过数字的人权""数字中的人权"四个方面，四者于内部塑造了相互区分而又彼此相连的特定结构，于外部展现出数字人权作用于实践的特有功能，最终构造出以人权为价值标准和指引的整合系统。另一方面，数字人权的价值系统在一定程度上具有卢曼意义上的"自创生"色彩。不同于帕森斯的规范性系统论，卢曼将系统界定为"通过其要素的操作而自我产生和限定这些要素的可操作性的统一体"[2]，价值系统虽不能视为社会功能分化出的子系统，却也具有相对的独立性：一是人权的"自我正当化"也可视为一种"自我指涉"（self-reference）。尽管人权被批评为"是绝对价值衰落之后的绝对价值"[3]，但其本身的"不言而喻"却在客观上构造了"规范封闭"与"认知开放"的对应范畴，即人权价值内容的动态发展缘于其对社会认知的开放回应，但这种回应必须能够纳入既有的人权谱系之中，是对原有人权体系的扩展和延伸，由此人权的与时俱进不啻于一种另类的"自我生产"；二是价值系统的"二元符码"具有承接性，借此沟通道德系统和法律系统。道德"善/恶"与法律"合法/非法"的区分模式并不天然自洽，人权价值系统可视为道德子系统和法律子系统的交集，并基于"自我生产"来避免被前者击穿或被后者吞噬，从而借助价值判断机制将道德系统和法律系统衔接起来，实现"应然—实然""抽象—具体"的双重互动。沿此进路，数字人权并非"另起炉灶"，而宜理解为人权价值的数字之维或数字时代的人权价值重申，进而基于人权的价值机理来回应数字时代的诸多挑战。

---

[1] 参见[英]帕特里克·贝尔特、[葡]费利佩·达·席尔瓦：《二十世纪以来的社会理论》，瞿铁鹏译，商务印书馆2014年版，第83页。

[2] [德]卢曼：《法社会学》，宾凯、赵春燕译，上海人民出版社2013年版，第424页。

[3] 伍德志：《论人权的自我正当化及其负面后果》，载《法律科学》2016年第4期，第32页。

第二节　数字人权的结构与功能

如果对人权进行本土化的语义理解，"人"预设了一种主体性的正当前提，"权"则在此基础上可以分解为具有价值取向的权利和义务，二者又分别蕴含了"建构"与"解释"两种作用方式。由是结合数字应用情境理解，数字人权的作用主要表现为权利扩展、义务具体化、派生新权利、创设新义务四个方面，四者与人的主体性交互又组合生成了笔者前章所述的"四种形态"：(1)"人权的数字形态"可视为传统人权客体变化所带来的内容更新，尝试基于"人之所以为人"的价值定位，将数字技术应用过程中的一系列关系图谱和利益诉求附着于广泛认同的人权类别之上；(2)"数字中的人权"主要从义务主体角度审视人权，强调数字时代涉及的人权概念和称谓并未变化，但必须回应人权价值本身的消减或虚化，并扩展人权的义务主体范围；(3)"基于数字的人权"坚持在价值上申明，数字技术所创造的某些"要求"(claim)足以达到称之为"权利"的程度，且这些"要求"往往包含了传统人权价值难以直接涵盖的"特定价值"，无法通过"扩展性解释"圆满类归到诸项权利谱系之中，因此必须创设新型权利；(4)"通过数字的人权"则更加突显数字技术之于人权发展的工具性价值。沿循结构功能主义的原理，上述四种形态在互动关联的过程中形成了特定结构，据此衍生了人权价值作用于数字技术应用的多元化功能。

一、价值的关系图谱：数字人权的结构

结构作为一种"关系性存在"，不单表达并限定了特定要素之间的相互联系和作用机理，也隐含着深层理念与表层现象的区隔和互动。沿此进路，数字人权的四种形态基于不同人权要素和论证方法的组合而建立起了严整的关系框架，并呈现出"隐型"和"显型"的价值勾连。

整体意义上,数字科技作为新兴事物,与之相关的人权议题至少在一定程度上是"新"的,由此数字人权的命题证立与内容延展必然存在"旧—新"或"点—面"的推导过程。而基于不同的论证理路和证成方法,数字人权的四种形态既被区分开来,又被关联为整体。一方面,权利扩展、义务具体化、派生新权利、创设新义务这四类要素所欲构造的数字人权形态,其实可以归结为"解释性"和"建构性"两种论证方法[1],前者通过对价值或事实的解释来建立对应关系,其论证路径可归结为"具体(法律实践)—抽象(人权价值)—具体(适用方法)",并在"实践—价值—规范"的循环往复过程中,扩大了数字人权的内容范围;与之相应,"建构性"方法则主要通过"另起炉灶"来满足人权理念和人权实践的需要,论证路径因之表现为"抽象(人权价值)—具体(法律实践)—抽象(新权利或新义务)",即以抽象价值审视现实问题,并由此生成新的权利诉求或义务要求,其论证结果在于增加了数字人权的内容类别。另一方面,数字人权规范意义上的证成模式可以概括为"领域式"和"情境式"[2]。"领域式"证成的一般逻辑在于,某类数字应用行为A指向一类诉求C(claim),而C则值得或应当纳入为数字人权议题,能够成为一个全新的人权领域——"值得"和"应当"蕴含了两种不同的诉求,前者意图积极地纳入人权范畴,从而通过人权话语赋予C以正当性,如信息删除、数据遗忘的要求[3];后者则主要于消极层面防止人权缺位,强调人权价值之于A的重要性或优先性,例如对于算法决策的行为,必须以不损害人的自由和平等价值

---

[1] 按照一般理解,"扩展"和"具体化"都是对原有内容的充实,只不过前者增加的是广度,后者增强的是密度;而"派生"和"创设"都是建立"新事物","派生"更多限于同类型事物之间,"创设"则一般用于不同类型的事物。

[2] 这一概括来自陈景辉教授对新兴权利证成方式的概括,即"情境命题"和"领域命题"(参见陈景辉:《权利可能新兴吗?——新兴权利的两个命题及其批判》,载《法制与社会发展》2021年第3期);而刘叶深教授亦认为"情境命题和领域命题是肯定新兴权利存在仅有的两条路径"(参见刘叶深:《为新兴权利辩护》,载《法制与社会发展》2021年第5期)。

[3] 如若脱离具体语境而言,删除、被遗忘并不必然压倒存留或流通的价值。但某些数据既可能是不符合事实的,也可能在应用过程中对个人产生持续性的消极影响,尤是在数据定义身份,而身份指向社会评价和权利义务的数据应用过程中,删除或被遗忘不仅是维系隐私的必要手段,亦是避免数据过度界定主体的重要措施,因此具有了人权意义。

为前提。相应地,"情境式"证成意味着"新的情境要求证立新的权利"[1],突出了人权价值的统摄作用:假设情境B和规则R不存在直接关联,但二者在具体情形下都与特定的人权价值或人权议题相关,由此特定的数字人权可以成为联结情境(B)与规范(R)的"桥梁"。更进一步,这一"桥梁"功能又可细分为"有助于对B的保护效果"和"有利于强化R的价值导向"——前者如对新兴(型)数字现象进行价值解释,后者如以数字技术推动某些社会问题的解决[2]。以上两方面的界分作为横竖"坐标轴",勾勒出严整的数字人权结构,构成了将数字人权界分为四种形态的主要依据,并指明了证立其间每一类型的实质理由,决定了相应价值判断的具体路径。

具体而言,四种形态基于论证模式和论证方法被区隔开来,并因之展现出差异化的价值理路:其一,"人权的数字形态"将特定数字情境下的新诉求纳入人权范畴,进而通过对具体人权类型和人权价值的解释来回应新诉求,故属于"解释型的情境论证";其二,"数字中的人权"属于"解释型的领域论证",聚焦于如何将数字科技应用纳入人权议题之中,以人权为价值标准防止"主体客体化";其三,"基于数字的人权"试图从抽象人权价值中构造出新权利,以回应数字技术应用所产生的新诉求,依循的是"建构型的领域论证";其四,"通过数字的人权"旨在确立特定情形下数字科技之于人权保障的积极意义,继而基于"事实—价值—规范"的逻辑来推动数字人权的法律保障,类属于"建构型的情境论证"。

与此同时,四种形态基于"权利—义务"的相对性而增强了彼此间的互动,从而得以构成整体性的系统,强调"人之所以为人"的自主性价值。(1)四种形态皆以人权价值为依据并贯穿始终,以此塑造了一致性的价值内核。即人权不仅以人的自主性为核心展现了多样化的价值内涵,揭示出四种形态的共同特征,也因为其中独有的权利特征和义务特征限定了四者在内容上的无限蔓延,以此保证系统内部的统一性。进言之,人权中的"权利端"通常指涉具有基本性和重要性的

---

[1] 刘叶深:《为新兴权利辩护》,载《法制与社会发展》2021年第5期,第84页。
[2] 例如,"健康码"旨在以数字化方式解决疫情防控常态化的问题,在这一过程中,人权价值的介入有益于进一步彰显疫情防控的人权意义。

抽象价值,"义务端"则指向具有公共属性的权力主体;(2)有鉴于"权利总是在某种意义上关联着他人的义务"的普遍认知[1],四种形态之间存在着更为紧密的内在关联。尽管四者指涉的"权利—义务"内容原理及侧重点各不相同,彼此间却是相互弥合、相互证成的:权利的扩展与派生张扬了数字人权的价值主张,展现出了数字时代的利益诉求、意志趋向和层出不穷的欲望,但由此也带来了"无限扩张"的冲动和对"无需根基"的质疑。作为应对,义务的创设或具体化从人权规范性与数字应用实践的角度出发,增强了所谓"新"权利形态的正当性基础,进而完善数字人权的价值标准。同理,细化和创设某些人权义务亦需要以解释或确立的"新"权利形态为依据或理由。故综合以上论述,数字人权价值系统的结构可简化为图2-1。

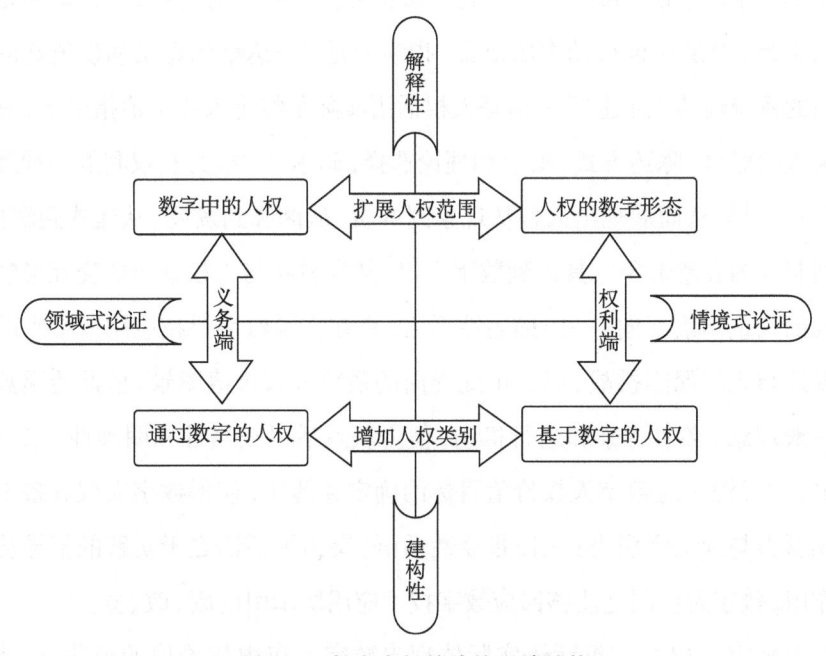

图2-1 数字人权的价值系统结构

---

[1] 于柏华:《权利的证立论:超越意志论和利益论》,载《法制与社会发展》2021年第5期,第120页。值得一提的是,陈景辉教授认为"权利与义务相对应"的命题是不成立的(陈景辉:《权利和义务是对应的吗?》,载《法制与社会发展》2014年第3期)。笔者无意介入这一论争,故采用了更为笼统的观点,对权利和义务究竟如何"对应"在所不问,而是认为二者总是存在着某种关联。

二、价值的作用机制：数字人权的功能

有关于"结构"的论说勾勒出了数字人权价值系统的内部关系画像，而作为价值系统的数字人权所展现的功能亦具有结构性——人权价值并非实体物，其功能主要表现为"观念—物质—实践"的交互机制与指示作用。而按照功能区分的标准，诸多要素的排列组合最终呈现出的是数字人权话语、数字人权概念、数字人权制度三种表现形式，也正是基于人权价值与三者的交互，数字人权价值系统集中展现了象征、指示、规范三重功能。

首先，基于话语的象征功能。不同于静态的实体物，人权作为思想物或知识体，其象征功能与话语及其生产机制密切相关。依循福柯的观点，话语不是思想交流的工具，而是一种行动中的语言，指涉的是"表达结构意义和价值观的一套有组织的系统性的'陈述'"。由是人权话语实际是特定人权价值指引下，有关于人权论说的对象、陈述方式、概念和理论选择，昭示了"权力和权利的一种展示或表达方式"[1]，从而展现出人权从现象到本质、从溯源到发展、从建构到解构、从理念到制度的表意形象。具体到数字人权，数字科技与人权话语的交互形塑出数字人权的三重话语面向：一曰描述性话语，重在言说数字科技应用所带来的人权价值变迁与人权保障挑战，以及由此导向的数字人权价值图景，依此传递数字人权的一般理念、必要背景和运行机制，使之获致话语正当性和明确性；二曰承诺性话语，主要源于对数字人权价值目标的确定和落实，使得数字人权具备更强的道德感召力与理论吸引力；三曰指令性话语，突出了话语之于实践的指导功能或促进作用，数字人权因之能够回应数字技术应用所牵引的废、改、立。

以上数字人权的三重话语实际体现出数字人权内核价值的外化，三者"描述—承诺—指令"的逻辑理路共同塑造了数字人权的"外部形象"，也因此在价值—话语的勾连过程中集中展示出象征功能。一方面，数字人权的象征功能表意

---

[1] 参见郭春镇:《作为中国政法话语的表达权》，载《法学家》2021年第5期，第114页。

为一种"观念构造物",通过话语所凝聚的共识来完成价值的普遍性整合。基于人权本身的综合性特质,数字人权内含着多样化的价值取向,不仅在外部面临着"是否应当纳入"的价值分歧,在内部也必须逐案权衡,处理好"取舍"的价值标准。而话语则能够持续塑造并传播数字人权的价值立场,于社会运转和法治实践的进程中形成对人权粗疏却坚固的认知,这种认知将数字人权刻画成为"数字时代人之所以为人"的自主性象征符号。另一方面,象征功能不只表现为凝聚共识所树立的价值符号,在此之上还体现出价值符号的宣示意义,即数字人权不论是否有益于实践乃至于理论,其作为价值系统预设了人权的宣言保障功能,以期将共同(通)的人权理念与价值目标转化为具有指引性和规范性的行动纲领。在此意义上,象征功能规定了其间人权内容的道德正当性,构成了由观念走向实践的指针。

其次,基于概念的指示功能。如果说"话语"描绘了数字人权的外部形象,"概念"则致力于构建其内部学理,从而作为知识的基础,影响着人解决问题的行动[1]。具体而言,无论关于概念的论说存在着怎样的分歧,概念皆可被归结为"对呈现于人类精神中之事物属性的物化"[2]。由此观之,概念乃是反映观念意识与外部世界关联的思维工具,于是"人权概念"的要义就在于具有心理反应和价值表达关联互动的思维特征[3]。至于数字人权,其概念既涉及"数字人权"和其他具体相关事物的称谓与界定,也试图赋予新称谓以特定意义,因之形成完整的"能指—所指"表意结构,这种表意并不是缺乏语义所指的简化表达技术[4],而是被赋予了特定意义的价值载体。

所以,通过"概念"的承接,数字人权的价值系统在象征功能之上展现出指示功能,具体可概括为认知指示、评价指示和证立指示。(1)认知指示关涉到数

---

[1] 参见黄子瑶、李平:《概念的功能:表征与概念能力》,载《哲学动态》2016年第11期,第107页。

[2] 雷磊:《法律概念是重要的吗》,载《法学研究》2017年第4期,第83页。

[3] 刘志强:《论人权概念与人权话语的关联互构》,载《政法论坛》2020年第6期,第83页。

[4] 在规范主义,尤其是"强规范主义者"看来,法律语境下的概念不过是没有意义和语义所指的符号或称谓。例如在"如果 x=y 且 y=z,那么 x=z"的法律推理结构中,概念就是作为"y"而存在的,而"y"显然是一种缺少实质内涵的语词中介。

字人权的理论图式,强调概念具有认识论意义上的规范性。一方面,"概念"致力于形成对事物基本特征的公共性理解,而这种公共性又往往意味着不同主体在理念上的同一性[1],故数字人权的诸种概念框定了社会成员对其基本认知,构成了相关确证、批判和推理的起点;另一方面,基于"所指决定能指"的语言结构主义论说,数字人权的概念体系牵引着我们对于其间价值内核与对象范围的认知,并据此预设了相应的运用场景,即概念作为"中介"或"中项",于抽象价值和具体事物之间建立了关联。(2)评价指示实际是对推理结论的指示。在方法论意义上,数字人权的价值指引过程其实就是一种价值推理,虽然结果层面存在着多重可能性,但推理过程并不是任意的,而是必须受制于概念本身。通过解释所确定的概念意义,不仅限制着最终的价值指引结果,还决定着"采取人权行动理由的性质与严苛性"[2]。易言之,当我们以人权作为评价标准或价值判断准则时,实际是沿着具体人权概念所承载的价值指向进行推理的,即人权概念可以作为"指向标"来决定价值判断的整体方向和运思理路。(3)证立指示关涉的是"规范性理由"。当某些数字人权概念被法律规范确认或具有道德共识意义时,超出概念的"证明"往往会面临着更多的质疑,因而概念往往指示着最具"效率"、最小"负担"和最为"形式理性"的论证策略或论证方式,且某些关于人权概念的学说亦有可能以某种方式成为司法裁判的理由[3]。正是以上三者结合,价值的整体性指示功能得以彰显,数字人权的象征功能也就不再是静态的,而是能够从抽象到具体、从理念走向实践。

最后,基于制度的规范功能。如果说人权话语和人权概念分别构造了数字人权的理念与理论,那么人权制度则构成了关于理念和理论的实践机制,决定了采取保护性或救济性行动的条件、时机和主体,从而赋予价值系统以规范功能,将

---

[1] See Clark, Andy & Prinz, Jesse, *Putting Concepts to Work: Some Thoughts for the Twenty-first Century*, Mind & Language, Vol.19: 57, p.61-62(2004).

[2] 严海良:《迈向以人的尊严为基础的功能性人权理论——当代人权观流变及评析》,载《环球法律评论》2015年第4期,第92页。

[3] 至于学说如何影响司法论证,可参见彭中礼:《司法裁判引证法律学说的功能研究——基于生效裁判文书的实证分析》,载《现代法学》2022年第1期,第34-43页。

人权价值贯穿至人权保护制度之始终。而基于人权制度的主要构成部分,这种规范功能主要指涉以下三端:(1)规范义务主体的功能。义务主体的指向范围构成了人权与一般权利的重要差别,数字人权扩展出了国家之外的私主体作为义务主体,即"权力来源从狭义的国家力量走向广义的社会"[1],与之相应的人权制度作为人权话语和人权概念的具体化,致力于明晰主体范围、义务内容、责任承担要件等具体适用情形。(2)规范人权形态的功能。正是基于制度的作用,人权得以在应然与法定之间相互转化。一方面,人权制度确认了数字人权体系中的某些具体权利形态,使之具有规范效力。如法律规则通过技术性设置,既能够防御或消解强势的数字权力,也可以积极地明确利益分配或受益关系;另一方面,数字人权对数字技术应用固然具有指引作用,但反之法律规范亦塑造着数字人权的具体形态。某种意义上,对相关法律制度背后的价值进行及时抽象,亦是"数字人权"的重要价值使命。(3)规范司法救济的功能。在人权司法实践中,将数字人权视为抽象价值只是一种基础性的定位,其间涉及的具体内容依然是变动不居的,因此数字人权在实践中往往潜藏着法律不确定的质疑,人权制度则预设了规范主义的司法保障机制,不仅能够依循数字人权价值"续造"新的权利形态、解释既有权利文本,也构成了数字人权不断发展、吸收和反思的重要实践来源,从而在"价值—理论—制度—实践"的交互链条中不断充实、丰富、细化数字人权的内容。

第三节　数字人权的运行机理

以上关于要素及其形态、结构与功能的阐释,描述了数字人权价值系统的基本面貌,展现出数字人权从"话语象征"到"概念指示"再到"制度规范"和司法适用的递进逻辑。而依循"自创生"系统论,整体意义上数字人权的动态运转主

---

[1] 周尚君:《数字社会对权力机制的重新构造》,载《华东政法大学学报》2021年第5期,第18页。

要指向"要素"和"环境",前者涉及系统的"内部整合"以确保价值指引的有效性,后者则关注基于"外部定位"而形成关联机制。

一、自主价值导向:数字人权的内部整合

对系统内部各个要素及其形态的"结构"阐论本身就带有"整合"意味,具有结构性的"功能"亦是以整合的面貌展示,而将"结构"与"功能"两方面再整合即型构了相对完整的人权指引机制,这种指引机制本质上就是一种以自主性为核心的价值判断,或曰建立价值标准并将之运用到价值推理。展言之,正所谓"技术是一种有目的性的系统"[1],数字人权内部整合旨在将以自主性为"圆心"的价值图谱插入到技术的目的之中。

第一,以自主性为核心的价值判断标准。人权的"自我生产性"叠加系统"规范封闭与认知开放"的特征,意味着数字人权在实践中极有可能是含混、模糊的,将之作为价值指引也就存在着虚置的可能,所以数字人权得以发挥预设功能的基础乃在于明确数字人权的"准入门槛",进而预设人权话语、人权概念和人权制度的应用场景,形成趋向一致的价值内核。而综合人权固有的要义与数字时代的人权威胁,笔者将"自主性"作为数字人权的核心标准,即数字人权关涉的是"直接"或"明显"影响到自主性的要求或行为。作为康德哲学的核心概念,自主性(autonomous)强调"一个道德行动者(moral agent)的意志不为外界因素所决定,而且这个行动者能够仅依据理性而应用法则于自身"[2],意味着相应的行动既不决定于行为发生的特定环境,也不取决于行为导致的结果(如用途、利益等)。在数字人权语境下,自主性集中表达了数字时代"人之所以为人"的主张,以此区别于具体的"数字权益"或"数字权利"。一方面,自主性意味着独立于他人意志和自身非理性情感的"自我决定",这种"我规定自己"的理性不仅指涉免于他人干涉的自由,也因预设了每个人的"自我主宰"而具有平等意涵。加之康德所附

---

〔1〕［美］布莱恩·阿瑟:《技术的本质:技术是什么,它是如何进化的》,曹东溟、王健译,浙江人民出版社2018年版,第216页。

〔2〕［英］尼古拉斯·布宁、余纪元编:《西方哲学英汉对照辞典》,人民出版社2001年版,第95页。

着的意志自律内涵[1],自主性构成了自康德道义论权利观至罗尔斯权利论、德沃金权利王牌论、诺齐克资格论的基础性概念[2]。也正是在这一过程中,自主性成为包含自由和平等价值在内,但又比二者更为基础的价值[3]。另一方面,自主性指向"选择自由",其间不仅包括19世纪"功利型个人主义"所坚持的"每个人是自己利益和目标的最为理性的看管者和决定者"[4],还在此基础上发展出了"做你自己的事情"(do your own thing)的"表现型个人主义",由此劳伦斯·弗里德曼才将"选择自由"视为"现代人权的第一语言"[5],将现代社会称之为"选择的共和国",自主性因之成为更具包容性和基础性的人权价值。

与自主性理论相对应,数字时代人权的新挑战并不在于物理性的人身伤害或财产损失,而在于对生活生产方式和思维认知模式的深度介入乃至隐形控制,其中的核心问题就在于消解数字技术对人之"内在规定性"的全面隐性干涉和持续柔性支配,强调一种他者必须尊重的不可侵犯性。所以,将自主性作为数字人权的核心价值标准具有双重的内部整合意义:一是本体论层面,把自主性作为解释或建构权利/义务的基点,数字人权的四种形态实际也是数字时代人之自主性的具体展开,即自主性决定了其间内容的价值要求与作用边界,构成了"领域式"和"情境式"论证的正当性标准,也决定了"解释"与"建构"的限度;二是认识论层面,自主性整合了数字人权的价值取向。一方面,数字技术应用所引发的人权问题往往难以归结到单一的价值范畴,自主性价值的延展范围则足以覆盖综合性的数字人权议题,契合于"在一个多元价值观的社会使人安身立命"的人权本源[6];

---

[1] 在康德看来,一切理性的东西都享有自由,而自由和意志的自身则都具有自律性。所以康德意义上的自主性即是意志自律,或曰道德自律、理性自律,而并非限于个人的自主选择。参见[德]康德:《道德形而上学原理》,苗力田译,世纪出版社2007年版,第74—77页。

[2] 参见朱振:《权利与自主性——探寻权利优先性的一种道德基础》,载《华东政法大学学报》2016年第3期,第28页。

[3] 一般认为,自主性、自由、平等构成了人权或道德权利优先性的主要价值理由。参见David Miller ed, *The Blackwell Encyclopaedia of Political Thought*, Blackwell Publishers Ltd, 1987, p. 445-446.

[4] 朱伟:《论自主性及其在生命伦理学中的意义》,载《伦理学研究》2013年第7期,第59页。

[5] [美]劳伦斯·弗里德曼:《人权文化:一种历史和语境的研究》,郭晓明译,中国政法大学出版社2018年版,译者导言第21页。

[6] 严海良:《人权论证范式的变革——从主体性到关系性》,社会科学文献出版社2008年版,第14页。

另一方面,诸如自由、平等、安全、透明、发展等人权之下的"二阶价值"并无绝对的位阶区分,由此人权的价值指引也就存在着多种不确定性。以自主性统合上述"二阶价值"旨在确立相对清晰一致的价值指引方向,继而形成具有层次的价值标准体系。

第二,基于自主性的人权价值判断。除去有益于改观数字人权潜在的分散化趋向,自主性的整合作用还体现在基于标准的价值判断。即"数字"限定了"数字人权"作用场景,人权价值判断实际是对"特定事物是否具有人权价值"的评价,其"准入门槛"主要有二:一是与自主性的相关程度。自主性不是以"全有"或"全无"的形式出现,所以自主性的价值判断并不止于"自我决定"和"选择自由"是或否的问题,而更多是一个相对性的高低差异问题,需要考察某一诉求或行为与自主性价值的邻近关系。这种邻近关系的判定则主要诉诸"具体情景之下具体的意义"[1],既要参酌自主性的核心价值,又要从显著性、持续性以及广度、深度等方面着手[2],考量对象或行为对自主性价值带来的直接影响;二是自主性的规范效力。自主性不只是"自我"的一种状态和能力,更强调"自我与他人和世界的'关系状态'"[3],由此自主性不仅是一个描述性概念,更是一个规范性原则,即自主性旨在构造一种阐明各种社会关系之规范的道德原则和社会政治原则,从而契合于人权的关系性和社会性特征。所以,当行为或事件影响到自主性背后普遍的"关系状态"时,就有可能归入数字人权议题。

以上论述进一步细化了数字人权的价值标准,意在解决个案意义上"是与否"的判断问题。而相关价值判断的另一个任务则在于如何基于自主性处理数字人权内部的价值冲突。以关涉的人权议题而论,自主性价值实际是一个扩散性的"同心圆",核心是"防御对意志的控制",中间层是"免于对人身、财产、人格的

---

[1] 徐明:《文义解释的语用分析与构建》,载《政法论丛》2016年第3期,第113页。
[2] 例如,单独、偶然的算法推荐并不会干涉人的自主选择,但算法推荐的运转原理决定了这种干涉必定是持续性的,也就意味着算法推荐可归入数字人权议题。需要说明的是,纳入人权议题和对其加以法律保障是两回事,法律救济仍须以特定的时间节点或危害产生为前提。
[3] 刘擎:《重申个人自主性:概念修正与规范建构》,载《学术月刊》2010年第9期,第51页。

不当干涉"以及"一视同仁的形式平等",最外围则是一系列增进能力、促进积极作为的价值理念。根据这一粗略界分,距离核心价值越近的人权价值,在抽象层面越具有理由上的优先性。当然,这一位阶仅仅是一种初步的静态判定,更为复杂的逐案权衡不单单涉及内部整合,也关系到数字人权价值系统与外部司法系统的交互。

二、关联机制建构：数字人权的外部定位

与数字人权的内部整合不同,外部定位更多关注的是当数字人权以系统整体呈现于社会运转之中时,所必须关切的关联机制构建问题。立足于实践,这种关联机制中最重要的乃是宏观的人权体系,以便于划定数字人权的理论疆界。

数字人权的理论定位乃是一个争论不休的难题,数字人权的价值系统构造从内部回应了这一问题。但如若将视角放宽,还必须厘清数字人权与整个人权体系的关系。一方面,数字人权是人权体系的一个子集,或曰诸种人权价值的交集。这种定位不是基于人权的代际谱系和基本价值归属,意味着数字人权并不试图更新人权价值或创造新的人权类别,而是聚焦于人权原理在特定时空和领域的价值变迁、反思与重构,即回应数字技术应用所产生的人权议题。在此意义上,数字人权是一种问题式的"范畴",既不是与现有基本人权并列的新类别,亦非可以简单归类到某一人权价值之下的新内容,其更类似于一个介于纯粹抽象人权价值与具体权利形态之间的"中观概念",着眼于数字应用进程中产生的各类人权议题,以此区别于(更宏大的)"数字时代的人权"和(更具体的)"数字新兴(型)权利",并借助整合各项共识性的人权价值原理来认知与审视各类"数字行为"的正当性。就此而言,"阳光之下无新鲜事",数字人权的核心价值是一以贯之的,是对既有人权(如话语、概念、制度)的承继性延展,也必然同传统人权的内容产生部分重叠,而重叠之处则部分决定了数字人权价值系统的开放性[1]。

---

[1] 重叠部分并不消解数字人权的独立性,既可能在自创生的系统之中产生具体的数字权利,或用于解决具体的数字争议,也是数字人权不断开放变迁的重要推动力量。

另一方面,这种"承继性"极有可能导向"数字人权无用性"的误区——既然数字人权缺乏独有的价值根基,且其间的价值目标可以分解到现有的人权类别之中予以实现,那么费尽波折地构建数字人权又意义何在?笔者认为,除去数字时代转折性背景所带来的人权原理变革,数字人权依然具有人权价值体系之下的相对独立性。

其一,数字人权虽然缺乏全新的人权价值作为独立支撑,但也难以被一刀切地归入自由、平等或其他基本人权价值之中。如前文所述,数字人权的价值取向是多方向、综合性的,并最终为自主性所统合,即数字人权的根基是一种整合的自主性:"整合"意味着数字人权不仅是对各项人权价值的"数字化理解",而且还致力于将这种分散的"数字化理解"予以抽象性提炼,由此数字人权的价值根基实际在于数字技术应用与每一项人权价值交集的"叠加",是人权新境遇所牵引的理念变迁和学说完善——正如卢梭认为分散力量联合后所形成的"总和"具有不可替代性[1],作为诸项价值"凝聚物"的自主性亦是无法为某一人权价值所概括的,其昭示了数字背景下经典人权价值的共性理念和全新适用场景,且在此基础上获致了不同于传统的意涵和意义,因之构成了数字人权特有的价值内核。

其二,数字人权的独立价值意义根植于急剧变革的社会关系。在后形而上学时代,人权的正当性论证逐渐由主体性向关系性的范式转变,即主体间相互承认的社会关系与普遍事实构成了人权的证成资源。相应地,"数据"与"算法"的"共谋"正迅速改变着"共同体内的每一个成员和每一个他者的关系"[2],而恰恰是这种关系,在某种意义上被视为人权的内核。显然,社会关系的变迁必然催生新的人权需求和人权理论,在数字技术深度嵌入社会运转的情境下,数字人权的价值内核虽然是"旧"的,但所面对的社会关系却是"新"的,且二者之间并不会自动契合,于是在探寻如何将"旧"的价值涵摄到新的"关系"的过程中,数字人

---

〔1〕 在卢梭看来,这种"总和"即是公意,而公意的行使即是主权。相关论述可参见[法]卢梭:《社会契约论》,徐强译,中国社会科学出版社2009年版,第20—21、37—42页。

〔2〕 [美]贝思·辛格:《实用主义、权利和民主》,王守昌等译,上海译文出版社2001年版,第33页。

权的独特性价值随之凸显,这种独特性既是对人权价值的时代性重申,也构成了回应具体数字问题的价值指引。

第四节 数字人权作为客观性的价值判断标准

由于数字技术的持续快速发展,与之相关的权益保护责任更多地被施加给了司法机关[1],然而司法系统在面对立法空白时往往存在着多个裁判的依据、理由及结论,从而可能背离数字人权的价值目标,不利于数字人权的法律保障。正是因为有关于数字争议的司法裁判具有更强的不确定性和更为显著的价值判断色彩,且其间往往关涉到数字权力主体,数字人权对司法裁判的价值指引往往具有正当性和必要性,其核心要义在于在涉及人权的案件场景中,将数字人权作为价值判断的准据。然而,在这一过程中,"依法裁判"与"个案正义"之间呈现出矛盾和微妙的复杂关系,进而借此达致形式与实质的交互辩证、规范与现实的相互影响。考虑到人权价值判断作为司法价值判断的一种特殊形态,同样可能面临"恣意性"风险,为防止"价值判断堕入强权的股掌和习俗的玩弄"[2],数字人权的价值判断必须不断增强客观性。

一、"客观性命题"的缘起:司法价值判断的正当性危机

在哲学意义上,"价值判断"本质上乃是"评价主体根据价值主体的需要,衡量价值客体是否满足价值主体的需要以及在多大程度上满足价值主体的需要的一种判断"[3]。在法学领域,除警惕"实在法中的公式化倾向和僵硬的形式侵入法

---

[1] 相关论述可参见彭诚信:《现代权利视域中利益理论的更新与发展》,载《东方法学》2018年第1期。
[2] 冯平:《价值判断的可证实性——杜威对逻辑实证主义反价值理论的批判》,载《复旦学报(社会科学版)》2006年第5期。
[3] 冯平:《走出价值判断的悖谬》,载《哲学研究》1995年第10期。

学"[1]之外，价值判断还担负着维系正义理想，避免司法裁判丧失维系伦理责任的使命。而伴随着司法哲学的精细化和司法实践的复杂化，价值判断"进入法律解释、法律推理和法律论证已成为一个不争的事实"[2]，由此也不可避免地受到了正当性质疑，招致了法的确定性危机。

首先，价值判断往往会指向"越法裁判"。依法裁判作为法官不言自明的"戒律"，以实在法构造和确定性指引为目标，实际反映出"立法/司法的等级式区分"[3]。尽管对美国的法律形式主义和德国的概念法学诟病颇多，然法律规范的基础性功能依然是共识——如果纠纷的解决始终依靠富有争议、时常抵触的抽象道德信条，司法裁判必然难以逃脱不确定的宿命。与之相应，在司法裁判中，价值判断不仅倚赖道德信条，也关涉利益衡量，本质上乃是一种非此即彼的排他性、独占性决断，其间法律规范并不能发挥决定性的作用，甚至在某些情境下只是一个可有可无的注脚，以至于捍卫法律唯一正解的德沃金也不得不承认："我并没有论证道德判断的客观性，论证的只不过是道德论证的客观性。"[4]易言之，价值判断或缺乏明示的规范依据，或存有多个竞合的规范依据可供选择，且本身代表了法律思维、价值取向、情感表达之间复杂转化、交互作用的结果，由此这种脱离法教义学的"专断评价"必然会引发关于裁判正当性的诘问。

其次，价值判断通常会面临可接受性的挑战。正所谓"判决既不是简单的强制性判定，也不是纯粹根据逻辑从法律中推导出的具体结论"[5]，可接受性实际表达着社会成员对裁判结果的主观认知和情感认同，构成了价值判断是否正当的重要标准。但受制于多重因素的司法价值判断具有鲜明的个人色彩，从而同可接受

---

[1] [德]冯·基尔希曼:《作为科学的法学的无价值性——在柏林法学会的演讲》，赵阳译，载《比较法研究》2004年第1期。

[2] 孙海波:《在"规范拘束"与"个案正义"之间》，载《法学论坛》2014年第1期。

[3] 泮伟江:《超越"依法裁判"理论》，载《中国法律评论》2020年第2期。

[4] See Ronald Dworkin, *A Matter of Principle*, Havard University Press, 1985, p.171.

[5] 焦宝乾:《法律论证导论》，山东人民出版社2006年版，第126页。

性内涵产生了背离：一方面价值具有"不可通约性"[1]，可接受性体现的是社会成员价值判断，其与法官价值判断通常难以纳入一致性的价值网络之中，甚至存在着相反的意涵；另一方面，司法裁判中价值判断展现出鲜明的"场域特定性"，结论和论证变动不居，这就意味着在价值冲突尖锐的情境下，价值判断既难以通过价值共识指向道德层次的可接受性，也无法基于单一法律渊源而实现技术层面的可接受性。

最后，对于价值判断而言，法律方法本质上往往更多是一种辅助。为了回应价值判断的主观性和随意性，限制法官自由裁量，一整套法律方法逐渐发展和日臻完善，其作为"反对专断判决的保证"和"深思熟虑判决的保证"[2]，在增强法的安定性、维系立法权威、提升裁判质量、消减个案质疑等方面多有裨益[3]。然而，法律方法同样面临着"操两可之说，设无穷之词"的怀疑论，这种怀疑在具体到司法价值判断时尤为明显：一方面，法律解释或法律推理的技术和程序增添了形式理性的权重，但价值判断本身却是内在于思维之中的，所以法律解释和法律推理无力决定非此即彼的价值判断，而至多是一种限制性的要素；另一方面，法律论证本身就是"符合逻辑思考"的理由及其证明过程，致力于对价值判断结论的回溯性证成和补强，以期司法参与者和社会成员确信判决的正确性，而无法介入价值判断本身。所以"单纯依靠教义学所提倡的演绎推理方法并不足以解决所有的疑难案件"[4]，法律方法能够从形式上增强司法价值判断的正当性，却远不足以消除这一危机。

---

[1] 通常认为，价值不可通约性命题源于以赛亚·伯林，其基本含义在于："在一种价值既不比另一种价值更好，二者也不具有同等价值的情况下，这两个价值是不可通约的。"参见郑玉双：《价值一元论的法政困境——对德沃金〈刺猬的正义〉的批判性阅读》，载《政法论坛》2018年第6期，第157页。

[2] 参见[法]达维德：《当代主要法律体系》，漆竹生译，上海译文出版社1984年版，第132页。

[3] 参见陈林林：《法律方法比较研究——以法律解释为基点的考察》，浙江大学出版社2014年版，第218页。

[4] 王云清、陈林林：《依法裁判的法理意义及其方法论展开》，载《中国法律评论》2020年第2期。

二、"后退"的客观性：人权价值判断的客观性意涵

一般而言，客观意指"不带个人偏见，按照事物的本来面目去认识"[1]，《牛津高阶词典》关于"objective"的解释则指涉两端，一是不被个人的感受或意愿影响；二是外在于人的精神和心理而存在。由此可见，客观性标志着事物处于意识之外的存在特性，蕴含着"对事物之本质与规律的真理性认知与把握"[2]。而司法裁判语境下的客观性不再代表一种独立于主体的实在或存在，转而更为强调"使人们的行为服从理性或某种必然性的统治，从而摆脱任意或偶然性的操控"[3]。正是在此背景下，司法语境下的价值判断客观性命题得以提出。所谓价值判断，通常被视为"主体衡量价值客体对于特定价值主体的意义的认识过程与结论"[4]，其中的判断既可能是"单纯的、绝对的"（认定事物是好或坏），也可能是"比较的、相对的"（认定事物"好的程度"）[5]。与之相应，"司法价值判断"乃是对案件裁判过程中隐含着的各类法律价值的衡量、判定和评价[6]，一般认为是法官价值观念和意识形态的映射，属于个体的主观范畴。其间一系列的程序限制、方法论设定乃至法哲学论争实际都源于司法价值判断的内在性、复杂性和变动不居，而在社科领域客观性不断"后退"的情境下，人权作为一种价值共识被赋予了特定内涵，相应价值判断也不必固守既有的主观性疆界。

第一，价值判断的客观性体现出"弱心灵独立性"。不同于自然科学领域，价值判断的客观性不存在某个单一的、居支配地位的观念和标准，亦不存在那种可

---

[1] 夏征农、陈至立主编：《辞海》（第六版缩印本），上海辞书出版社2010年版，第1037页。
[2] 田方林：《论客观性》，载《四川大学学报（哲学社会科学版）》2012年第4期。
[3] 黄伟文：《论法律的中度客观性》，载《法制与社会发展》2013年第4期。
[4] 卓泽渊：《法的价值论》，法律出版社2018年版，第489页。
[5] 参见［英］W.D.拉蒙特：《价值判断》，马俊峰等译，中国人民大学出版社1992年版，第3页。
[6] 一般而言，价值评价和价值判断可作为同义语，笔者亦持相同观点。但在哲学领域，有学者认为，二者间微妙的差别在于，价值判断的外延大于价值评价（冯平：《评价论》，东方出版社1995年版，第2页）；还有学者将"价值判断"分为评价判断和规范判断（孙伟平：《价值哲学方法论》，中国社会科学出版社2008年版，第76页）；也有法学学者持相反观点，认为价值评价是价值认识的过程和结论，价值判断则主要是指价值评价的结论（卓泽渊：《法的价值论》，法律出版社2018年版，第495页）。

以适用于思考、判断和话语等所有场域的观念和标准[1],而是对"主观"保持了更大程度的开放性,其内核因之表现在正反两个方面:(1)当我们论及司法价值判断客观性时,实际上首要重心在于反对任意的主观性。无论法律规范是否完备,价值判断作为一种实践推理,都寓于对法律规范的解释过程中,也包含在指涉裁判结果的论证过程中。此时价值判断客观性实际意味着具体案件中司法意识观念的独立性,即法官的价值判断独立于个人意愿、直觉偏好和私利算计,不受裁判者个人习性及其即时性反应的支配。(2)反对任意的主观性只是一个原则性的重点,且充满了各种争议和不确定,故价值判断客观性的第二重内核在于受限制性,强调在非肆意性的基础上形成客观性的依据,其间生成了两条客观性进路:一是最为基本的"存在论路径",将既存的法律规范作为价值判断的依据,借此实现法教义学意义上的客观性。然而,"语言的意义并非自始至终就是确定的,而是在我们发现文本的意义过程中,主体的思想总是已经参与到语言的意义当中"[2],所以价值判断的教义学依据虽然可以基于"存在即合理"而被赋予客观性[3],但依据的选择和适用(或曰法律发现的过程)依旧离不开主观裁量,由是"可接受性"构成了第二种进路,即价值判断的依据及其形成的结论,必须契合可接受的观念,以观念共识作为一种带有客观色彩的依据,其中所指向的乃是在特定案件情境下判断者之间的恒定性,也就是其他人也会作出相同的判断,从而借助"他者"的共同性主张价值判断的客观性。

第二,沿循"可接受性"的理路,价值判断客观性实际是一种"主体客体性"。正所谓"先进的法律制度往往倾向于限制价值论推理(axiological reasoning)在司法过程中的适用范围"[4],博登海默或许重在强调司法主观主义(judicial

---

〔1〕 相关论述可参见杰拉尔德·J.鲍斯特玛:《适于法律的客观性》,载[英]布莱恩·莱特编:《法律和道德领域的客观性》,高中等译,中国政法大学出版社2007年版,第106、120页。

〔2〕 [德]汉斯-格奥尔格·伽达默尔:《诠释学Ⅰ:真理与方法——哲学诠释学的基本特征》,洪汉鼎译,商务印书馆2007年版,第524页。

〔3〕 在这里,客观主要强调"认识对象是存在的",不依赖于人的意识,而是以物质形态存在的,皆可视为客观。但需要注意的是,在司法场域,不能据此反推出:客观的一定是不依赖于人的意识、以物质形态存在的。

〔4〕 [美]博登海默:《法理学:法律哲学与法律方法》,邓正来译,中国政法大学出版社2004年版,第528页。

subjectivism）的负向功能，但使用"限制"而非"排除"也透露出主观意识之于价值判断的内在必然性。据此，价值判断客观性不再强调完全消除主观倾向和个体情感，而宜理解为一种"主体客观性"：其间司法价值判断不仅依赖于法官的价值观念而存在，也无法脱离法律规范和案件事实。同时，价值判断所根植的法的价值体系，本身也是"法理论—法制度—法实践"循环往复而生成的繁杂机制，是社会成员价值需求和价值观念不断普遍化、规范化甚至教条化的客观存在。沿此进路，价值判断客观性所内含的"主体客观性"，也可以理解为一种"主客体间性"，表达的是"主体与客体相互作用过程中主体所创造的东西"[1]——价值判断虽是作为价值主体的法官的个体行为，案件、法条及其背后的价值取向也具有多重可能，但本质上还是建基于客观的价值属性和价值事实之上，展示出价值判断内部的协同作用性（主客体之间）和外部的社会约定性（不同主体之间）。具体而言，这种"主体客观性"可以从两方面加以理解：

一方面，价值判断随案件不同而展现出主体的差异。价值判断客观性命题旨在证立司法裁判的正当性，并希冀达成判断结果的一致性。但这种一致性并不意味着必须建立统一的价值观念，而是尽可能将价值判断的客体指向"正确的"、最为临近的法律规范。显然，价值判断客观性并不反对主观意识——主观性也不代表任意性和随意性，而是要求判断主体"禁止向一般条款逃避"，且价值判断的规范依据应当具有法条直接相关性和职业共同体同质性[2]，以此分别照应上文所述的"存在论路径"和"可接受路径"。

另一方面，价值判断主要依赖于客观经验。法律的实践性特征决定了经验之于价值判断的重要角色，以至于价值判断可以视为法教义学基础上的经验逻辑。而在更广泛的哲学意义上，经验又可类分为主观经验（与主体有关的或个人的经

---

[1] 孙志海：《价值理性批判：价值观念生成的先验程序和先验结构研究》，中央编译出版社2017年版，第111、107页。
[2] 前者实际是面向法规范的（客体的），强调法律是价值的载体；后者是面向法裁判者的（主体的），强调作为价值判断主体的法官在同等情境下，会作出相同的价值判断结论。至于这种场域客观性如何形成，则取决于法律规范和案件现实所指向的"客观精神"。

验)和客观经验(与主体无关的经验和可公共感知的经验),后者内在的"公共感知性"实则是司法价值判断客观性的重要元素。此时,价值判断依然是主体的经验事实表达,但这种经验事实是客观的。易言之,客观经验意味着法官用于进行价值判断的经验是能够被社会成员所感知到和易于理解的,以此不仅增进了"共同的客观"的民主基础,也构成了对法官专断的隐性限制。

三、"公共的客观性":人权价值判断的优化机制

通常而言,价值判断客观性实际包含了双层结构,第一层结构为"依法裁判",强调将法律规范与案件事实——对应,从而实现"事实与规范的直接等置"[1]。第二层结构致力于"依法裁判"基础上更为精确的客观性,即"基于公共的客观性",以多数人的"共识"或"同意"作为客观性的核心要义,意味着不存在一种完全静止、通用的客观性标准,最终必须在逐案权衡的具体背景下寻求公共性。这一理论对于数字人权价值判断同样适用,且人权本身就代表了一种多数人的共识,相应的客观性价值判断,实际是一种规范性的"多数主义",具体包括下述两方面的内容。

(一)规则推论中的数字人权指引

规则推论适用的前提在于法律就规范某类事项已经进行了具体指示,即存在法律规则作为裁判依据,裁判的主要任务在于"将案件涵摄于制定法规范之下"[2]。但毕竟事实与规则之间的对应关系注定不可能是"严丝合缝"的,立足于"价值判断是法律推理的灵魂"这一论断[3],这种缝隙则构成了数字人权的价值判断空间。其一,寻找适合于某一案件的法律渊源。在大多数情境下,法律规则

---

[1] 陈林林:《裁判的进路与方法——司法论证理论导论》,中国政法大学出版社2007年版,第74页。
[2] [德]阿图尔·考夫曼:《法律获取的程序——一种理性分析》,雷磊译,中国政法大学出版社2015年版,第1页。
[3] 相关论述张继成:《价值判断是法律推理的灵魂》,载《北京科技大学学报(社会科学版)》2001年第1期,第65-69页。

构成了法律论证的起点,然其作为大前提并不是确定且排他的。所以当存在多种并存乃至冲突的法律规则时,数字人权就能够作为评价大前提适当性的客观价值标准[1],即选取最有利于数字人权保障,或最不损害数字人权价值的法律规则,以此增进"实质性规范与评价性主张的可接受性(实质理性)"[2];其二,关于事实与规则的客观解释。正如拉伦茨所言:任何制定法都需要解释,单纯由法律条文的文字,并不能获得大前提;而通过逻辑涵摄就能获得小前提的个案,在实践中也只占有限的一部分。[3]由此适用规则必然借助于法律解释,从而"化解个案事实与既有规范之间的张力"[4]。但不同的解释方法往往导向不同的解释结果,况且对于数字技术应用产生的新问题,往往缺乏共识性的事实描述规则,也就难以对法律规则予以确定性的理解。有鉴于此,数字人权的指引意义可视为一种基于客观人权价值的目的论解释,强调在语义模糊、描述多样、评价开放等存在"语义裁量余地"的情景下,将人权价值作为一种目的限制或解释目标,以此衔接事实判断和规范判断,并将这种限制或目标融于立法目的之中[5];其三,规则推论过程中的人权价值。即便规则和事实处于相对应的状态,裁判也可能因为拉兹所谓"规则适用上的自闭性(或曰不传导性与不透明性)"而排斥某些正当性的实质理由,由是数字人权就构成了检视这种"自闭性"的客观标准。

(二)原则权衡中的数字人权指引

由于规则体系无可避免地存在漏洞和冲突,原则权衡构成了应对不确定法律概念和概括性条款的重要方式,尤其是在"数字法律规范"较为粗疏的背景下,以

---

[1] 这一论述立足于法律论证过程中内部证成和外部证成之分,前者涉及的是前提与结论之间的逻辑推理关系,后者则关注前提本身的正确性或可靠性问题。表达相似意涵的区分还有"一阶证立"与"二阶证立"、"主图式"与"辅图式"。

[2] 雷磊:《规范、逻辑与法律论证》,中国政法大学出版社2016年版,第243页。

[3] 参见[德]卡尔·拉伦茨:《法学方法论》,黄家镇译,商务印书馆2020年版,第347页。

[4] 陈林林:《裁判的进路与方法——司法论证理论导论》,中国政法大学出版社2007年版,第103页。

[5] 当然,这种目的解释切断了词与物的联系,可能招致"文本主义者"的诘问,而更类似于一种"超越客观性基础之解释学体系"。关于其证成可参见陈辉:《解释作为法律的结构及其对法治的影响》,中国政法大学出版社2015年版,第285-295页。

数字人权为价值标准的原则权衡获致了更为广泛的适用空间。然而，原则权衡是比规则推论更容易招致客观性质疑的裁判形式，此时的数字人权指引则可理解为一种基于人权原则的权衡，即凝聚多数人共识的客观性价值判断。而由于人权本身的宽泛性和"价值无涉性"，与之相应的原则权衡并不体现在人权与其他价值之间，而是集中在人权体系内部的价值冲突。故而情境复杂化之下的人权原则，只是作为一种"主导性评价标准"而介入到个案权衡之中，其间的客观化方法主要是获致公共性的支持，具体指涉两端：一是利益衡量的方法，意在通过对个案中"目的（效益）—手段（成本）"的剖释来完成价值判断，实质是以"狭义比例原则"来理解人权价值，从而找寻最有效率的人权保障方案。在这一过程中，自主性具有基础性的意义，因此具体主张背后的人权价值与自主性的相近程度，就构成了判定目的（效益）的重要标准；二是后果主义考量。无论后果主义是否构成一种独立的裁判方法和论证方式[1]，基本观点都在于"一个行为的伦理地位取决于其后果的价值"[2]。据此，基于人权原则的后果主义考量又可细化为两方面，一方面是以"轻重"作为后果标准，即在人权价值冲突中赋予指向"不特定大多数"的公共以优位，继而考察具体数字人权价值与公共共识的"邻近性"，以此在具体情境中确定"价值秩序"和更有"吸引力"的人权价值。另一方面是以"强弱"作为后果标准。近代以降，虽然人权的革命性、对抗性色彩不断淡化，但人权依然被视为弱者对抗强者的工具，其中倾斜保护弱者的"原教旨"价值内涵也就一以贯之地沿袭下来，后果上倾斜弱者的方案从而具有了优先性。

综上所述，数字技术在带来翻天覆地的社会变革的同时，也对人权保障提出了新挑战、新要求，因之推动数字人权作为学理概念逐渐铺展开来。然而，数字人权作为一项人权而非具体权利，过分执着于实在化改造既无必要也无可能，反而会消解其固有的功能定位，甚至动摇概念合法性的根基。由是笔者尝试将数

---

[1] 关于后果主义的法律方法论定位的争议，可参见雷磊：《反思司法裁判中的后果考量》，载《法学家》2019年第4期。

[2] [美]戴维·索萨：《后果主义的后果》，载徐向东主编：《后果主义与义务论》，浙江大学出版社2011年版，第48页。

字人权建构成为一种价值系统,剖释其间以"自主性"为一元核心的四种形态,在"内部—外部"双重语境下所展现出的三类功能,而这一阐论既是扩展数字人权理论广度的理论尝试,亦可从侧面间接证成其正当性。着眼于现实,《国家人权行动计划(2021—2025年)》于应然层面"全面回应了日新月异的互联网、数字化的新挑战"[1],如何将数字人权理论与数字法治实践有效衔接,进而实现从应然人权到法定人权再到实有人权的高效率转化,无疑是未来数字人权研究的重要议题。

---

[1] 张万洪:《止于至善:我国〈国家人权行动计划〉的发展历程及新进展》,载《人权》2021年第5期,第65页。

第三章　数字人权的规范构造

在数字技术变革与人权话语力量的双重驱动下，数字人权及其话语体系进入了法学理论研究者的视野。提出数字人权概念，主要是为了"在价值上申言数字科技必须以人为本，必须把人的权利及尊严作为其最高目的，并以人权作为其根本的划界尺度和评价标准"。[1]尽管学界对数字人权是否构成第四代人权存有争论，[2]鉴于"全球范围内隐私和数据保护成为诸多人权组织的'高度优先事项'"，[3]有关数字人权的研讨不仅没有止步，还日益向着更为深入的层面探进。因应数字时代人权保护的多重危机与全新挑战，数字人权研究已逐渐从概念证成、价值宣谕和话语传播转向对于数字人权实在化的讨论，致力于推动数字人权从一种价值观念转化为能够融贯于现有法律体系的制度规范。例如，有学者尝试将抽象的数字人权分解为各式各类的具体权利，论析数字人权的保护方式或实现路径，[4]也有学者着重探究具体场景下的权利保障议题，如个人信息权（益）保

---

[1]　张文显：《新时代的人权法理》，载《人权》2019年第3期，第21页。
[2]　参见刘志强：《论"数字人权"不构成第四代人权》，载《法学研究》2021年第1期，第20页以下；刘志强：《"数字人权"再反思——与马长山教授等商榷》，载《政法论坛》2022年第6期，第66页以下。
[3]　See Rebekah Dowd, *The Birth of Digital Human Rights: Digitized Data Governance as a Human Rights Issue in the EU*, Palgrave Macmillan, 2022, p.40.
[4]　参见桂晓伟：《智慧社会的数字人权保护——基于"能力路径"的理论建构》，载《法学评论》2023年第1期，第153页以下；郑智航：《数字人权的理论证成与自主性内涵》，载《华东政法大学学报》2023年第1期，第35页以下；丁晓东：《论"数字人权"的新型权利特征》，载《法律科学（西北政法大学学报）》2022年第6期，第52页以下；杨学科：《第四代人权论：数字时代的数字权利总纲》，载《山东科技大学学报（社会科学版）》2022年第2期，第10页以下。

护、数据权利保障、人脸识别技术治理等。[1]这些研究虽然方法不同、视角各异，却都隐含了对数字人权进行规范构造的努力。

数字人权的规范构造聚焦人权的价值理念"成为规范"的过程，希冀将应有人权尽可能地转换为法定权利，并发挥应然的法律效力。应有人权、法定人权、实有人权三者的比值，是衡量人权事业发展的重要标准，[2]也反映着数字人权的规范化程度。但是，人权实践可能沿着不同的层面和尺度具体展开，[3]从"数字人权"向"数字权利"的转换既不是一种等值切换，[4]也不是要将碎片化的数字权利简单地堆集在一起，而是必须遵循特定的转化机制。因此笔者认为，数字人权的价值理念首先要在宪法秉持的"国家尊重和保障人权"的法治语境中展开，然后通过理念到规范的具体化过程，科学合理地建构数字人权的法律规范及其体系。

在法学理论中，"规范构造"隐含三项基本要求，即本体论层面的明确性、认识论层面的权威性与方法论层面的可适用性。[5]与之相应，数字人权的规范构造须从三方面着手：其一，把握数字人权内容具体化过程中的关键性要素，将数字人权塑造成结构严密、内涵清晰、价值内核一致的数字权利体系；其二，根据法律规范的形式要求构造具体的数字权利，确保数字权利体系与既有的法律体系相融贯；其三，在数字人权规范司法适用的动态过程中，借助特定的法学方法实现预期的人权保障目标。这三项任务相互关联，共同决定着数字人权能否从一项应

---

[1] 参见周维栋：《个人数据权利的宪法体系化展开》，载《法学》2023年第1期，第32页以下；申卫星：《数字权利体系再造：迈向隐私、信息与数据的差序格局》，载《政法论坛》2022年第3期，第89页以下；李蕾：《从信息权利到信息人权：法理证成与分层建构》，载《人权研究》2022年第3期，第83页以下；郭春镇：《数字人权时代人脸识别技术应用的治理》，载《现代法学》2020年第4期，第19页以下。

[2] 参见万斌、诸凤娟：《人权的四维透视》，载《浙江学刊》2009年第6期，第103-104页。

[3] 参见张翔：《论人权与基本权利的关系——以德国法和一般法学理论为背景》，载《法学家》2010年第6期，第20页。

[4] 本文所称"数字人权"或"数字权利"，意指与数字技术应用相关的人权或权利。数字人权的概念主要在价值层面发挥作用，它强调要在数字时代的多重变革中张扬人权价值、捍卫人的主体性。作为数字人权的实在化表达，数字权利以具体性和法定性为基本特征，须以法律规范作为载体。

[5] 人权的"规范化"也关乎"法律是什么"这一经典命题。由于本章的写作旨趣在于推动数字人权的实在化，故对"规范化"的要求作了简化处理，回避了规范的来源、效力、判断标准等争议性问题。

有人权,科学、全面地转化为法定人权和实有人权。笔者将数字人权的规范构造分解为内容具体化、形式法定化、适用技术化三个维度,在剖释"规范构造"基本原理的基础上,依次讨论下述问题:数字人权规范的调整对象及其容纳的权利体系;数字人权规范的形式载体和生成路径;数字人权规范的个案适用方法,以及权利竞合与权利冲突的解决方案,以期不断充实、丰富和细化数字人权理论与制度,推动数字人权从价值宣示层面最终落脚于法治实践。

第一节 "规范构造"与"数字人权"

立足于数字人权的法律保障,规范构造旨在建构"有效力的规范",即赋予特定的数字人权以"规范效力"。在拉伦茨看来,规范效力是指"某种行为要求或标准的权威性或约束力"[1]。但在严格意义上,与"法律效力""法的效力"等基础性的法学概念相比,"规范效力"实质是一个具有递进含义的"合成词",笔者用以不甚严谨地指称"有效力的规范"——效力通常被视作规范的应有之义,甚至凯尔森称为"规范的特殊存在",但规范只有具备一定条件才有效力。有鉴于笔者将"效力"作为"规范构造"的应用题中之义,所以与拉伦茨界定有所不同,本章节中"规范效力"的重心在于"规范"而非"效力"[2],即"规范效力"本质上旨在昭示人权的实在化面向,希冀数字人权能够"融入具有效力的法律规范"或"转化为规范而具有法律效力",进而通过法律适用实现人权的司法保障。由此"规范效力"的意义在于,数字人权规范构造的重点虽然在于"如何成为规范",但在"规范化"过程中必须考量效力因素。

---

[1] [德]卡尔·拉伦茨:《法学方法论》,黄家镇译,商务印书馆2020年版,第253页。
[2] 也就是说,考虑到文章的主题与主要研究对象,文中对"规范"进行简要处理,并将"有效力的规范"简称为"规范",这一过程则称为"规范化"。

一、"规范构造"意味着什么?

一般而言,规范是"某事应当是或应当发生,尤其是某人应当以特定方式来行为"[1]。而采用"规范构造"这一表述,隐含着以"效力"提高"规范化"的标准,表达的是规范在应然层面所蕴含的约束力[2]。所以本章中的效力是一种应然效力,强调法"应当"有效的这种状态,而不是指"为什么有效"和"实际是否有效"。质言之,人们往往会从认可效力(或确信效力)、应然效力、实然效力三个层面来理解"效力"[3],而鉴于文章是在尚未生成"规范"的情境下讨论规范构造问题,所以宜秉持实证主义的立场,将"效力"限定在应然层面[4],强调针对特定调整对象以及司法裁判的拘束力。但是,正所谓"仅有法律创制的事实并不足以使得法律规范具有效力"[5],效力表达的"应当被遵守"在规范意义上源于"法律体系的成员资格"[6],即一个规范之所以具有效力,不是基于有关价值和正当性的论证,而是因为它是国家有效法律体系的组成部分[7]。

---

[1] [奥]凯尔森:《纯粹法学说》,雷磊译,法律出版社2021年版,第6页。当然,何为规范本身也关乎"法律是什么"的经典命题。考虑到文章的重点在于"人权实在化",因此对"规范"进行了简化处理,主要从形式外观角度进行理解,而不处理规范的来源、判断标准等争议性问题。

[2] 需要澄清的是,凯尔森经常将"效力"(validity)与"约束力"(binding force)互换使用,但二者并不必然等同,约束力或许只是效力的一种表现形式。结合本章的论证目的与论证对象,笔者在此处沿用了凯尔森的观点,但也不意味着采用凯尔森其他关于"效力"和"规范"的观点。

[3] 相关论述参见[德]魏德士:《法理学》,丁晓春、吴越译,法律出版社2005年版,第149-150页。

[4] 一方面,"认可效力"旨在表明法律规范的道德基础,即回答法律为什么"应当被遵守和适用",尽管可信效力影响到应然效力,但笔者赞同凯尔森的观点,其至多是应然效力的"理由",而非"效力"本身或"效力"来源;另一方面,"实然效力"又称为"实效",尽管其间理论存有分歧,然可以形成共识的是,实然效力属于社会学、心理学的范畴,而应然效力才是法学问题,于是实然效力构成了应然效力的条件。实际上,对于"应然"与"实然"的划分,恰恰体现了人类的独特能力,即能够有意识地去弥合"是什么"与"应当是什么"之间的差距。参见 Bebhinn Donnelly, *A Natural Law Approach to Normativity*, Ashgate Publishing Company, 2007, p.128.

[5] 雷磊:《"法的渊源"意味着什么》,中国政法大学出版社2021年版,第78页。

[6] 雷磊:《法律规范冲突的逻辑性质》,载《法律科学》2016年第6期,第5页。在该文中,雷磊教授认为"效力"通常包括"法律体系"和"法律拘束力"两种理解,笔者不再对二者进行刻意的区分。

[7] 对于这一论断,凯尔森、哈特、拉兹基本达成了共识,但其间也存在着些许差别:拉兹认为"法律体系成员身份"并不能完全解释法律效力,法律效力是一个更宽泛的概念;对哈特而言,它只是陈述了一种"成员资格";凯尔森则将之视为一种规范状态或约束状态,关于其间差别的具体论述也可参见 Sylvie Delacroix, *Legal Norms and Normativity: An Essay in Genealogy*, Hart Publishing, 2006, p.72.

具体至数字人权,笔者并不打算采纳阿尔夫·罗斯将"效力"等同于规范(体系)存在或现实(actual existence or reality)的观点,而是赞同"规范构造"蕴含着一种二元结构,"规范"与"效力"可以处于分离状态[1]。依照"事实的权威"和"有效的权威"之区分,以及"服从法律"与"尊重法律"的论述,[2]规范的效力具有两种完全不同的来源:来源于制定权威的效力和来源于规范内容的效力,二者又分别被概括为"权威性"和"正确性"[3],其中前者取决于规范本身的形式或地位,后者源于内容上的合理性与合法性,而这种"正确性"既可以指涉道德内容,也可能仅在实证法层面使用。遵循前段所述立场,"规范构造"具体表现为两个层次的内容:

一方面,人权往往意味着"最高等级的道德要求"[4],数字人权通常以合理的价值共识作为基础,相应规范的生成必然夹杂着道德因素,从而保证能够基于某些强制性之外的理由而被遵守。但是这种人权价值的渗透,更多地及于"规范"而非"效力"——"规范"与"效力"绝非可以完全等置,于是"正确性"与"权威性"的效力区隔,也就未必意味着规范层面"制度安排"与"价值理念"无涉。据此,数字人权规范构造必然体现出人权价值诉求,凝聚更多的道德共识确实也有助于增强实然效力,只不过这种"价值介入"集中体现在"规范化"的进程之中,"规范的生成"同时意味着"正确性"的隐匿,转而将效力来源移转至实证法层面的形式权威性。在此意义上,正所谓"公正的价值论并不必然导致将道德问题与法律有效性混为一谈"[5],所以"规范构造"的第一层级要义为"使数字人权的主张诉求成为法律规范",并借此将数字人权规范与实质性的道德因素切割

---

[1] See Stephan Kirste, Concept and Validity of Law, in Pauline Westerman(et al.), *Legal Validity and Soft Law*, Springer International Publishing AG, 2018, p.55-64.

[2] 关于两者的论述,可分别参见[英]约瑟夫·拉兹:《法律的权威——关于法律与道德论文集》,朱峰译,法律出版社2021年版,第32-36、282-312页。

[3] 参见俞祺:《正确性抑或权威性:论规范效力的不同维度》,载《中外法学》2014年第4期,第885-886页。

[4] [美]杰克·唐纳利:《普遍人权的理论与实践》,王浦劬等译,中国社会科学出版社2001年版,第8页。

[5] Andrzej Grabowski, *Juristic Concept of the Validity of Statutory Law: A Critique of Contemporary Legal Nonpositivism*, Verlag Berlin Heidelberg, 2013, p.208.

开来[1]。

另一方面,"规范构造"意味着效果上的可拘束性,展现出规范层面的行为强制或行为指引意义,以及对于司法裁判的约束力。且这种"强制"或"指引"并不陈述遵循它的正面理由,同时排斥考虑所有相反的实质性理由,也就类似于拉兹所谓的"规则自闭性"。沿此进路,将人权价值寓于实在化的规范之中并不必然产生效力,而是还要遵循效力层级的基本原理和一般规律,使得数字人权规范能够融洽于既有的法律规范体系。尤其是面对数字人权的诸多全新诉求,还必须搭建起"价值体系—规范体系"之间的理论桥梁,确定何种"数字人权"应当或"值得"被纳入法律规范体系之中。此即"规范构造"的第二层级——能够成为法定权利体系的一部分或融入其中[2]。

二、数字人权需要"规范构造"吗?

一言以蔽之,"规范构造"或曰"有效力的规范"其实包括了"规范"与"效力"这两个密切相关但又彼此独立的内容,核心意旨在于增强数字人权的制度化程度。由此带来的学理追问则在于,既然规范和效力皆非人权的本质特征,且具备规范形式或效力特征的人权或许更适合称之为"基本权利"或"法律权利",那么数字人权是否真的需要"规范构造"?在笔者看来,虽然存在着多重人权保障方式,但"规范化"既是人权发展历史的必然规律,亦是回应数字时代人权挑战的重要路径。

第一,"规范构造"是数字人权保障与促进的应有之义。从历史进程来看,人权功能从未止于话语宣言或意识形态,而是不断地转化为法律规范与行动机

---

[1] 需要澄清的是,尽管此段多次使用了"道德"这一表述,但此处的道德更多用于指代应然层面人权价值中的实质性因素,而非传统法哲学议题中宽泛的"道德",所以人权规范化的过程也就不能够化约为"道德进入法律",也不意味着笔者持"法律与道德必然相关"之立场。事实上,在数字技术应用领域,应然人权、观念人权乃至于道德人权等表述,皆不属于严格意义上的道德问题。本章致力于数字人权规范构造,毋宁说是人权价值进入规范的议题,恰恰是希冀排除道德因素的任意影响。而囿于笔者所欲论述的主旨,对于人权、价值、道德三者之间的关系,不再展开论述。

[2] 按照人权的一般原理,"规范"包括国内法和国际法两个层面。考虑到数字人权还处于基本原理建构阶段,所以笔者一般将"规范"限定在国内法领域,而暂不处理数字人权的国际法问题。

制[1]，近年来方兴未艾的"人权主流化"则进一步昭示了人权制度的重要意义。具体而言，"规范构造"之于数字人权的保障和促进意义，则主要指涉以下两端：（1）"成为规范"的意义。在实证法的视阈下，"规范"一般被视为行为的意义，构成了某种行为被命令、允许或被授权的前提条件[2]。通俗来讲，"规范"最直接、最一般的表达形式即是实在法。而在法律规范结构的"两要素说"架构下，"规范"则更类似于"行为模式"[3]，可归纳为"可以这样行为、应该这样行为、不应该这样行为"[4]三种类别。展言之，"成为规范"意味着某些具体的数字人权诉求被纳入法律体系之中，而这种法定化、制度化形态又往往表现为基本权利或具体的法律权利，既使得人权诉求更加明确，也初步厘定了义务主体与义务范围；（2）"具有效力"的意义。按照凯尔森的观点，"每一个独立的规范都是一个制裁性规范"[5]，是故效力不只确立了规范内部的"法律后果"，也指向"规范"在整个法律体系中的地位与拘束力，同时还隐含了对规范的体系性要求。因而具有"规范效力"的数字人权，一部分转化为了行为规范，推动人权理念成为数字技术应用活动中的价值指引和行动指引，另一部分则还带有裁判规范的意味[6]，对法官产生"依法裁判"的拘束力。在此意义上，人权开始具备法定权利所特有的"规范力"，即"拥有独立于道德理由的独特力量"，足以"独自成为义务人需要贯彻特定义务的终极理由"[7]。

第二，"规范构造"是完善数字人权体系的必要部分。就程度而论，人权通常被划分为应有人权、法定人权和实有人权，并据此将三者的等值转换作为人权保

[1] See Hans-W. Micklitz, *Constitutional Challenges in the Algorithmic Society*, Cambridge University Press, 2022, p.5-6.
[2] 前引[奥]凯尔森：《纯粹法学说》，雷磊译，法律出版社2021年版，第7页。
[3] 本章无意聚焦规范结构新旧三要素说、两要素说的争论，而只是强调"规范效力"的语词结构与两要素说具有相似性。
[4] 舒国滢：《法律规范的逻辑结构：概念辨析与逻辑刻画》，载《浙江社会科学》2022年第2期，第30页。
[5] [奥]凯尔森：《法与国家的一般理论》，沈宗灵译，中国大百科全书出版社1996年版，第31页。
[6] 当然，规范在本质上究竟是行为规范还是裁判规范，历来存在争议。限于本章主题，在此不加以展开。
[7] 参见陈景辉：《权利的规范力：一个对利益论的批判》，载《中外法学》2019年第3期，第589、590页。

障的标志——三者比例越接近，人权的保障程度就越高[1]。尽管将人权发展程度等同于人权"数量"和"法定化"程度有待商榷，但也从侧面反映出人权的多重维度和互动机制，以及人权制度化的重要意义。而在数字时代，这一意义又进一步凸显：数字科技型构了全新的社会结构，相应的权力形态与权利义务关系也悄然发生了变化，即便人权保障和具体权利救济的原理一以贯之，也难免与实践议题存有疏离。所以，数字人权的理论体系始于数字人权的概念证立与理念宣扬，而又必须基于价值共识"落地"于实践，推动数字人权在"价值—理论—制度—实践"的链条中不断充实、丰富、细化。

一方面，数字技术的侵权显现出机制化、"客观"化、耐受化、覆盖化等全新特征[2]，现有的法律规范不会自动回应上述特征，由是从理论上揭示数字时代的人权挑战只是开端，更重要的是将数字人权理念恰切地转化为人权行动机制。而"规范化"既可以确认数字人权中的某些具体权利形态，还能够通过技术性设置，防御或消解强势的"数字权力"，积极地明确利益分配或受益关系，使得数字人权的普遍原则上升到国家实施层面[3]；另一方面，数字技术日新月异，应用过程中产生的法律问题亦是千奇百怪、纷繁复杂，事实与规范之间的鸿沟进一步扩大，不断"盲目"地增加立法数量无异于"头痛医头、脚痛医脚"，其适用效果往往"事倍功半"。与之相应，将数字人权视为抽象价值只是一种基础性的定位，其间涉及的具体内容依然是变动不居的，因此数字人权在实践中往往潜藏着法律不确定的质疑，"效力"则预设了规范主义的法律保障机制，不仅能够依循数字人权价值"续造"新的权利形态、解释权利文本，也构成了数字人权不断发展、吸收和反思的重要实践来源。而在这一过程中，借由"规范化"的实证理路，数字人权概念本身的正当性又得以进一步增强。

---

[1] See Gene M. Lyons & James Mayall (ed.), *International Human Rights in the 21st Century: Protecting the Rights of Group*, Rowman & Littlefield Publishers. Inc, 2003, p.20-21.

[2] 参见马长山:《智慧社会背景下的"第四代人权"及其保障》，载《中国法学》2019年第5期，第6-8页。

[3] Giovanni Ziccardi, *Resistance, Liberation Technology and Human Rights in the Digital Age*, Springer Netherlands, 2013, p.309.

三、数字人权能够"规范构造"吗？

"规范构造"之于数字人权具有不言而喻的重要意义，但重要性未必意味着可能性，当"规范""效力"这些经典的法学概念与发轫于自然法时代的"人权"相勾连时，最大的疑问在于，人权作为一种道德权利，如何证明其具有普遍性，并且与"规范"产生关联[1]？且一旦经过实证化，是否还可称之为"人权"？数字人权作为新生概念，又是否齐备了成为"规范"的理论条件与现实条件？而对于这些诘问的回应，又构成了研析数字人权规范构造的基础理论。

第一，关联性证成。基于理念决定行动的基本规律以及人权发展的"历史经验"，数字人权的价值诉求势必会从理念传导至制度层面，从而成为具有效力的规范。但问题在于，一系列具有数字人权保障功能的制度设置和数字人权的理念或诉求之间，是否存在着"真正"的因果关系：一方面，按照德国法上人权与基本权利的转化关系，具有效力的人权规范形态往往以"权利"为主要表现形式，此时是否仍旧可以采用"人权"的称谓？另一方面，许多权利规则和法律制度的设定，虽然具有人权保障的效果，但其未必是人权价值指引的产物。针对这一诘问，与本书主题相关的澄清主要有三：一是在国内法的背景下，数字人权"规范构造"的本质在于，将具有普遍道德感召力的价值共识限缩为"法律秩序内的秩序化权利"[2]，并因之成为数字人权保障最直接、最有力度的路径。而鉴于"能指"与"所指"之间关联的任意性[3]，不同称谓可视为同一人权诉求在不同层次或程度上的差异化表达方式，其价值内核是始终如一的[4]，即呈现出"貌离神合"的

---

[1] Andrew Clapham, *Human Rights: A Very Short Introduction*, Oxford University Press, 2015, p.51.

[2] 张龑：《论人权与基本权利的关系——以德国法和一般法学理论为背景》，载《法学家》2010年第6期，第17-27页。

[3] 参见禾木：《从所指/能指到能指/所指——论拉康对索绪尔二元论的批判》，载《现代哲学》2005年第2期，第96页。

[4] 以当下讨论较为成熟的"被遗忘权"为例，其价值层面上的正当性源于数字人权中的"自由支配"和"免于操控"，不啻于传统人权理念与新兴数字对象的耦合。在宪法层面，则可从言论自由的概括性表述中获得依据。具体到我国的法律法规，在《个人信息保护法》中又表现为"撤回同意"条款。而值得注意的是，并不是所有人权都要转化为规范性的"权利"，宣言保障、政策保障同样是人权保障的重要路径，且多样化的人权保障路径也有助于捍卫人权固有的反思性特征。

状态。而这种"人权——基本权利——法定权利"的转化，既是所谓"自然状态走向市民状态"之必然，亦构造出数字人权规范的一般逻辑。二是就"规范"本身的构成要素而言，规则是最为主要的表现形态，但原则和概念的重要功能同样不可忽视：前者作为一种"不完整的规范"，在实质上也可以转化为"价值的表述"[1]，即提取具体人权背后的价值取向而形成抽象化的原则[2]作为行动指引或裁判理由。在此情境下，数字人权与基本权利类似，具有主观权利与客观规范的双重特征[3]；与之相应，概念"具有心理反映和人权表达关联互动的思维特征"[4]涉及"数字人权"和其他具体相关事物的称谓与界定，也赋予新称谓以特定意义，以便于纳入既定的人权体系或法律规范之中[5]。三是站立于实证法立场，任何制度文本的生成都是多重因素的结果，且人权观念的指引功能往往难以实证。对此笔者认为，"人权"与"规范"只要在实质意义上契合，皆可视作具有关联性。易言之，数字人权的宗旨不仅在于指引数字法治实践，还有归纳、概括、总结法律实践的功能，由此实现"理念—制度—实践"的循环往复。

第二，合理性证成。人权内容的确定性始终是争论不断的议题。具体至数字人权，面对愈发深奥复杂、迭代迅速的数字技术，相关人权议题已远远超越了社会成员的一般常识认知和理性水平，加之算法推送、数据孤岛、信息茧房所加剧的"认知割裂"，数字人权的价值共识更难以凝聚。更为重要的是，数字应用愈发专业化、技术迭代更加频繁的现状对法律规范本身提出了更高的要求，必须恰如其分地平衡技术发展与不可预见的权利境况，于是数字人权所指向的"规范"往往可能不尽合理，难以实现预定目标。对于这一疑虑的回应，实则指向两方面的

---

[1] 熊静波：《作为实体性原则的基本人权——对基本人权的制度化及其实践的另一种考察》，载《人权研究》2019年第1期，第25页。

[2] 也有学者认为，鉴于原则在结构上不属于完全规范，所以宪法规定的权利本质上就是一种原则。由此，数字人权既可以直接抽象为某项原则，也可以先转化为基本权利，再提炼为某项原则。相关理论论述可参见王鹏翔：《基本权作为最佳化命令与框架秩序——从原则理论初探立法余地（Gesetzgeberische Spielraume）问题》，载《东吴法律学报》2007年第3期。

[3] 张翔：《基本权利的规范建构》，高等教育出版社2008年版，第19页。

[4] 刘志强：《论人权概念与人权话语的关联互构》，载《政法论坛》2020年第6期，第83页。

[5] 例如算法应用所产生的歧视问题，就可以归入"平等权"范畴之中，从而运用平等原理予以回应。

议题:(1)数字人权"规范构造"的基础为何。正所谓"阳光之下无新鲜事",数字人权并不是毫无根基的"空中楼阁",其间核心的人权价值理念却具有连续性,很多情形下实际是以经典人权理念审视全新数字问题,或曰将数字议题转化纳入既有的人权规范体系之中。与此同时,肇始于20世纪70年代的信息权利以及世纪之交的互联网权利,也可视为数字人权重要的规范化理论渊源。加之近年来日益丰富的一系列数字法治实践,数字人权的"规范构造"业已基本齐备了理论和现实基础;(2)数字人权"规范构造"的路径与方法。"规范构造"未必指向建构主义的理路,还能够通过"法律解释"予以实现。在此意义上,数字人权旨在重申数字技术应用过程中所必须坚持的人权原则和人权义务,也就可以通过"解释"增加人权的"射程",揭示出"数字中的人权"和"人权中的数字形态"。而在司法场域,法官的解释活动亦可将数字人权"有实无名"地纳入法律规范体系当中,实现"基于人权原则的裁判"。显然,数字人权规范不仅表现为创制,也可能寓于法律适用的过程,所以笔者论及的数字人权规范构造问题,在很大程度上也离不开法律方法的支持。

第二节　数字人权规范的内容构造

法律规范是法律关系形成、变更和消灭的法律依据,旨在明确"某事应当是或应当发生,尤其是某人应当以特定方式来行为"。[1]数字人权规范既指代"与数字人权相关"的法律规范,也表征具有法律约束力的数字人权诉求。数字人权规范的首要任务在于"内容构造",即明确数字人权规范所调整的主体对象和行为对象,从而将抽象的人权价值诉求具体化为数字权利,建构起富有层次的数字权利体系。

---

[1] [奥]凯尔森:《纯粹法学说》,雷磊译,法律出版社2021年版,第6页。

一、数字人权规范调整的主体对象

在人权理论产生之初,人权规范以自然人为权利主体,以国家为义务主体,内含着个人对于国家作为或不作为的要求。即便第二次世界大战之后产生了诸多有关于人权主体的理论争议,以"国家—个人"的纵向关系为主要调整对象仍旧是人权的本质特征。但是,数字技术再次推动了社会结构变迁,在"数字身份"日趋重要和"数字权力"日渐膨胀的数字时代,对数字人权规范进行内容构造,必须重新界定权利主体和义务主体并重塑二者间的关系。

(一)数字人权规范中的权利主体

在主体意义上,将人权具体化为权利是一种限缩性构造,即将"孤立的、自主的"的个人[1]具体化为齐备权利资格的公民。这一过程虽然充满争议,却不触及根本性改变,因为对权利主体和权利内容的认识,都是以人的生物属性为出发点和落脚点的。然而近年来,数字技术塑造了物理世界—数字世界、现实生活—虚拟生活、物理空间—电子空间等双重构架。[2]在"社会数字化"的新常态下,数字人权理论关注到了人的"数字属性",强调数字技术赋予了个体一种前所未有的"数字身份"。鉴于人的本性乃是人权产生的正当性根源,以人的数字属性为基础,也就自然而然地推导出数字人权存在的合理性。[3]有学者则更为激进,认为出于保证数字人权独特性与独立性之目的,不妨把数字人权限定为一种数字化的人权类型,主要关乎数字空间产生的各类权利问题。

权利主体的数字属性固然重要,但其生物属性是难以磨灭的。同传统的人权理论一样,数字人权依然以捍卫"人"的价值为目标,对应着消极不作为与积极作为两方面的义务要求。只不过,在理解"人"以及"人"必不可少的基本需求时,

---

[1] [美]杰克·唐纳利:《普遍人权的理论与实践》,王浦劬等译,中国社会科学出版社2001年版,第99页。
[2] 参见马长山:《智能互联网时代的法律变革》,载《法学研究》2018年第4期,第21页。
[3] 参见龚向和:《人的"数字属性"及其法律保障》,载《华东政法大学学报》2021年第3期,第76页。

数字人权理论洞悉了数字技术对于"人"之意义的塑造功能,也因之将本不属于人权保障范围的数字现象纳入其中。考虑到人权与特定时代的生存、生产、生活方式紧密关联,[1]无论将数字人权具体化为何种数字权利,权利主体的数字属性都不能脱离其生物属性单独存在。人的生物属性与数字属性的共存与互动恰好也解释了"数字化生存"的兴起过程:当数字技术从一种单纯的技术手段一跃成为人类生产和生活不可或缺的基础设施,数字技术便创造了相对独立于生物空间的虚拟空间。而当数字技术深嵌于社会运转之中,数字虚拟空间的"作用力"又会不断传导至实体空间。

不难发现,"数字化生存"意味着人的数字属性与生物属性愈发密不可分——甚至无法区分。在构造数字人权规范时,必须同时考量权利主体的生物属性和数字属性,才能确保数字人权得到全面和整体的保障。此外,大量的数字技术应用行为实质上是直接将数字化方式作用于人的生物属性,这些行为并不天然地属于数字人权议题,亦无法径直归入传统人权的规范体系之中,而是有赖于对现有法律规范及相关概念进行解释。这意味着,在把数字人权具体化为数字权利的过程中,权利主体的生物属性仍旧具有基础意义。正如有学者所说:"数字人权作为一种新型人权,并非完全与传统人权割裂开来,而是在对传统人权转型升级的同时,又拓展出了新的人权内容。"[2]

(二)数字人权规范中的义务主体

在传统人权理论的谱系中,人权规范并不干涉私主体之间的关系。然而,数字科技的广泛应用不仅推动了权力的"去中心化",还催生出了"数字权力"这一新型权力。以数字技术为基础,数字社会将"广泛性权力和深入性权力、威权性权力和弥散性权力以前所未有的方式结合起来,并通过显著提高权力实施能力而提升权力的运作密度"。[3]这种新型权力以一种隐蔽化、客观化、系统化的方式作

---

[1] 常健:《人的数字化生存及其人权保障》,载《东南大学学报(哲学社会科学版)》2022年第4期,第46页。
[2] 参见龚向和:《人的"数字属性"及其法律保障》,载《华东政法大学学报》2021年第3期,第77页。
[3] 周尚君:《数字社会对权力机制的重新构造》,载《华东政法大学学报》2021年第5期,第26页。

用于社会成员,构成了对个体人权的直接威胁。在现代社会,"权力的义务性是权力概念的应有之义",权力主体履行其对权力对象的义务,"是卫护公民权利和保障人的尊严的客观需要"。[1]就此而言,扩展数字人权义务主体的范围要求数字权力主体承担相应的人权义务,这不仅是数字权力膨胀的必然结果,也是数字社会良性运转的必要条件。

数字权力既是传统国家公权力的延伸,也可视为一种新型的社会公权力。社会公权力源于"拥有巨大势力、类似国家的私团体",且这些私团体"产生了威胁一般国民人权的事态"。[2]参酌基本权利第三人效力理论,将某些企业法人视作社会公权力主体并要求其承担人权义务当无疑义。不过,鉴于数字社会中的权力生成机制具有特殊性,宜采第三人效力理论中的直接效力说,将数字人权义务定位为一种直接性义务。当社会公权力"在场"时,数字人权规范可直接适用于调整个体与企业法人之间的关系,而不必经由私法规范的转介适用而产生法律效力。

第一,采直接效力说更有利于实现数字人权的价值追求。"基本权利私人间效力问题的实质和核心就是防止社会公权力侵害基本权利",[3]数字人权意图抵御的是一切干涉个体自主性的数字权力,并希求数字权力主体承担某些积极义务。按照国家与社会的二元划分,"数字化包含着国家自身的数字化,但它更多、更广和更可持续的来源是社会",[4]社会构成了数据生产、分配和交换的主要场域,数字人权规范所要处理的权利义务关系更多地存在于社会公权力主体与私人主体之间。若采间接效力说,不单可能消解数字人权的纵向性,也将增加人权主体范围的不确定性。

第二,直接效力说与数字人权规范所欲处理的主体关系更加契合。在数字技术的加持下,社会结构日益精细与繁复,近代以来被奉为圭臬的"市民社会—政

---

[1] 胡杰:《论权力的义务性》,载《法学》2021年第10期,第26页以下。
[2] [日]芦部信喜:《宪法》(第6版),林来梵等译,清华大学出版社2018年版,第83页。
[3] 李海平:《论基本权利对社会公权力主体的直接效力》,载《政治与法律》2018年第10期,第110页。
[4] 周尚君:《数字社会对权力机制的重新构造》,载《华东政法大学学报》2021年第5期,第20页。

治国家"二元格局不断瓦解,"市民社会—公共领域—政治国家"的三重结构日渐清晰。大量的数字技术应用行为不再是仅仅关系到私主体利益的市场行为,而是展示出鲜明的公共权力色彩。[1]同时,经过数字赋能的传统权力运行效率持续提升,可能发展出一种新的"数字政体",[2]进而变革传统权力的行使方式。在此背景下,"个人权利—国家权力"二元结构拓展成为"个人权利—社会公权力—国家公权力"三元结构。在三元结构的框架下,采直接效力说,实质是要对公权力进行更细致的切分,根据差异化的场景识别出不同类型的数字权力,并将不同类型的数字权力分别归类到不同的规范逻辑之中,以尽可能消除权力与非权力间的中间地带,为私主体提供更为严密的权利保障。

二、数字人权规范调整的行为对象

既然数字权力不再为国家机关"专属",一些企业法人也可能是数字权力的行使主体,并因之需要履行数字人权义务,那么在对数字人权规范进行内容构造时,就必须准确界定应受数字人权规范调整的行为及其边界,以防止数字人权规范的效力范围不当扩张,侵犯到私主体的合法权益。

(一)数字行为的基本架构

在数字人权的话语体系中,数字行为指代具有数字属性、能够实际影响到主体财产利益或人格利益的技术应用活动。当前,数字技术应用范围持续扩展,数字人权的规范内容也愈发变动不居,哪些行为属于数字行为很难被具体列举。但是,基于对数字社会实践以及法律制度安排的观察,仍然能够大体勾画出数字行为的基本架构。

在数字技术发展的现阶段,数字人权规范主要调整与数据和算法应用相关的

---

[1] See Daniel Rudofsky, *Modern State Action Doctrine in the Age of Big Data*, N.Y.U. Annual Survey of American Law, Vol.71:741, p.748(2016).

[2] 郭春镇:《"权力—权利"视野中的数字赋能双螺旋结构》,载《浙江社会科学》2022年第1期,第51页。

行为。[1]在数据应用领域,数字人权规范应当将数据的获取、支配、收益等一系列行为纳入关注视野,致力于调处相关进程中可能存在的不平等主体间的权利义务关系。在算法应用领域,诸如算法平等、算法选择、算法解释、算法正当程序等议题都与人权保障息息相关。数字人权规范所调整的是能够引起利益关系变动的数字行为,而这种利益关系具体包括财产利益和人格利益。我国《宪法》第13条第1款规定,"公民的合法的私有财产不受侵犯"。数字人权规范在确定所欲保护的财产利益时,不单要评估数字行为所涉利益的合法性,还要确认数字行为涉及的利益关系是否真正具有"财产性"。数字人权规范对人格利益的保护,以我国《宪法》第38条中规定的"中华人民共和国公民的人格尊严不受侵犯"为基础,证成数字行为与人格尊严的相关性,构成数字人权规范调整人格利益关系的前提。尽管人格利益与财产利益具有同等的重要地位,但在数字时代,人格利益更加容易受到数字权力的侵害,也往往构成了数字权力侵害财产利益的诱因,因此需要得到数字人权规范的重点保障。

(二)数字权力行为的判定标准

对数字行为基本架构的勾画,只是初步界定了数字人权规范的对事效力范围。在此基础上,还有必要进行二阶判断。直接将国家权力主体的数字行为纳入数字人权规范的调整范围并无异议,但大型公司等企业法人的行为何时应被视为社会公权力行为,还须结合一系列判定标准进行精细化讨论。结合权力的固有特征和数字权力的特殊性,对于各类社会主体行为性质的甄别,宜以"公共性"和"可控性"双重标准作为判准。

公共性标准衡量的是社会主体的行为是否真实地介入公共事务当中。在数字时代,大型互联网企业参与公共治理的现象愈发普遍,例如,疫情防控时各地

---

[1] 为行文简便,本章不对数据与信息作出区分。关于数据与信息之间的关系,学界存在诸多不同观点。具体可参见梅夏英:《信息和数据概念区分的法律意义》,载《比较法研究》2020年第6期,第151页以下;韩旭至:《信息权利范畴的模糊性使用及其后果——基于对信息、数据混用的分析》,载《华东政法大学学报》2020年第1期,第85页以下。

使用的"健康码",基本都依托于"微信""支付宝"。这些互联网企业对公共事务的介入虽然具有"技术中立"的外观,但凭借技术手段和用户体量,能够行使实质意义上的公共权力。而对数字权力公共性的判定又可以从两方面着手:一是考查数字权力的行使范围,即互联网企业运营的平台或软件,能够涉及公共领域的事务或者社会公众的整体利益;二是考量数字权力的行使效果,也就是数字权力能够对"不确定的大多数"造成普遍性的影响。

可控性标准着重评估社会主体行为的实际影响力。除了行使公共职能之外,数字权力的另一特征在于,通常会以隐秘而持久的方式影响数字权利的实现。但是,作为人权义务主体的非公共部门具有拟制性,其在本质上依然是参与市场活动的私主体,对其课予过多数字人权义务,有可能造成对市场活动的不当介入与过度干预。因此,互联网企业等社会主体的行为性质不能一概而论,要判断它们的行为是否具有公权力属性,还须在具体场景下分析它们的行为是否对个体产生了真实的支配力和强制力。例如,用户在使用手机软件前,通常都被要求确认"用户协议",这种软件设置带有一定的强制性色彩。但是,这并不必然意味着手机软件运营者在行使数字权力。对于一些非日常生活所必需的手机软件,用户完全可以作出不同意的选择,或转而使用市场上的其他软件。只有当一些手机软件成为人们日常生产、生活所必需的工具,用户在实质意义上丧失了意思自治空间时,用户协议才具备真实的强制力,才能认为软件运营商行使的是社会公权力。

以上两重标准相互关联,为数字权力的认定设置了较为严格的要求,这不仅有助于清晰界分企业的权利行为与数字权力行为,也能有效避免人权理念在数字时代不当扩张,在引发人权逻辑混乱的同时,过度侵入私人自治的领地。

三、数字人权规范的内容体系

"主客体二分的世界观构成了整个法秩序的出发点",[1] 主体对象和行为对象

---

[1] 申卫星:《数字权利体系再造:迈向隐私、信息与数据的差序格局》,载《政法论坛》2022年第3期,第93页。

是数字人权规范的基础性内容，是将数字人权具体化为数字权利时应当考虑的基本要素。在明确了主体要素与客体要素的基础上，数字人权得以分解为一系列各有侧重的数字权利，进而形成相对完整的内容体系。

数字人权具有"领域命题"的特征，必然无法涵盖所有的人权议题，所以基于数字行为的基本架构，参照传统上的人权分类方法，[1]数字人权可界分为数字生存权、数字自由权、数字平等权、数字救济权等四类二阶权利，这四类二阶权利能够再细分出若干三阶权利，三阶权利则进一步衍生出"下位"的四阶权利。这样一个具有层级性的权利体系，从不同角度对数字权力主体提出了消极不作为和积极作为义务的义务要求。数字生存权强调数字社会中的个体应该在数字化生存条件、生存空间、生存能力等方面获得保障，涉及数字设施接入、数字身份管理、利用数字技术发展等三阶权利诉求，主要保障的是与个体数字化生命状态息息相关的权益。数字自由权的核心是私主体对数据（信息）的自主控制，涵盖财产支配、隐私保护、数据获取、拒绝算法结论等三阶数字人权诉求。数字平等权意在实现数字技术应用过程中的形式平等与实质平等，相应的三阶权利包括但不限于免于算法歧视、填补数字鸿沟、数据公平利用等权利。数字救济权关乎诉讼主客体范围、证据规则、证明标准等程序性事项，旨在优化或变迁既有的程序规则，提升数字人权的程序保障力度。通过对数字人权内容的分解和体系化建构，将数字人权话语实在化为若干类型的数字权利，不仅能够实现数字人权价值与法律规范的衔接，也有利于数字人权"以体系的开放性面对人权实践的变迁"。[2]

数字人权规范具体内容的体系化建构，展现出"数字公民"的多重权利诉求，而各种数字权利之间的关系在某种程度上决定了数字人权规范体系的外在表现形态。需要说明的是，权利位阶所欲发挥的作用，并非如"元素周期表"一般一劳永逸地解决数字人权规范适用中的所有冲突，而是为数字人权规范体系内部子权

---

〔1〕 按当代最通行的五分法，人权可分为自由权、政治权、社会权（生存权）、请求权、平等权（含原则）五类。参见徐显明：《人权的体系与分类》，载《中国社会科学》2000年第6期，第102页。

〔2〕 刘志强：《论人权概念与人权话语的关联互构》，载《政法论坛》2020年第6期，第83页。

利的有序排列提供理据。按照拉兹"价值不可通约"的论断,作为价值凝结物的诸项数字权利,在体系内部似乎无法进行价值排序。但是,如果以权利受限制的程度作为标准,仍可对数字权利进行初步的位阶排布:不受任何附加条件限制即可实现的数字权利处于第一位阶,需要他人履行特定义务方可实现的数字权利处于第二位阶,基于他人的同意或授权方可实现的数字权利处于第三位阶。当然,这种初步的层级划分不能作为解决权利冲突的直接依据,它仅对数字人权规范的生成具有一定的指引意义。

第三节 数字人权规范的形式构造

数字人权规范不仅要在内容层面契合数字人权的价值目标,还应符合法律规范的形式要求。对于法律规范应当如何分类,学界尚有分歧,但法律规范包括法律规则与法律原则已属共识[1]。所以构造法律规则或法律原则可以理解为数字人权"规范化"的基本路径,即作为数字人权规范实质内容的数字权利须以法律规则或法律原则作为形式载体。而无论是构造法律规则,还是构造法律原则,都无法绕过法律概念这个中介。因此,数字人权规范的形式构造,实质上是要基于法律概念、法律规则、法律原则的互构,将数字权利以法律规范特有的形式结构表达出来。需要说明的是,所谓的形式构造并不限于建构新的法律规则或确立新的法律原则,还包括在特定情境下对既有法律规范加以解释。

一、法律概念:形式构造的基础要件

概念是"反映对象特有属性或本质属性的思维形式",[2]构成了思维认知和

---

[1] See Joseph Raz, *Legal Principles and the Limits of Law*, Yale Law Journal, Vol.81:823, p.824(1972).
[2] 吴丙新:《论法律概念———一个司法中心主义的立场》,载《甘肃政法学院学报》2006年第2期,第69页。

语言表达的必要工具。依循"能指—所指"的结构主义语言学进路,概念作为价值共识或理论共识的"凝结物",通过将能指和所指统一起来,反映出认知观念与外部世界之间的关联。例如,就"信息权利"这一概念而言,以往它的所指范围主要是"获取信息的权利",在数字时代,其所指范围又新增了"个人信息不被随意处理的诉求"。再如,"被遗忘权"概念的所指可理解为"删除或者限制处理某些个人数据",虽然被遗忘权本质上可理解为"个人数据重新进入隐私领域",[1]但人们还是提出了被遗忘权这一新概念,这实质上是以改变能指的方式来回应数字时代的新需求。显然,与数字人权相关的法律概念不仅致力于精炼地表达数字时代的人权需求,使其成为一种具有共识性的价值目标,还能扮演协同数字人权价值诉求与法律制度的媒介角色。这一协同功能的实现方式,既包括创制新的法律概念,并且促成新概念转变为法律规范的构成要素,也包括借助解释活动,对既有法律概念的内涵和外延予以更新。

其一,基于数字人权的价值诉求,创制新的法律概念。在法律规范的内部结构中,法律概念不只是"法律中项"。法律概念具有独立的语义所指,并且"构成了每个规范的组成部分"。[2]法律概念之于法律规则的意义自不待言,特定的法律概念不仅是引发特定法律后果的前提,也往往被视为法律推理的必备要件。法律概念之于法律原则同样具有基础性的意义:如欲将人权价值融入法律原则,就必须从人权价值中分解出法律原则可"接受"的法律概念;即便是把广义的"人权原则"视作司法裁判的依据,也应该将人权原则与具体情境匹配起来,而法律概念正是衔接二者的重要方式。

具体至数字人权规范,法律概念作为"法律规范和法律制度的建筑材料",[3]能够按照法律规范的要求凝练数字人权诉求、揭示数字人权本质,此时的法律概念构成了数字人权与法律规范之间的纽带,为数字人权进入法律体系提供了切

---

[1] 段卫利:《被遗忘权原论》,中国法制出版社2022年版,第62页。
[2] 雷磊:《法律概念是重要的吗》,载《法学研究》2017年第4期,第83页。
[3] [德]魏德士:《法理学》,丁晓春、吴越译,法律出版社2005年版,第91页。

口。尤其是在技术迭代加速的数字时代，为了将数字人权的"道德感召力"高效地转化为"规范效力"，更有必要以创设新概念的方式来简洁地表达数字人权的具体内容，促使道德意义上的权利诉求转变为规范意义上的行为要求。鉴于法律规范必然要融贯于法律体系之中，注入了数字人权价值理念的新概念不能是无源之水、无本之木，而是必须尽可能地与已有的法律价值或法律概念保持关联。

其二，基于数字人权的价值诉求，对已有法律概念进行解释。"法律是一种阐释性概念"，[1]要改变概念的外延，离不开解释活动。"法律概念是有语义所指的，它的客体就是作为制度性事实的法律事实。"[2]以何种法律概念来涵摄特定的法律事实，取决于在长期的社会生活与法律实践中形成的语义规则和语义共识。考虑到数字人权的新型（兴）特征，相关的语义规则有待建立健全，对于概念的"解释"就成为连接数字人权规范内容与特定法律事实的必要环节。在把具体数字权利上升为法律制度的过程中，理当通过解释厘定法律概念的涵摄范围，从而审慎地在人权概念与社会现实之间建立联系。与此同时，"概念特征经常不能涵盖全部案件"，[3]在反复的实践中形成的语义规则和语义共识只是相对确定的，一旦出现新的社会事实，常常需要以解释的方式扩展语义内容。面对数字技术应用引发的大量社会新问题，不断地创制新概念既徒增法律运行的成本，也可能有损法律规范的确定性。而运用解释的方法更新"旧概念"的内涵或外延，将旧概念匹配于新的社会事实，能够使原有的法律规范容纳全新的数字人权诉求，以"成本最低"的方式实现数字人权规范的形式构造。

二、数字人权规则的生成机制

一般认为，法律规则是"法律就规范某类事项所作的具体指示"，[4]其不仅是法律规范的最主要表现形态，也构成了对行动和裁判最明确的指引。将数字人权

---

〔1〕 [美]德沃金：《法律帝国》，李常青译，中国大百科全书出版社1996年版，第364页。
〔2〕 雷磊：《法律概念是重要的吗》，载《法学研究》2017年第4期，第85页。
〔3〕 [德]卡尔·拉伦茨：《法学方法论》，黄家镇译，商务印书馆2020年版，第286页。
〔4〕 陈林林：《裁判的进路与方法——司法论证理论导论》，中国政法大学出版社2007年版，第82页。

中的具体权利内容以法律规则的形式表达出来,正是实现数字人权规范化最为直接的方式。这一进程涉及密切相关的两项任务:一是对具体的数字权利加以制度性限缩,即对数字人权进行权利法定化处理;二是按照法律规则的逻辑结构要求,把有必要法定化的数字权利转化为法律规则。

第一,对数字人权进行权利法定化处理。有学者认为,应将"权利"视作实现人权价值的工具和手段。[1]而秉持规范主义立场,数字权利作为具体化的数字人权内容,如欲获得法律的肯认,还必须适度考虑权利法定化的现实要求,以限制数字人权规范的任意性。人权是人之所以为人所应当享有的权利,这并无疑问。但是,对于"人之所以为人"的理解却存在多种进路,并反映着诸多价值需求,而并非任何一种价值需求都应该以权利的名义得到满足,也并非所有具体化的数字权利都值得法定化。捍卫数字时代人的自主性固然重要,但也要警惕人权任意扩张。为此,对数字人权进行权利法定化应当坚持"重要性标准",既须进行功利主义式的衡量,还须注重权利内容本身的正当性。所谓"重要性",可以细化为外在必要性和内在合理性两个方面。假如"社会发展所带来的新情况需要权利来加以保护,但事实上却不存在这项权利",[2]并且该项权利关乎人之为人的基本需求能否满足,此时可以认为权利法定化具有外在必要性。内在合理性考察的是数字权利是否具有转化为法律规则的可操作性。此外,权利法定化还应考虑客观性因素。这里的客观性并非本体论层面的客观实在,而主要是指主体间的客观性,即"一种理解方式越容易为更多的主体所理解——越少依赖于特殊的主体能力,它就越客观"。[3]这种客观性的存在,有助于一项权利观念成为共识。在人们对于特定的权利观念具有高度共识的情况下,权利主体在提出权利主张时,只需要申言"这是我的权利"即可,而无须具体阐释其间的理由。因此,权利法定化应当突出最大限度的共同(通)价值理念,并将这种价值共识转化为"一种强烈的共

---

[1] 参见程梦婧:《"权利方式":人权实现的法律工具》,载《政法论坛》2019年第5期,第175页以下。

[2] 参见陈景辉:《权利可能新兴吗?——新兴权利的两个命题及其批判》,载《法制与社会发展》2021年第3期,第93页。

[3] [美]T.内格尔:《什么是客观性?》,姚大志译,载《世界哲学》2003年第3期,第86页。

同意志",[1]从而为数字人权规范发挥应然效力奠定基础。

第二,把有必要法定化的数字权利转化为法律规则。权利法定化的过程,明确了哪些数字权利应当获得法律的肯认。在这之后,还要将数字权利的主张嵌入法律规则的逻辑结构,才能最终完成数字人权形式构造的过程。根据法律规则逻辑结构的"两要素说",法律规则由行为模式和法律后果两部分构成。在围绕数字权利具体设定行为模式时,需重点考虑三方面内容:(1)行为条件。形成法律规则,首先需要明确规则适用的前提性条件,即该规则适用于调整何种情境下的何种行为。(2)行为方式。在已假定的条件下,需要基于多样化的数字权利内容,选择设定"应当""可以"或"禁止"等行为方式,从不同角度保障数字人权。(3)行为构成要件。行为构成要件描述了某一行为的具体内容,即"应当""可以"或"禁止"做什么样的行为。具体到数字人权规则,重在根据数字权利的价值要求,建立评价、判断和描述行为的规范依据,此时行为构成要件决定了数字人权规则所欲确立的行为标准。[2]就法律后果的设定而言,在明确法律责任的承担方式时,既要考虑数字社会运行和网络生活状态的规律和特点,也要兼顾与既有法律体系的融贯性。数字技术催生了不同于既往的全新责任形式,诸如信息删除或销毁、账户封锁或开放、下架数字产品、共享开放数据等指令,实际上也能够发挥惩罚或救济的功能。所以除去惩罚和补偿(赔偿),数字人权规则的后果设定还需关注"强制"这一法律责任方式,即通过要求数字权力主体履行特定义务,应对数字时代普遍存在的"大规模微型侵害"。

三、数字人权原则的生成机制

法律原则是"用来证立、整合及说明众多具体规则与法律适用活动的普遍性规范"。[3]作为抽象的评价标准,法律原则指向"事实/价值的综合体",因未规

---

[1] 宁凯惠:《论法律规范的发生机制——基于社会认知的视角》,载《法学评论》2021年第6期,第144页。

[2] 行为构成要件是法律规则中规定作为事实存在的人的行为(事实行为)或者某种事件的范型,详细论述参见舒国滢:《法律规范的逻辑结构:概念辨析与逻辑刻画》,载《浙江社会科学》2022年第2期,第27页以下。

[3] David M. Walker(ed.), *The Oxford Companion to Law*. Clarendon Press, 1980, p.739.

定具体确定的构成要件,往往被视为"不完整规范",[1]只能以高度的灵活性与不确定性来表明特定的价值理念。然而,这种不完整性未必妨碍法律原则成为数字人权规范的表现形式。法律规则是"确定性命令"的载体,法律原则则通常被定位为"最佳化命令",意味着特定目标应该"在可能的范围内尽最大可能被实现"。[2]法律原则的这一特性有助于回应数字时代内容繁多且变动不居的人权诉求,而法律原则与价值之间亦存在多重耦合的可能,也就决定了法律原则之于数字人权规范形式构造的重要性。某种意义上,人权因其抽象性而带有"主观权利"色彩,[3]故数字人权原则的生成类似于主观权利向客观原则转化的过程。结合数字人权的生成背景、价值取向与内容架构,确立数字人权原则必须完成两方面的任务。

其一,对数字人权的抽象价值进行具象化处理。一般而言,价值与法律原则具有的结构性一致,二者能够相互转化。例如,从平等的价值追求出发,可以推出"禁止算法歧视"原则,而"禁止算法歧视"原则亦表达和肯定了"平等是好的"这个价值判断。因此,价值构成了联结数字人权与法律原则的中介,数字人权价值的具象化可进一步分为两个层阶。第一层阶的具象化,目的在于将宽泛的数字人权细分为若干法律价值,将某些数字人权的权利主张与特定法律价值相关联,推动数字人权语境下的价值共识成为法律规范所蕴含的"客观价值"。第二层阶的具象化,是以价值为基准提炼出命题,并通过法律语言表述命题。据此形成的法律原则,实质上可视为"法律内部所持的价值评价与外部社会道德观念之接壤地带",[4]联结了新型(兴)的数字人权诉求与既有的法律规范体系。

其二,以法律原则特有的形式承载具体的数字人权价值。法律原则的"不完整性"虽然带来了模糊性难题,却能够扩展数字人权规范的适用范围。根据这

---

〔1〕 See Robert Alexy, *A Theory of Constitutional Rights*, Trans. by Julian Rivers, Oxford University Press, 2002, p.46-47.

〔2〕 [德]阿列克西:《法、理性、商谈:法哲学研究》,朱光、雷磊译,中国法制出版社2011年版,第263页。

〔3〕 参见[德]阿列克西:《论人权的存在》,蔡琳译,载张仁善主编:《南京大学法律评论》2013年秋季卷,法律出版社2013年版,第5页。

〔4〕 参见陈林林:《裁判的进路与方法——司法论证理论导论》,中国政法大学出版社2007年版,第152页。

一特征,将具体的数字人权价值转化为法律原则,需要对权利承担者(权利人)、权利受众(义务人)和权利对象的模态(权利诉求)进行三重抽象化。[1]首先是抽离权利主体和义务负担者,促成"关系性义务转化为不具相对人的非关系性义务",[2]之后再以某种"祈使句式"的语言陈述权利诉求。例如,算法平等的规则化表达是:A(权利主体)对于数字权力主体S(相对人),有要求其不进行差别对待G(权利对象的模态)的权利。但是,在很多情形下,这种表述不够简练,也限缩了规则的影响力范围。将之转化为法律原则,实际是省略了A和S,并将G"命令化",从而形成了"应当禁止算法歧视"这一原则。不难发现,数字人权原则与数字人权规则互为补充:规则能够清晰、准确地表达数字权利诉求,但其效力范围相对有限,而相对模糊的数字人权原则,却可以将数字时代许多难以列举的具体情形涵盖进来,进而有可能辐射整个法律规范体系。

综上,法律概念是数字人权规范形式构造的前提要件,构成了数字人权向数字权利转换的规范性桥梁。法律概念与法律规则、法律原则的互动,以我国《宪法》第33条规定的"国家尊重和保障人权"为基础,具体可以通过"解释"和"建构"两种路径,前者试图将数字人权的权利诉求纳入具体的宪法权利或其他法律权利当中,后者则是基于"国家尊重和保障人权"的价值理念,确定需要填补的制度空白,并借助权利推定的方式创设新的数字人权规范。

第四节 数字人权规范的适用方法构造

数字人权规范的内容构造与形式构造,只是搭建了一个静态的、开放的理论

---

[1] [德]阿列克西:《法、理性、商谈:法哲学研究》,朱光、雷磊译,中国法制出版社2011年版,第267页。
[2] 熊静波:《作为实体性原则的基本人权——对基本人权的制度化及其实践的另一种考察》,载《人权研究》2019年第1期,第24页。

框架。但数字人权规范本身还存有诸多不确定性,加之处于高速发展期的数字社会经常要面临法律制度供给不足的窘境,司法裁判形成的"个案规范"对于数字人权规范的丰富和完善就具有了重要意义。数字人权规范的司法适用过程,在某种程度上也是数字人权与数字权利的动态交互过程,这一过程旨在以权利救济的方式实现人权保障的目的。数字人权内容庞杂,对数字人权规范适用方法的构造须处理好人权价值判断与具体法律规范在个案中的复杂关系,并重点解决数字人权内部的权利竞合与权利冲突问题。

一、适用数字人权规范的裁判方法

在尊重法律形式合理性的法治模式之下,法律推理构成了规则适用的主要逻辑形式。法律推理并非单纯运用形式逻辑的思维活动,而是往往伴随着"价值导向的思维方式"。[1]这是因为,数字技术的日新月异决定了数字人权必然具有开放性,规则对事实的涵摄过程更加复杂与不确定,甚至有可能背离最初的人权规范设定目的。数字人权的开放性为人权原则提供了更广阔的适用空间,但在个案裁判中,要发挥人权原则的指引作用,还有赖于适用恰当的法律方法。缺乏法律方法支撑的数字人权原则,既有可能被虚置或架空,也有可能引发肆意专断的后果。据此,数字人权规范的法律适用,不仅须在规范与事实之间"往返流转",也始终离不开数字人权的价值判断。即便是适用已然吸收了数字人权价值内核的法律规则与法律原则,司法者仍然需要以"有利于数字人权保护"为价值目标,在裁量范围内确保某项或某些数字权利能够优先得到实现。而通过方法论构造,数字人权规范的司法适用活动也将具备更强的"可验证和可辩驳的特性"。[2]

(一)基于数字人权规则的演绎推理与类比推理

"司法三段论"是规则适用的最一般逻辑,也被视为法官依法裁判的最一般

---

[1] [德]卡尔·拉伦茨:《法学方法论》,黄家镇译,商务印书馆2020年版,第289页。
[2] 李海平:《个人信息国家保护义务理论的反思与重塑》,载《法学研究》2023年第1期,第81页。

方法。但是，演绎推理并不是价值无涉的机械行为，而是在规范选取、语义解释、事实陈述等"特殊归于一般"的进程中充满了价值判断，这为司法裁判吸纳数字人权规则所内含的价值需求预留了空间。一方面，"大前提未必可以简单地从制定法文本得到"。[1] 在"数字法治"体系尚不完备的条件下，数字行为产生的诸多争议时常缺乏确定无疑的裁判依据。由于不同的大前提或许会导向迥然相异的裁判结论，而对大前提的选择具有多种可能，人权价值也就能够影响大前提的确定过程。具体包括三种方式：一是缩小规范选取的范围，优先采用与数字人权内容直接相关的法律规则；二是在确定大前提时，进行初步的后果主义考量，选择可能最有益于数字人权保障的法律规则；三是结合数字人权理念，对大前提或其中的某些要件进行目的论扩张解释，扩展相应法律规则的适用范围。另一方面，小前提决定着"个案是否是规则的一个事例"，[2] 将个案事实涵摄于规则文本的过程同样离不开价值判断。在这一过程中，被涵摄的实质上是关于案件事实的陈述，而对于案件事实的陈述，通常也存在着较为广阔的解释空间，这为数字人权价值介入小前提的创设提供了可能。假如针对案件事实可能产生多重解释，可以结合数字人权规范的主体要素与行为要素，对案件事实进行有限度的自由解释和价值重述，使之符合规则构成要件的相关特征，从而顺理成章地适用某一数字人权规则。这种做法，实质是在"规范—价值—事实"的互动架构中展开演绎推理，借助小前提的构造使规则对个案产生拘束力，以实现数字人权规则的既定目的。

一般认为，类比推理旨在利用类型化比较的方法来发现新的法律解决方案。与演绎推理的逻辑链条不同，类比推理呈现出"个别——一般—个别"的逻辑构造。司法实践中，法官如果在穷尽解释方法之后仍然无法找到合适的法律规则，往往会采用类比推理的方法。此时，法官的主要任务是通过对案件的"相似性判断"找寻法律依据，继而在法律规则与案件事实之间建立对应关系。就数字人权规则的适用而言，类比推理是对演绎推理的有效补充。尤其在数字技术快速发展的背

---

[1] [德]卡尔·拉伦茨：《法学方法论》，黄家镇译，商务印书馆2020年版，第347页。
[2] 陈林林：《裁判的进路与方法——司法论证理论导论》，中国政法大学出版社2007年版，第94页。

景下,案件事实超出规则语义范围的情况更加普遍。为了实现数字人权规则的立法目的,可以依循"基本属性相同者,必须给予相同对待"的原则进行推理和论证。[1]基于数字人权规则的类比推理,具体细分为两个步骤。

其一,相似性的确定。解释不是一项没有边界的活动,一旦案件事实无法进入原有法律规则的"语义射程",进行相似性判断就成为寻找并适用数字人权规则的可能路径。相似性判断的首要任务是以人权价值为"向导",从已决案件中搜寻个案,作为待决案件的类比对象。确定类比对象的具体方法可分为两类:一是判断案件基本事实是否一致。为此,需要从待决案件A中提炼出关键性事实的若干要素(符号标记M_1、M_2、M_3……),再根据M_1、M_2、M_3找出已决案件B,确立案件A与案件B的相似性与可比性。其中,关键性事实既能够通过对要件事实的分析得出,也可结合已决案件的判决理由加以提炼;[2]二是判断案件争议焦点是否一致。争议焦点凝练地表达了案件的核心内容,构成了衔接法律问题与事实问题的桥梁。所以在寻找类比对象时,可以尝试将待决案件的争议焦点归纳为有关于某一数字权利类型T的争议,再以权利类型T为切入点找到相似案件C。此种情境中,具体的数字权利类型构成了一般与特殊的中间点,决定了应将待决案件归结为何种权利争议加以处理。在寻找到与待决案件相似的已决案件后,待决案件就可以比照相似案件的法律依据进行裁判。

其二,可适用性的推论。类比推理的过程经常被简化表述为"同者等之",但"类比推理中关于事物相似性判断的前提,并不是推理结论恰当的保障"。[3]所以在找寻相似性案件及其适用的法律规则时,还有必要进行相关性验证和可适用性推理,确保相似性判断在结果层面的合理性。在最终确定相似案件的过程中,既应当酌量相似性理由与待决案件结论之间的相关性,也需要充分考虑规则依据和

---

[1] See Ch. Perelman, *Justice, Law and Argument: Essays on Moral and Legal Reasoning*, D. Reidel Publishing Company, 1980, p.90.

[2] 参见孙海波:《重新发现"同案":构建案件相似性的判断标准》,载《中国法学》2020年第6期,第270-271页。

[3] 杨知文:《类案适用的司法论证》,载《法学研究》2022年第5期,第61页。

论证理由对数字人权价值的"正向功能",还应该在现有法律规范体系中"二次检验"意欲适用的法律规则,进一步审视其是否有助于达成人权保护的目标。

（二）数字人权原则适用的关键在于"权衡"

由于"人权本质上具有原则的形式",而原则又以权衡为典型的适用方式,[1]权衡就成为数字人权原则适用的主要方法。这种个案意义上的权衡,亦是原则具体化的重要路径,[2]能够推动数字人权原则转变为"实践所需的更精细的规范",[3]指引法官在多重的价值选择中寻求有利于数字人权保障的裁判思路。在此意义上,数字人权原则适用的重点在于将人权价值体现在司法裁判过程中。

相较于数字人权规则,数字人权原则在司法裁判中居于辅助性、例外性的地位,相应的适用过程可细分为两个层面。（1）明确原则适用的情境。依照"穷尽法律规则,方得适用法律原则"的前设,数字人权原则主要在"规则穷尽"和"规则空白"的情形下适用,也就是当数字行为所引发的人权争议完全缺乏相应规则时,才能够借助原则来弥补法律漏洞。此外,在适用数字人权原则前,还需要根据数字人权主体与数字行为的特征,识别案件事实是否涉及数字人权议题。（2）细化权衡的方法。正所谓"法律规则与法律原则之间存在着逻辑的差别,而不是程度上的差别",[4]法律规则以"全有或全无"的涵摄方式适用,而法律原则致力于"选择并依据法律体系内的某个价值判断为个案判决提供合理化论证"。[5]在适用数字人权原则时,对内必须借助利益衡量,确定个案中所欲优先保护的利益,并将该利益置于人权语境下,选择契合程度最高的数字人权原则。对外须证成数字人权的优先性,突出案件争议的焦点问题关乎数字时代人的基本需

---

[1] See Robert Alexy, *Constitutional Rights, Proportionality, and Argumentation*, in Jan-R.Sieckmann, ed., *Proportionality, Balancing, and Rights: Robert Alexy's Theory of Constitutional Rights*, Springer, 2021, p.2.

[2] 参见[德]托马斯·默勒斯:《法学方法论》,杜志浩译,北京大学出版社2022年版,第525页。

[3] Stuart Banner, *The Decline of Natural Law: How American Lawyers Once Used Natural Law and Why They Stopped*, Oxford University Press, 2021, p.30.

[4] 刘叶深:《法律规则与法律原则:质的差别?》,载《法学家》2009年第5期,第122页。

[5] 陈林林:《基于法律原则的裁判》,载《法学研究》2006年第3期,第14页。

求,证明过程可遵循阿列克西提出的八类方法,具体为"宗教的、生物学的、直觉主义的、价值共识的、工具的、文化的、阐释论的、存在论的"。[1]

二、数字人权规范适用中的权利竞合与权利冲突

对于规范的争论也是对相关权利的争论,即司法判决本质上都是通过对规则或原则的适用来确认权利。[2]有关于数字人权规范适用方法的阐论,初步解决了数字人权的"外部优先性"问题,确立了人权导向的裁判方法。但是,以内部视角观之,数字人权规范涵盖了一系列具体的数字权利,这些数字权利在个案中难免存在张力。

(一)数字人权规范适用中的权利竞合

权利竞合是指"一个权利的主体基于同一个法律事实同时拥有多个权利可以向对方主张"。[3]例如,算法歧视不仅侵害了平等权,还可能威胁到人格尊严、人身自由以及财产权,于是产生了多样化的救济理由。由于权利人寻求司法救济时不得主张双重给付,[4]权利竞合就有可能减损数字人权规范适用的确定性。关于如何处理权利竞合,目前"并未发展出一套明晰的理论或者方法论",[5]也就不得不委之于逐案权衡,并主要依循下述双重判准。

其一,最小限制标准。最小限制标准本质上是关于救济成本和救济可行性的权衡。该标准认为,受到较弱限制的权利通常更加重要,更有理由被置于优位。[6]并且,司法救济同时伴随着国家干预,救济受到较弱限制的数字权利,往往

---

[1] 参见[德]阿列克西:《论人权的存在》,蔡琳译,载张仁善主编:《南京大学法律评论》2013年秋季卷,法律出版社2013年版,第7页以下。

[2] 参见[美]尼尔·麦考密克:《法律推理与法律理论》,姜峰译,法律出版社2018年版,第306页。

[3] 王克金:《权利冲突研究中需要进一步澄清的问题》,载《法制与社会发展》2010年第5期,第35页。

[4] 一般认为,权利人只能在竞合的权利中择一救济。但也有宪法学者将基本权利竞合分为"基本权利的聚合"与"规范排除的竞合",在"基本权利的聚合"情形下,权利人可以同时主张多项权利。相关论述可参见林来梵、翟国强:《论基本权利的竞合》,载《法学家》2006年第5期。

[5] 柳建龙:《论基本权利竞合》,载《法学家》2018年第1期,第49页。

[6] 参见郑贤君:《基本权利原理》,法律出版社2010年版,第251页。

成本更低、理由更充分，对其他法律关系造成的影响也更小，自然具备了被优先择取的合理性。例如，算法歧视可能危及平等权、人身自由权、财产权以及人格尊严等，这些权利均可在我国的宪法文本中找到依据。但是，将算法歧视视作限制人身自由或侵犯财产权的行为，往往需要在特定语境下附加一定的条件方能成立。在此种情况下，适用平等权或人格尊严条款具有初步优先性。再考虑到下述理由，则可确定适用平等权条款的优先性："中华人民共和国公民在法律面前一律平等"的规定位于我国《宪法》第二章的首条之中，从文本结构上来看，具有原则性和统摄性；而"人格尊严不受侵犯"的规定较为宽泛，尤其是对于"人格尊严"解释，目前仍然存在较多学理争议，这势必将增加法律论证的复杂性。

其二，最大相关标准。最小限制标准简单易行，但这一标准未必总是符合人权司法保障的最优化目标，故有必要辅之以最大相关标准，按照"首要的、最大相关的或者更切合事理"的要求[1]处理数字权利间的竞合问题，确定应该适用的数字人权规范。[2]判断是否"最大相关"时，可采以下三种标准，以确保判断结果尽量客观：一是将"最大相关"理解为最有利于权利人；二是通过比较竞合权利各自的目的，来判断何为"最大相关"，即选择最契合实现个案中司法救济目的的权利；三是以权利行使的一般形式作为判断"最大相关"的标准，该标准重在判断案件事实所涉及的数字行为，更符合哪种权利通常的行使方式。这三者并无适用顺序的先后之别，也无优劣之分，适用何种标准须结合个案进行具体分析。

(二)数字人权规范适用中的权利冲突

权利冲突发生在不同权利主体之间，即复数的权利主体为实现相互冲突的权益，向国家主张相互对立的权利，[3]此时，某一主体行使权利必然会影响到另一

---

[1] 柳建龙：《论基本权利竞合》，载《法学家》2018年第1期，第42页。
[2] 例如，算法歧视本质上是基于算法的不平等对待，以平等权为依据进行救济最为直接。但是，当算法歧视对人格权益、人身权益或财产权益造成的影响更加显著时，如果仍然依据平等权进行司法救济，不利于最大限度地保障人权。
[3] 参见[韩]权宁星：《基本权利的竞合与冲突》，韩大元译，载《外国法译评》1996年第4期，第78页。

主体。[1]在司法适用中,冲突的权利之间往往是"零和关系",法官不得不在多个权利诉求之间进行非此即彼的选择。相较于公法其他领域的权利冲突,数字人权规范适用中的权利冲突更加普遍。原因在于,数字人权的义务主体主要包括国家机关和企业法人,企业法人所行使的数字权力常常隐藏在市场行为之中,所涉及的利益关系更为复杂,对于利益关系的判定也更依赖于具体的技术应用场景,自然更容易产生权利冲突。而考虑到这种权利冲突总是涉及数字资源的保护与利用、公益与私益等多重矛盾[2],相应的权利冲突解决方案也就应当具有动态性和体系性,具体可通过三阶权衡的方法予以解决。

首先,一阶权衡是一种前置性判断。数据和信息承载着重要的人格权益,基于"人格尊严不受侵犯"的人权理念与宪法规定,对于数字资源的利用不能以侵害人格利益为代价。而去除可识别性不仅是保护人格利益不受侵害的重要手段,也构成了数据处理活动的基本前提。[3]考虑到数字人权规范适用中的权利冲突总是牵涉到保护还是利用数据的争论,数据的可识别程度就可以成为解决权利冲突的初步标准。当发生权利冲突时,系争数据的可识别程度较低,则主张数据及其算法利用的权利处于优位,反之则应优先考虑主张数据保护的权利。[4]此外,以可识别性作为前置性判断的标准也有助于查明是否存在人格被侵害的事实。即系争数据的可识别性越强,则数据处理活动侵害人格利益的概率越大。

其次,二阶权衡是以公共利益为取向的权衡。前置性判断重在解决数据保

---

〔1〕 有宪法学者认为,基本权利冲突可能发生在同一主体身上,相关论述参见郑毅:《论同一主体的基本权利冲突》,载《政治与法律》2015年第2期;马岭:《宪法权利冲突与法律权利冲突之区别》,载《法商研究》2006年第6期。

〔2〕 数字领域产生这些矛盾的原因在于,"数据和信息既是基于每个个人或单位的活动所产生的,又是数字经济时代用以维持正常运转所共生共存的资源"。也正是因此,数字人权的保护离不开具体场景之中的权益平衡。相关论述参见马长山:《智慧社会背景下的"第四代人权"及其保障》,载《中国法学》2019年第5期,第22页。

〔3〕 这一观点同样可以在我国的立法文本中得到印证。例如,《个人信息保护法》第4条将"已识别"与"可识别"作为界定个人信息的重要标准。《网络安全法》第42条第1款中规定:"未经被收集者同意,不得向他人提供个人信息。但是,经过处理无法识别特定个人且不能复原的除外。"

〔4〕 也有学者将可识别的信息细分为直接标识符信息、间接标识符信息、准标识符信息,三者的可识别性依次减弱。具体可参见高富平:《个人信息流通利用的制度基础——以信息识别性为视角》,载《环球法律评论》2022年第1期,第84页以下。

护与利用之间的矛盾,但不能涵盖所有的权利冲突情形。当数据的可识别性标准难以发挥预期作用时,就不得不基于"逐案判决"的理念,[1]进行个案式的利益衡量,以便于充分考量个案中的各种客观因素,确定某项数字权利的"相对重要性"。在此过程中,笔者主张以"公共利益"为标尺,区分出相互冲突的数字权利在个案中的先后顺序:当以公共利益为主要取向的数字权利,同以个人利益为主要取向的数字权利发生冲突时,前者应首先被考虑。更进一步,还可按照阿列克西关于公共利益和权利限制程度的观点,进行更精确的衡量。[2]阿列克西将公共利益分为特别重大、重大、一般三个层次,而将对权利的限制程度分为重度、中度和轻度。基于这种分类,当某项数字权利涉及的公共利益特别重大时,可容忍对另一项数字权利的中度或轻度限制;而当某些数字权利牵扯到重大公共利益时,则只可容忍对另一项数字权利的轻度限制;如果某项数字权利只关系到一般公共利益时,则不能对另一项数字权利进行中度或重度的限制。[3]

最后,三阶权衡是基于比例原则的合理性检验。通过以上权衡,数字人权规范适用中的权利冲突问题大抵能够得到解决。不过,上述两种权衡方法亦有其自身局限,还需借助比例原则,审视解决方案的合理性。这种合理性审视要求同时进行过度禁止审查和不足禁止审查,确保个案中相对重要的数字权利保护处于"目的—手段"的均衡状态,而较不重要的数字人权依然能得到最低限度的保护。值得注意的是,在选择竞合或冲突的解决方案时,需要考虑法律论证方法对法官自由裁量权的约束力度。而对于具体权利取舍理由的陈述,也应该符合实质相关、逻辑连贯、步骤清晰等法律论证的基本要求。

总之,"把人视为具有内在要求的孤立的自足实体,是需要许多条件才能维

---

〔1〕 参见[美]凯斯·桑斯坦:《就事论事——美国最高法院的司法最低限度主义》,泮伟江、周武译,北京大学出版社2007年版,第6页。

〔2〕 参见[德]阿列克西:《论宪法权利的构造》,张龑译,载《法学家》2009年第5期,第32页以下。

〔3〕 当然,阿列克西的这种界分不能解决所有问题。比如,在维护一般公共利益和对权利进行轻度限制之间,就无法进行选择,在维护重大公共利益与对权利进行中度限制之间,也难以取舍。此外,还有学者认为这种衡量忽视了权利本身的重要性。相关论述可参见谢立斌:《基本权利审查中的法益权衡:困境与出路》,载《清华法学》2022年第5期,第37页。

持的客观存在。"[1]面对数字时代中人权遭遇的多重挑战,数字人权理论研究的重点在于:基于人权与权利的交互机理,在形成价值共识的基础上提炼出新的人权话语。继而聚焦实在法层面的数字人权规范构造,不断增强数字人权的形式权威性,实现数字人权由应然人权向法定人权的转变。在这一过程中,数字人权规范构造问题的特殊性主要有二:一是数字人权发轫于数字时代,大量现有法律规范及其背后的原理难以直接适用,有必要对人权理论进行一系列重构。不论这种重构是否足以构成一种根本性变革,都需要妥善处理既有理论和现实需要之间的关系。为二者的衔接搭建方法论桥梁,也就成为一项必要的理论工作;二是数字人权是一项新兴的人权要求,不仅相关法律制度尚待完善,诸多理论问题也远未达成共识,由此凸显了对数字人权规范构造进行理论探讨的必然性与紧迫性。笔者认为,数字人权不应与传统人权相割裂,故数字人权的规范构造应依照"体系式的效力观",注重实现新旧规范的兼容。在此意义上,本章的诸多观点不仅适用于数字人权的规范构造,也同样适用于探讨一般性的人权问题。当然,提出一套贯穿整个人权体系的规范理论,超出了笔者的能力范畴,本章亦无力面面俱到地解决所有与数字人权规范构造相关的理论问题,诸如数字人权规范的宪法基础、内容设定、效力层级、司法价值判断等问题,还需要得到更为精细化的探讨。

---

[1] 郑贤君:《基本权利原理》,法律出版社2010年版,第8页。

第四章　数字人权的原则适用

如前章所述，越来越多的学者不再纠结于数字人权概念是否成立，也不满足于数字人权的价值宣示与内容梳理，而是逐渐认识到"只有进行必要的类型化、具体化，才能将数字人权落到实处"[1]，由此理应推动数字人权从一种价值观念转化为融贯于现有法律体系的制度规范。但正所谓人权"并不限于法律明文宣告"[2]，"成为规范"只是众多法律保障方式中的一种，数字人权的规范研究理应更进一步，转变"立法先行"的惯性思维，聚焦更为具体、更具现实意义的司法保障议题，从方法论视角因应数字人权的现实需求。

作为本土性概念的"人权司法保障"源于党的十八届三中全会。学界通常将"人权司法保障"概括为"运用司法权保障人权"和"司法中的人权保障"[3]，并衍生出了裁判请求权、程序正当权利、国家司法救济义务等具体要求[4]。然而，除去宏观层面制度性的权利保护机制，人权司法保障还隐含着技术性的一面，即依循"国家尊重和保障人权"的宪法规定，依托有利于"尊重和保障人权"的价值判断，适用有利于"尊重和保障人权"的法律规范，通过法律方法的运用实现人权的司法保障。然而，鉴于相关价值共识远未形成，内容体系尚不健全，数字争议的解决往往面临着"规则空缺"的窘境，数字人权的司法保障依旧处于虚置状态，鲜

---

[1] 参见马长山：《数字人权的"中国图景"》，载《人权》2023年第4期，第53页。

[2] 张文显：《人权保障与司法文明》，载《中国法律评论》2014年第2期，第3页。

[3] 相关论述可参见韩大元：《完善人权司法保障制度》，载《法商研究》2014年第3期；江必新：《关于完善人权司法保障的若干思考》，载《中国法律评论》2021年第2期；李璐君：《"人权司法保障"的语义分析》，载《华东政法大学学报》2019年第4期。

[4] 参见杨宇冠：《论人权司法保障》，载《法治研究》2016年第5期。

有论著研析数字人权的司法救济问题。基于实践与理论的双重需要,就更应当借助个案裁判,来"发现、拾取和确认"某些具体的人权诉求[1]。

具体至数字人权,前述章节业已提及如何通过法律方法和价值判断,在司法裁判中保障数字人权[2]。然而,与数字人权相关的法律规范要么不尽完备,要么难以识别,基于规则适用的人权司法保障存在诸多困境。与之相应,"人权具有原则的形式"属学界共识[3],加之价值与原则的天然亲近性,就有可能将数字人权作为价值标准,评价或指引数字科技应用于社会的各种行为或制度,继而更容易把数字人权转化为可适用的原则性规范,在裁判过程中实现数字人权司法保障的目的。沿此进路,本章拟搁置有关数字人权概念的各类论争,将人权司法保障的重点放在原则而非规则的适用层面,探讨在国内法层面,如何将原则司法适用的经典命题具体化至数字人权领域,从为什么适用、何时适用、适用什么、如何适用四方面着手,剖释数字人权原则司法适用的缘由、情境、内容以及具体方法,构造数字人权原则的司法适用机制。在加强数字人权司法保障的同时,推动数字人权的规范性研究。

第一节 数字人权的理论反思与原则化处理

即便有关数字人权的概念之争未见定论,学界仍积累了一定的理论共识,至少"数字人权"作为一种固定称谓已被正反双方接受,数字技术广泛应用所带来人权保护挑战与人权理论变迁亦是不争事实。因此,鉴于笔者主要讨论人权如何作为原则在"数字案件"中适用,也为了减少基础概念的分歧,笔者暂且将数字

---

[1] 参见张文显:《人权保障与司法文明》,载《中国法律评论》2014年第2期,第3页。

[2] 除了通过法律方法推动数字人权司法保障,司法体制机制亦是人权保障的重要方面。但就数字人权而言,人权的司法保障机制并没有太多的特殊之处,囿于本章主旨,不再详细讨论。

[3] Robert Alexy, *A Theory of Constitutional Rights*, Trans by Julian Rivers, Oxford University Press, 2002, p.47.

人权作为一项概称，用以指代数字领域或数字技术应用过程中的人权。这种界定类似于"+人权"的思维方式[1]，将人权的保障、实现作为数字技术应用的出发点和归宿。与之相应，"数字人权原则"并不是一个严谨的学术概念，着重强调把数字人权作为一项法律实践的原则[2]。这种"原则化处理"不同于将人权视为各项权利的简单堆叠，而是根植于"人权—价值—权利—原则"四者之间的交叠互动关系，意在增强数字人权的实在化程度，并通过在个案中适用原则，实现数字人权保障之目的。

一、反思作为"权利集合"的数字人权

在汗牛充栋的人权论著中，人权被理解为"人之所以为人的权利"，由是学界通常将人权视为诸项权利的集合，此种认知符合人权（human rights）/权利（rights）的同源性特征[3]，有助于推动人权的法律保障。正是在此基础上，数字人权通常被理解为诸项数字权利的"概称"，这种界定不仅无法展现数字时代人权问题的全貌，有效彰显数字人权作为学术概念存在的必要性，也可能忽视人权的道德有效性[4]，将数字人权的法律保障简化为"创设新权利"。

然而，"并不是所有的人权都要由法律加以规定，更不能说所有法律权利都属于人权范畴"[5]，人权与权利并不是"普遍—特殊"的包含关系，人权概念属于

---

〔1〕 参见侯健：《国家治理的人权思维和方式》，载《法学》2017年第6期，第117页。

〔2〕 基于本章的论证主题，数字人权原则主要指代与数字人权相关的法律原则，其与数字人权规则的主要区别在于具体化的程度。即原则通常被视为证立、整合及说明众多具体规则的普遍性规范，是表明特定价值理念的"不完整规范"；规则是一种更加明确的指引，包含了假定、行为模式、法律后果等要素。囿于文章主题，以上区别只是一种简单的初步判断，不再对二者进行更精细的学理区分。至于法律规则逻辑结构究竟应采二要素、三要素乃至四要素说，亦不属于本章讨论的范围。

〔3〕 这里的权利主要指法定权利或法律权利。按照阿列克西的观点，权利一般被划分为请求权、自由和避免被干涉的权力，而人权仅仅作为请求权存在，且请求内容只关乎根本性的资格、利益和需要。另一方面，人权在转化为法定权利而获致实在法保障的同时，也构成了评价实证法的依据。相关论述可参见[德]阿列克西：《论人权的存在》，蔡琳译，载张仁善主编：《南京大学法律评论》2013年秋季卷，法律出版社2013年版，第5-6页。

〔4〕 See Tom Campbell, Seumas Miller, ed., *Human Rights and the Moral Responsibilities of Corporate and Public Sector Organisations*, Kluwer Academic Publishers, 2004, pp.11-12.

〔5〕 沈宗灵：《人权是什么意义上的权利》，载《中国法学》1991年第5期，第22页。

独立于权利范畴的"自为的概念"[1]。虽然权利及其背后的规范可能包含着人权的核心价值[2],但缺乏体系性的"创设新权利"可能会将人权理论置于更为混乱的境地,也不利于从根本上全面回应人权保障议题,从而导致数字人权的理论(道德应然)、制度(法律应然)、实践(法律实然)处于割裂状态,无从应对数字时代的人权挑战。这种困境主要指涉以下三端:

首先,数字人权理论聚讼纷纭。虽然人权意味"人之所以为人的权利"已属共识,但按照人权的"权利集合观",人权代表的"最高等级的道德要求"[3]具体包括哪些内容,却存有诸多分歧。以至于格里芬断言:在"人权是什么"这个问题上,我们未取得足够清晰的认识[4]。具体至数字人权,核心要义是"将人权作为数字科技的划界尺度和评价标准"[5]。但在这一定位基础上,"数字人权"应当理解为"数字化生存的基本权利集合",还是"数字时代的人权",抑或是"与数字技术应用相关的人权",却很难达成一致性意见。实际上,现有研究还未完全走出"概念证立"的初始阶段,数字人权的正当性与必要性仍遭质疑,更遑论解析数字人权的具体内容,建立独立的数字人权理论体系。

其次,数字人权制度付之阙如。人权的类型化界分具有开放性,一国如何设置具体的人权制度,本身就充满了争论。何况数字人权理论研究处于起步阶段,提炼出的理论共识十分有限,势必难以支撑规范体系的构建。人权本身表达了一种抽象的价值准则,相应的制度保障终究有赖于具体的数字权利以及相应的法律规范,即数字人权必须衍生出一系列逻辑严整的"制度性权利"[6],才可能具有法律效力和法学意义[7]。在我国,新近的《个人信息保护法》《数据安全法》等法律

---

[1] 朱同江:《人权司法的一个前提:如何理解人权——论一种"纯粹的整体性人权观"》,西南交通大学出版社2015年版,第29页。
[2] 参见郑玉双:《个人信息权利的共同善维度》,载《浙江社会科学》2023年第2期,第38–39页。
[3] [美]杰克·唐纳利:《普遍人权的理论与实践》,王浦劬等译,中国社会科学出版社2001年版,第7页。
[4] [美]詹姆斯·格里芬:《论人权》,徐向东、刘明译,译林出版社2015年版,第1页。
[5] 参见张文显:《新时代的人权法理》,载《人权》2019年第3期,第21页。
[6] 参见[美]卡尔·威尔曼:《真正的权利》,刘振宇等译,商务印书馆2015年版,第13页。
[7] 毋庸置疑,将人权转化为诸项法定权利是人权法律保障的重要方式,但这并不意味着人权保障就是碎片化的权利堆积在一起,关键是在"国家尊重和保障人权"的宪法规范和法治语境下,由人权价值衍生或推导出法定权利,并形成严整的内容体系。

法规一定程度上契合了数字人权的价值取向,《宪法》也能够成为数字人权获得法律保障的规范性依据。通过"领域式论证"和"情境式论证",[1]某些具有数字人权意涵的"新兴权利"得以证成。然而,"创设新权利"往往只是"头痛医头、脚痛医脚",上述制度化方案毕竟是分散、凌乱的,如欲构筑严整、全面且具有融贯性的数字人权规范体系,就不得不诉诸规范理论,实现人权学理与制度的交互。[2]若依旧将人权视为权利的集合,便有可能始终纠结于数字人权本身的合法性证成,数字人权的法律规范体系建构自然被忽视,而规范层面的不足又可能成为攻讦数字人权理论的理由。如此便陷入了"恶性循环",人权保障这一紧迫议题反而被搁置了。

最后,数字人权实践缓不济急。如前所述,尽管早在2020年,"数字人权"就被全国科学技术名词审定委员会收录到了首批"大数据新词目录",联合国的《全球数字契约》(2023年5月发布)也提出建立数字人权咨询机制。但按照"创设新权利"的理路,在原理匮乏、制度不健全的背景下,数字人权的实践效果并未显现。一方面,司法是从应然人权向实然人权转化的最重要方式和最根本保障[3],然数字人权的指涉对象在现阶段属于变动不居的新生事物,加之理论学说不够成熟,导致数字人权理论无法指引立法实践,司法裁判难以正面回应数字时代的人权议题;另一方面,人权还可作为一种宣言性质的话语机制作用于实践,但"话语"并不意味着脱离实践,而是强调通过"柔性"的人权宣言、人权白皮书、政策指引、咨询建议等途径,以"唤醒"和"动员"的形式[4]凝聚人权共识、推进人权保护、反思人权实践。遗憾的是,人权的"权利集合观"一定程度上遮蔽了人权的

---

〔1〕"领域式论证"强调某项诉求值得或应当成为法定权利;"情境式论证"则是将某项新的诉求纳入既有的法定权利范畴。相关论述可参见陈景辉:《权利可能新兴吗?——新兴权利的两个命题及其批判》,载《法制与社会发展》2021年第3期,第93—94页。

〔2〕这种交互体现为:在借助数字人权理论推动制度体系化的同时,也将数字人权制度作为理论发展的依据和归宿,意味着人权制度并不只是人权理论的产物,还有可能构成人权理论的重要来源。例如,明确数字人权的义务主体范围是创设相关规则的重要前提,数字人权的类型化研究则有助于在制度层面建立数字人权的内容体系。但在现实中,数字人权制度可能先于数字人权理论,这些"先行制度"为人权理论的建构与完善提供现实依据与反思契机。

〔3〕汪习根:《论人权司法保障制度的完善》,载《法制与社会发展》2014年第1期,第50页。

〔4〕参见钟丽娟:《自然权利制度化研究》,山东人民出版社2010年版,第139页。

宣言保障机制，当下有关于数字人权的专门性话语机制仍未确立，数字人权的内核价值不易外化表达，也就无法彰显数字人权的道德感召力与理论吸引力，规约数字技术应用所牵引的法律制度的废、改、立。

二、作为具体原则的数字人权

相较于把数字人权作为一揽子数字权利的集合，为纾解数字人权保障的困境，笔者始终以价值性作为理解人权的出发点，搁置关于数字人权概念证立的争论，重申数字人权是一种昭示数字社会"人之所以为人"的价值准则，数字科技的应用理当以人权价值为底线、尺度和导向。这一界定意在避免将数字人权分解为诸项数字权利，也不再纠结于数字人权究竟涵盖了哪些权利内容，转而强调数字人权主要于价值层面发挥作用，即在数字时代的多重变革中张扬人权价值、捍卫人的主体性。沿此进路，数字人权法律保障的重点不在于创设新权利，而在于将抽象的人权价值贯穿法律运行的全过程，并通过细化抽象的人权价值，形成相对具体的行为指引或权利规则，以消减数字科技的人权威胁。但是，抽象人权所衍生出的价值诉求，通常无法径直得到实在法的确认，也可能会面临合法性的质疑。实现人权的价值指引功能往往需要"曲线救国"，即抽离掉价值诉求中的权利义务主体，生成一系列更具普遍性、更容易纳入实在法体系的原则。

原则被视为一种体现着"指令的理由、标准和证成"的指导性思想，[1]在人权语境下则可理解为"不构成规则的、可为个人权利提供论证理由的标准"[2]。广义上，人权本身就是一项（法律）原则，要求（法律）实践行动有利于或不损害人权，数字人权的"原则化处理"则希冀"人权原则"更为具体、更具规范力、更有操作性，实质是数字应用、人权价值、法律原则三者的耦合。所以在本书语境下，"原则化处理"所生成的数字人权原则，可视为在数字应用领域注入人权价值的法律

---

〔1〕［德］卡尔·拉伦茨：《正确法：法伦理学基础》，雷磊译，法律出版社2022年版，第15页。
〔2〕［美］德沃金：《认真对待权利》，吴玉章、信春鹰译，中国大百科全书出版社2002年版，第90页。

原则，或曰数字领域具有规范效力的人权原则[1]。展言之，"原则化处理"强调将人权价值转化为法律原则，以实现人权保障之目的，即相较于将人权作为法律保护的被动客体，"原则化处理"希冀人权通过主动介入法律来实现保障效果。而按照法律原则"实定/非实定"的区分[2]，数字人权"原则化处理"的路径主要有二：一是根据法律领域既有的人权原则，在数字领域"建构"出新的具体原则并应用于司法裁判；二是将某些数字人权情景同法律原则对应起来，主要是依靠"解释"的方式，将已有的原则性规范适用到个案情境当中，以实现人权保障的目的。

基于"原则化处理"生成数字人权原则，构成了数字人权保障的全新理路，然其内在逻辑却是一以贯之的，"原则化处理"的原因指涉以下三端：其一，人权具有显著的价值属性，而价值与法律原则天然亲近，二者存在结构一致性。原则"被视为一种合目的性的存在"[3]，而"合目的性"本身就蕴含着强烈的价值判断色彩，用以评判某项行为是否契合特定的法律价值目标。在人权语境下，原则与价值可概括为"客观—主观"关系。某项被认为"善"或"好"的事物，可以自然而然地转化为捍卫这种"善"或"好"的要求，反之亦然；其二，"原则化处理"是"人权主流化"的应有之义。人权主流化作为一种全球共识，要求把人权理念融入规范、政策和行动之中，使人权成为优先考虑的价值和目标[4]。"原则化处理"实则是"人权主流化"的进一步细化，将人权的价值以更具象的形态表达出来。以此为基础，"人权治理"意图"在国家治理过程中融入人权思维"[5]，强调"人权是国家治理的核心和优先价值以及国家治理制度的主要内容"[6]，其内核依旧是对人权进行"原则化处理"；其三，"原则化处理"具备宪法规范基础。我国《宪

---

[1] 严格来说，数字人权原则只是数字领域人权原则的概称，这种"领域限定"使得"原则化处理"更具有针对性，既避免了人权原则过于宽泛而被虚置，也契合了数字领域司法案件法律供给不足的现实需求。

[2] 根据原则是否得到了实在法的明文规定，可以将原则划分为"实定的法律原则"和"非实定的法律原则"，后者虽未存于法律明文，却可从法律条文中提炼出来。See Pauline Westerman et al., *Legal Validity and Soft Law*, Springer International Publishing AG, 2018, p.105-107.

[3] 熊静波：《作为实体性原则的基本人权——对基本人权的制度化及其实践的另一种考察》，载《人权研究》2019年第1期，第33页。

[4] 参见张万洪：《论人权主流化》，载《法学评论》2016年第6期，第44-45页。

[5] 刘志强：《论人权治理的三重逻辑及其展开》，载《现代法学》2023年第4期，第19页。

[6] 侯健：《试论人权治理》，载《学术界》2020年第10期，第106页。

法》"国家尊重和保障人权"的规定属于概括性条款,而概括性条款往往用于表述原则[1],于是人权不只是政治道德原则,在我国还构成了一项宪法原则。在此意义上,数字人权的"原则化处理"试图对"尊重和保障人权"进行双重解释,即如何通过法律解释将"尊重和保障人权"嵌入数字法学领域,并衍生出一系列具体的人权原则[2]。

具体至司法案件,"原则化处理"意味着将数字人权原则作为司法裁判的价值指引,以多种方式介入个案的司法裁判过程,从多个角度、不同程度实现数字人权的司法保障目的。数字人权的"原则化处理"缘于数字领域涵摄模式的不确定性,面对日新月异的数字技术,"数字人权规则"必须如走钢丝一般平衡私主体权利与公权力义务[3],立法者不得不更加小心翼翼,规则的体系化建构无法一蹴而就,无须对应具体事实的法律原则反而更契合数字人权的实践需求。一方面,原则"明确无误地包含了评价"[4],这种评价只有在逐案权衡的司法语境下,才可能具有规范意义。此时"原则化处理"便是依据数字人权所宣示的价值尺度对个案作出评价,表明法官在处理与数字技术应用相关的争议时,人权成为司法裁判的必要考虑因素,数字人权也就自然获得了司法保障。另一方面,由于原则所指向的事实和行为具有高度不确定性,数字人权原则展现出高度包容性,能够借助对评价标准和规范事实的开放性理解,填充"隐藏于规则体系中的漏洞和缝隙"[5],弥补数字技术应用带来的规范缺失与观念不统一难题[6]。易言之,鉴于人权固有的价值抽象性特征,数字人权保障不应该也不可能仅仅依凭建构性的、事无巨细的静态规则体系来实现,而是必须辅之以——甚至主要诉诸动态的原则适用。

---

[1] 参见林来梵、季彦敏:《人权保障:作为原则的意义》,载《法商研究》2005年第4期,第64页。

[2] 当然,"原则化处理"并不排斥创设新权利,而是强调基于某些数字人权原则来衍生或推导新的数字权利,以此增强创设新权利的合理性。

[3] See Susan Perry & Claudia Roda, *Human Rights and Digital Technology: Digital Tightrope*, Palgrave Macmillan, 2017, p.191.

[4] See Joseph Raz, *Legal Principles and the Limits of Law*, Yale Law Journal, Vol.81:823, p.839-842(1972).

[5] 陈林林:《裁判的进路与方法——司法论证理论导论》,中国政法大学出版社2007年版,第71页。

[6] 此处的观念不统一主要是指,社会成员缺乏有关于数字技术应用的观念认知和事实描述的共识。事实上,由于数字技术应用愈发专业化,认知共识与描述共识更加难以形成。而依循维特根斯坦"语言的界限即是认识世界的界限"这一观点,观念不统一也影响了规范创制的进程,并增加了数字法律规范融洽于既有法律体系的难度。

当然,"原则化处理"也可能导向"确定性悖反",即数字人权所产生的确定性法律效力,更多存在于个案意义层面,而这一确定性的实现过程有赖于不特定的规范指引和可伸缩的评价准绳,有可能进一步加剧数字人权的内容不确定性。所以"原则化处理"实际是一把"双刃剑",处理好个案效力与法律确定性之间的张力,构建具有普遍性、确定性的适用方法就显得尤为必要。通过型构数字人权原则的适用条件和适用路径,相应的司法裁判活动不再是一种变动不居的"法律续造",而是强调基于一般性的原则裁判方法消解法官价值判断的任意性,实现数字人权保障(主观权利)与法律可预测性(客观秩序)的动态平衡。

第二节　数字人权原则的适用条件识别

数字人权原则可以简单理解为"数字领域的人权原则",将之作用于司法裁判原则意味着数字人权成为"在实践推理领域起作用的规范性标准之一"[1],人权及作为人权具体形态的各种公民权利获得了优先性[2]。然而,在"规则穷尽方可适用原则"的限定之下,适用法律原则往往需要面对沉重的论证负担。况且人权原则与法律原则并不是天然的对应关系,数字人权又具有显著的领域局限性,故而数字人权原则的适用条件识别实质上包含了前后相继的三部分内容:一是界定"数字领域",二是确定"原则"的适用情境,三是厘定为何适用的是"人权原则",而非其他的法律原则。

一、数字人权原则的领域限定

"数字领域"构成了适用数字人权原则的基本前提,并在一定程度上决定了

---

[1] [美]斯蒂芬·佩里:《法律原则的两种模型》,张晓笑、陈林林译,载《厦门大学法律评论》第20辑,厦门大学出版社2012年版,第66页。

[2] 张文显:《人权保障与司法文明》,载《中国法律评论》2014年第2期,第3页。

"数字人权"之于人权概念的特殊性。将人权原则限定在数字领域,有益于限缩论域和集中论证,更为具体地回应数字技术应用所引发的人权法问题。长久以来,有关数字人权的争论都绕不开"必要性之问",即为何要专门论述"数字"的人权,以"数字"限定"人权"是否显得冗余?具体至本书,将人权原则限定在数字技术应用的过程中,缘由主要有三。

其一,数字技术的广泛应用牵引了人权原理的变迁。通常认为,数字人权的正当性基础在于数字技术全面介入社会运转。但在笔者看来,外部环境的变迁并不足以重塑人权理论,"人之所以为人"的核心价值是一以贯之的,数字人权依然是以"人"为中心。在此意义上,数字人权不啻于人权的一个领域,基于新对象、新客体、新行为而更新既存的人权原理,其中"更新"的部分决定了数字人权及其领域的独特性所在:(1)数字权力的"自我赋权"模式[1],预示着数字人权的义务主体不再限于国家,也不宜将强大的公司企业一概视为权力主体,人权义务主体和义务内容的理论必须更加精细化、场景化、技术化。(2)如前文所述,数字技术对于社会成员的影响更多是"精神的、无形的、柔性的"[2],相应的人权威胁展现出轻微、隐蔽但却持久的特征,于是就需要重新审视何为"人之所以为人的权利",进而生成契合数字技术应用的人权责任机制。(3)人权原则在数字领域的适用空间更加广阔。按照桑斯坦的观点,人权实际意味着一种"未完全理论化的共识"[3],不可能事无巨细地囊括在法律体系当中,而应该更多地聚焦个案,通过原则性的价值指引来实现人权的司法保障。这一观点在所有人权领域皆可适用,只不过数字领域的人权原则更强调人权与数字领域的新兴特征密不可分。在数字立法规则一时难以完备的境况下,数字人权原则更有利于弥补法律漏洞,借助方法论回应数字时代的人权司法挑战。

---

[1] 关于技术自我赋权的论述,可参见马长山:《数字社会的治理逻辑及其法治化展开》,载《法律科学》2020年第5期。

[2] 周尚君:《地方政府的价值治理及其制度效能》,载《中国社会科学》2021年第5期,第152页。

[3] 在人权语境下,所谓"未完全理论化的共识"意指对于"保障人权"无异议,但如何实现这一目标却存在多种路径。See Cass R. Sunstein, *Incompletely Theorized Agreements*, Harvard University Law Review, Vol.108:1733, p.1733(1995).

其二，数字人权可定位为一种"申言数字科技必须以人为本"的价值性概念。本质上，数字人权并不脱离人权范畴，但将数字议题纳入既有人权范畴，并不是一个自然而然的过程。尤其是在对新事物缺乏共识的情境下，领域性的"数字人权"可能比宽泛的"人权"更具有道德感召力和实践针对性，此时数字人权重在彰显人权价值在数字领域的整合作用，这种整合机制可概括为三个阶段，即前文论及的话语整合、认知整合、评价整合。这三层级的整合不只诉诸经典的人权原理，还离不开对数字场景全面细致的把握。所以"数字技术应用"在限定人权领域的同时，也与"人权"不断冲突、互动、融合，从而生成全新的数字人权理论，不断充实与更新人权理论与人权制度体系，调整数字人权原则的司法适用机制。

其三，"数字领域"主要指向技术应用所产生的纵向性权力问题。数字人权并不关注单纯的技术应用问题，但当数字技术广泛介入生产、分配和消费的社会系统，影响、变革乃至指导、支配社会运转时，必将涉及新的制度安排与法律关系。此时，"社会—技术—个体"的逻辑链条发生了结构性变化，个体权利面临着更加多重、普遍且不易察觉的威胁，张扬人权理念的意义因之凸显。正所谓"每个技术都包含着问题的种子"[1]，而数字技术问题早已超越了技术本身的范畴，按照自身逻辑运行并决定和支配着社会和文化的发展[2]。海德格尔甚至断言，技术根本不是人造的或人可以控制的工具，重要的是"随技术而来的态度"[3]。故而，数字领域的人权原则实质上代表了人类对于数字技术应用的价值趋向和理想图景，即增进人权或不侵害人权，应当成为数字技术嵌入社会系统的基本要求。

基于人权固有的"纵向性"特征，数字人权原则在适用过程中并不涵盖数字技术应用所产生的一切法律问题，而是主要关注数字技术应用所产生的"权力关系"，既包括传统国家权力的数字形态，也涵盖数字技术自我赋权所产生的社会

---

[1] [美]布莱恩·阿瑟：《技术的本质：技术是什么，它是如何进化的》，曹东溟、王健译，浙江人民出版社2018年版，第222页。
[2] 参见郑智航：《"技术—组织"互动论视角下的中国智慧司法》，载《中国法学》2023年第3期，第105页。
[3] See Martin Heidegger, *Discourse on Thinking*, trans. by John Anderson and Hans Freund, Harper & Row, 1966. p.5.

权力。而与传统社会权力最大的差异之处在于，数字领域的社会权力具有相对性：社会权力的主体一般为互联网企业，在国家权力面前，这些互联网企业的市场主体身份更加显著；在面对个体时，并非所有的互联网企业（数字平台）在任何时候都具备数字权力。如果将权力视为"一种由结构决定的潜力"[1]，那么私主体数字权力的存续则取决于这些企业与个体在数字领域的"供需结构"，当个体在生产生活过程中必须依赖于某项数字技术应用时，互联网企业才可能获得吉登斯所谓的"配置性资源"[2]，展现出"造成差异的能力"[3]，从而被纳入数字人权原则所调整的纵向关系架构。

二、数字人权原则的情境辨识

通常而言，研析原则法律适用问题的基础在于如何"成为法律规范"并获致"法律体系的成员资格"[4]，因此本章中的情境识别，旨在阐释数字人权原则在何种案件情形下，能够成为司法裁判的依据——如果说"领域识别"明确了"数字"的范围，那么"情境识别"则希冀进一步厘定数字人权原则适用于司法裁判的情形或条件。舒国滢教授将法律原则适用的情境概括为三点：(1)穷尽规则（穷尽法律规则，方得适用法律原则）；(2)实现个案正义（法律原则不得径行适用，除非旨在实现个案正义）；(3)更强理由（若无更强理由，不适用法律原则）[5]。其中，情形(1)又被称为原则适用的一般情形或理性化模式；情形(2)和情形(3)被视为原则适用的例外情形或最佳化模式[6]。

---

[1] 刘军、David Willer、Pamela Emanuelson：《网络结构与权力分配：要素论的解释》，载《社会学研究》2011年第2期，第155页。

[2] [美]乔纳森·特纳：《社会学理论的结构》，邱泽奇、张茂元译，华夏出版社2006年版，第453页。

[3] [德]汉斯·约阿斯、[德]沃尔夫冈·克诺伯：《社会理论二十讲》，郑作彧译，上海人民出版社2021年版，第267页。

[4] 雷磊：《法律规范冲突的逻辑性质》，载《法律科学》2016年第6期，第5页。在该文中，雷磊教授认为"效力"通常包括了"法律体系"和"法律拘束力"两种理解，笔者同意二者具有内在关联的观点，但在本章中不再进行刻意的区分。

[5] 参见舒国滢：《法律原则适用中的难题何在》，载《苏州大学学报（哲学社会科学版）》2004年第6期。

[6] 参见雷磊：《法律原则如何适用——〈法律原则适用中的难题何在〉的线索及其推展》，载《法学方法论丛》2012年第1辑；陈林林：《法律原则的模式与应用》，载《浙江社会科学》2012年第3期。

(一)识别数字人权原则适用的一般情境

按照一般的语义逻辑,"穷尽法律规则"构成了"适用法律原则"的充分条件,二者之间是一种简单的对应关系。此时原则与规则不存在冲突,原则发挥着填补法律漏洞的功能,于是情境识别的重点在于如何判断"规则穷尽"。"规则穷尽"意味着制定法"违反计划的不圆满性"[1],即便通过解释、论证等法律方法,法律规则依然不能"为存在争议的生活事实提供答案"[2]。就裁判过程而言,"规则穷尽"实质是一种"涵摄失败",即在关涉数字人权的案件中,法官无法在大、小前提之间建立对应关系[3],相应的识别方法主要有二:

一是类型化的事实判定法。事实判定主要考量系争事实是否可以纳入法律规则的射程范围。由于数字科技尚处于高速发展阶段,不仅数字法规范不成体系,社会成员关于数字争议中案件事实的描述也缺乏基本共识——这种基本共识源于事实认定与思维认知、语言、经验之间的密切关联。由此,数字司法领域事实与规范的对应性往往需要凭借建构实现,当缺乏与事实要件直接相关的法律规则时,不宜径直认定"规则穷尽"。还需进行运用类比的方法进行事实判断,将待决案件事实T_1与可能适用的(一个或多个)法律规则构成要件T_2进行要素式分解,当T_1(包含要素M_1、M_2、M_3……)与T_2(包含要素N_1、N_2、N_3……)的相同点多于差异点,或相同点的重要性大于差异点,便可认定T_1与T_2具有相似性,对T_1适用T_2对应的法律规则。反之,若借助类比推理依然难以找到可适用的规则,方可确认"规则穷尽"。

二是本质性的利益判定法。如果说"事实判定法"高度依赖对案件关键要素的提取,利益判定法则试图透过表层的案件事实,落脚于"制定法所关注的利益

---

[1] [德]卡尔·拉伦茨:《法学方法论》,黄家镇译,商务印书馆2020年版,第519页。

[2] 张祖阳:《法律漏洞的认定标准、正当理由及认定方法》,载《华东政法大学学报》2021年第2期,第146页。

[3] 也有学者将"案件存在多条相互矛盾的法律规范"归于"规则穷尽"。笔者认为这种情形不属于规则穷尽,而是更类似于规则悖反或规则冲突,与下文所欲讨论的"例外情境"也更加相关。

状态"[1]。"穷尽规则"的利益判定强调法官理应考虑法律规则事关何种利益,以及基于何种理由评价这些利益,具体包括三个步骤:(1)判断案件在本质上涉及哪些利益。在数字领域,需要尽可能将因数据、算法产生的利益归类到传统的利益类型当中,以符合依法裁判的基本要求;(2)判断所涉利益能否得到法律规则的有效调整。这里主要是基于前阶段的利益归类,评判法律承认的利益是否可能获得法律规范的保护[2],并搜寻可能适用的法律规则。尤其不能将法律规则的范围局限在数字领域,而是应该充分酌量新问题与旧规范勾连的可能性;(3)在无法找到可适用的法律规则之后,可采用"后果主义"的原旨主义解释方法[3],在最大的语义范围内检验是否真正做到了规则穷尽——如果穷尽一切解释努力仍然无法对法律问题作出公正的、合乎法秩序的解决,这样的法律规范就需要予以补充[4]。

(二)识别数字人权原则适用的例外情境

例外情境意味着即使法律规则没有穷尽,依然有可能适用原则,此时原则的司法适用旨在寻求案件的"最佳结果"。以适用法律规则所得出的案件结论为标准,"最佳结果"包含了"最不坏"与"最优"两种形态,二者皆对裁判者施加了更重的论证负担。(1)"最不坏"指向规则悖反的情况,即适用现有法律规则将导致个案非正义,所以不得不基于原则得出裁判结论。在数字人权语境下,"个案正义"集中体现为"有利于人权保障",而鉴于人权内容的变动不居,"有利于人权保障"终究离不开动态的权衡。只是在讨论适用情境时,这种权衡应当是"反证式"的:裁判者必须证明适用的法律规则明显违背了数字人权原则,且适用法律规则将导致数字人权严重受损。(2)"最好"表明有更强的理由支持适用法律原则。此处的"适用"既可能是直接的结论依据,也可以是间接的说理依据。无论

---

[1] 舒国滢:《菲利普·赫克的法律漏洞填补论与法律(诫命)更正论》,载《上海政法学院学报》2022年第6期,第20页。

[2] 吴从周:《概念法学、利益法学与价值法学:探索一部民法方法论的演变史》,中国法制出版社2011年版,第298页。

[3] 参见张玉洁:《规"智":人工智能的法律挑战与回应》,社会科学文献出版社2022年版,第58-61页。

[4] [德]齐佩利乌斯:《法学方法论》,金振豹译,法律出版社2009年版,第123页。

何种意义上的"适用",法官都应该诉诸后果主义衡量,在内容层面证明适用原则将明显有助于保护数字人权,并阐明这种"明显有助于"足以排除规则在形式层面的适用优先性。除此之外,数字人权原则存在另一种基于最优考量而适用的情境,即当发生规则冲突时,将原则作为解决规则冲突的重要标准或依据。

三、数字人权原则的优先性判断

在个案中适用数字人权原则,不仅受到数字领域和适用情境的严格限制,还必须证成为何采用人权原则而非其他法律原则。人权被杜兹纳批评为"一个无价值的世界里的价值观"[1],但这种攻讦隐含着对人权普遍性价值的认可。人权原则凝结着更为广泛的价值共识,不但具备强大的道德感召力,也有可能吸纳其他相互竞争的法律原则。具体到数字领域,数字人权原则的优先性识别指涉相互关联的两方面问题:一曰准入判断,探究在何种情况下,有足够理由适用数字人权原则;二曰顺位判断,试图阐释何种条件下,适用数字人权原则是最优选择。

第一,数字人权原则适用的准入性标准。某种意义上,原则的适用亦是一个事实与规范相匹配的过程,尤其离不开法律发现活动。在满足领域和情境条件的基础上,能否适用数字人权原则,首先取决于案件是否关乎人权议题。基于数字人权的独特性,不妨分别从主体与行为着手加以判断。(1)涉案主体双方的强弱对比。如前文所述,数字人权保有了人权固有的纵向性特征,主要处理权力主体与权力对象之间的不平等关系。不过鉴于"数字化包含着国家自身的数字化,但它更多、更广和更可持续的来源是社会"[2],数字人权原则处理的权力关系涉及公权力、私权力以及私权利之间的多重关系,强弱对比的判定更加复杂,理应精确地区分纵向的权力关系和横向的权利关系。此时强弱关系的判断可从公共性和强制性两方面着手:"公共性"意味着案件强势方的数字技术应用场景真实地介入了公共事务,足以对"不确定的大多数"造成普遍性的影响,并且确实对案件弱

---

〔1〕 [美]科斯塔斯·杜兹纳:《人权与帝国》,辛亨复译,江苏人民出版社2010年版,第206页。
〔2〕 周尚君:《数字社会对权力机制的重新构造》,载《华东政法大学学报》2021年第5期,第26页。

势方产生了实质性的影响;"强制性"强调强势方的数字技术应用(如平台或App)封闭了用户的意思自治空间,对案件弱势方产生了真实的支配力,且弱势方作为社会成员,按照常理难以作出拒绝或变更的自由选择。(2)涉案内容的性质判断。在强弱关系对比的基础上,适用数字人权原则要求案件必须牵涉到数字领域具体的人权内容。一方面,数据、算法、平台被视为数字法学的基本范畴[1],所以不妨将数字领域细化为数据、算法、平台三个领域,以便于同案件事实照应;另一方面,内容判定不仅要求案件内容关乎某些具体的权利,还要求这些权利足够"基本"。考虑到数字领域的法律规则经常处于缺位状态,笔者主张此处只对"基本性"进行初步审查:只要此项权利诉求涉及数字领域的"人之尊严"[2],能够通过解释活动"还原"为既有的人权形态,或得到宪法权利条款的支持,就可初步认为属于人权议题。

第二,数字人权原则适用的顺位判断。关涉数字人权议题只是意味着"可以"适用人权原则,我们还应该判定在何种条件下,人权原则具有相对于其他原则的优先性。这种判定实际是一个比较的过程,着重对下述要素进行综合性考察:(1)与案件的关联程度。原则的适用仍旧应当结合个案事实,诉诸实践三段论的涵摄模式[3],是故同样需要遵循"临近原则",找寻最契合案件事实的原则。案件关联度判断具有二阶性,首先将案件事实分解成若干要件,根据事实要件发现可适用的原则,并按照相关度对这些原则进行初步排序;之后再对案件进行本质性归纳,考查与案件本质最贴近的法律原则是否属于人权原则。(2)原则本身的具体化程度。正所谓"若无中介,不得在个案中直接适用法律原则"[4],司法裁判所适用的原则,并不是高度抽象的正义原则、公正原则、人权原则等,而是具有一定指向性的具体原则。因此某项人权原则越是具体、明确,同案件事实的契合度就可能越高,也就获得了优先适用的理由。(3)原则的制度化支持程度。尽管

---

[1] 参见马长山:《数字法学的理论表达》,载《中国法学》2022年第3期,第125页。
[2] See Edoardo Celeste, *Digital Constitutionalism: The Role of Internet Bills of Rights*, Routledge, 2023, p.176.
[3] 雷磊:《为涵摄模式辩护》,载《中外法学》2016年第5期,第1228页。
[4] 陈林林:《基于法律原则的裁判》,载《法学研究》2006年第3期,第9页。

"是"无法决定"应当",但司法裁判毕竟是一项"依法裁判"的活动,某项原则所拥有的制度支持越多,那么该原则的分量通常就越重[1],法官的论证负担就越小。易言之,当存在多个可适用的法律原则时,应该查究支持这些原则的法律规则或法律制度,判断人权原则获得的制度化支持是否是最充分的。这一标准有益于最大限度地保证司法裁判的规范化程度,避免原则适用过度背离法律规则。

总体而言,数字人权原则的适用条件构造更为复杂,除了要阐明原则优先于规则的理由,还应该评判案件是否属于数字领域、能否纳入人权范畴。继而进行"外部审视",论析个案中数字人权原则之于其他原则的优越性。这一过程不啻于从"数字""原则""人权"三个维度进行体系化的条件权衡,过程简化为图4-1。

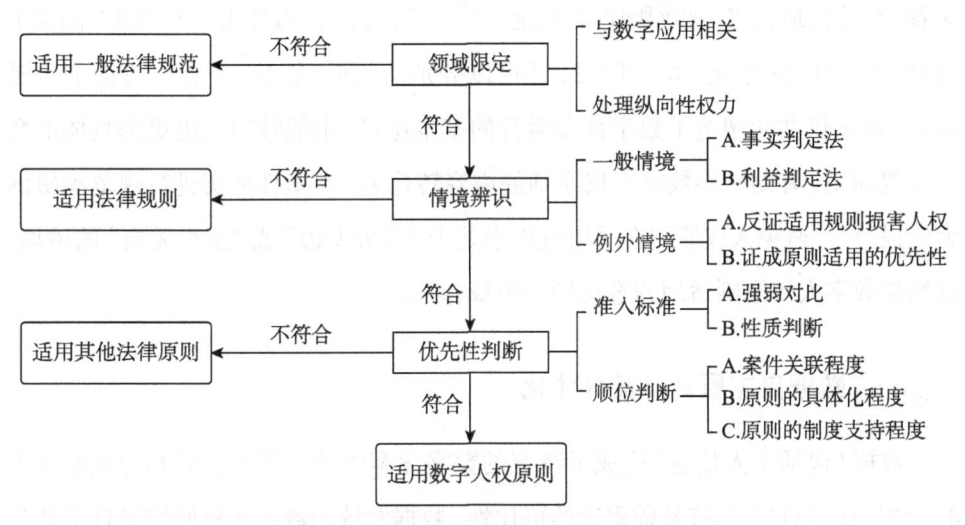

图4-1 数字人权原则适用的条件权衡

第三节 数字人权原则的具体适用形态

对于"适用条件"的权衡式解析,确定了数字人权原则的适用前提。在此基

---

[1] 参见陈景辉:《存在一种独立的原则理论吗?》,载《浙江社会科学》2012年第3期,第43页。

础上,恰切地构造数字人权原则的适用方法论,仍旧不能脱离"一次一案"的司法极简主义语境[1]。在这一过程中,高度抽象且宽泛的人权原则极有可能处于虚置状态——过于宽泛与模糊的原则不但无法实现应有的规范功能,而且极易被滥用[2]。申言之,数字人权原则实际是居于道德性与法律性之间的"中间性概念",其在成为可适用的"个案规范"之前,必须进行"具体化"处理,将抽象的一般性原则自上而下地析分为微观的、不同事例中的具体法律原则[3]。从而明确可适用的数字人权原则包括哪些形态,以及这些规范形态在何种情况下足以发挥规范效力,最终型构数字人权原则适用的内容图谱。

按照德国法学方法论的理论体系,"具体化"是一个具有特定内涵的概念,意味着"创造性地充实一些原则性的规定"[4]。至于数字人权原则,"具体化"涵盖了"精细化"与"法定化"两个阶段,并可以分别从数据、算法、平台三方面加以延展:三者不仅共同塑造了数字社会运行的基本逻辑,也能够昭示出更为具体的数字人权原则,有助于将数字人权原则的内容转化为"对案件事实进行规范涵摄的大前提"[5],避免人权原则在适用过程中处于"至大无边"或"至小无内"的境地,以增强数字人权原则适用的客观性与可操作性。

一、数据自主原则及其具体化

数据(包括个人信息)构成了特有的数字化客体[6],鉴于数据和传统意义上的"物"或"财产"具有某种程度的可比性,数据领域的数字人权原则奉自主性为圭臬,主要强调个体的自主意志与正当权利。自主原则重在表达"一个具有自主

---

〔1〕 关于司法极简主义的论述,可参见[美]凯斯·桑斯坦:《就事论事——美国最高法院的司法最低限度主义》,泮伟江、周武译,北京大学出版社2007年版。
〔2〕 参见刘权:《比例原则》,清华大学出版社2022年版,第2页。
〔3〕 参见黄茂荣:《法学方法与现代民法》,中国政法大学出版社2001年版,第389-390页。
〔4〕 [德]托马斯·默勒斯:《法学方法论》,杜志浩译,北京大学出版社2022年版,第414页。
〔5〕 舒国滢:《法律原则适用的困境——方法论视角的四个追问》,载《苏州大学学报(社会科学版)》2005年第1期,第31页。
〔6〕 彭诚信:《数字法学的前提性命题与核心范式》,载《中国法学》2023年第1期,第86页。

性的人不从属于另一个人的意志"[1],而在数字情境中,这种"他者的意志"通常外化为信息传播、身份识别、数据处理、权益分配等多种形态。参酌自主性的丰富内涵以及数据在不同阶段的特征,数据自主原则又能够衍生出诸种"子原则"。

其一,基于自主性隐含的理性要求,数据收集阶段应当确立知情同意原则。早在20世纪70年代,德国学界业已基于法的自由价值证成了"信息自决权"[2],在数字时代,知情同意原则是意思自治原则的延展,同样具有"帝王条款"的意义[3]。尽管我国《个人信息保护法》明确规定了"知情"和"同意",但在实践中往往流于形式,二者的内在关联和价值内涵也有待进一步挖掘。而在数字人权语境下,知情同意原则作为数据自主原则的具体化,根植于"自我理性"与"自我决定"的双重价值:一方面,"理性"建立在信息充足的基础上,"知情"构成了"同意"的前置性条件[4];另一方面,鉴于"选择是现代法律的一个核心概念"[5],"自我决定"意味着在充分认知基础上的自主选择和免于干涉。作为数字人权原则的知情同意对数字权力主体课予了更为严苛的标准,强调知情同意不应当是例行公事式的,也不该异化和虚化为免责的手段。由此,"知情"与"同意"必须紧密关联起来,商酌"知情"的能力、范围以及"同意"内容的可选择性。此外,知情同意原则还应当被置于数据运行的动态情境中予以理解,因而数据收集后的删除、可撤销、被遗忘等诉求,同样可以获得自主性和自由价值的支持。

其二,基于自主性隐含的人性尊严与隐私要求,数据归集阶段应当恪守脱敏原则。伴随数字技术对社会生活的全面渗入,个体对于自身安宁生活的自主控制愈发困难,不仅难以掌控自身的隐私信息,人性尊严也因信息传播速率的增长

---

[1] 朱振:《权利与自主性——探寻权利优先性的一种道德基础》,载《华东政法大学学报》2016年第3期,第31页。

[2] See Eleni Kosta, *Consent in European Data Protection Law*, Brill, 2013, p.134-135.

[3] 参见齐爱民:《信息法原论》,武汉大学出版社2010年版,第58页。

[4] See Giovanni Ziccardi, *Resistance, Liberation Technology and Human Rights in the Digital Age*, Springer Netherlands, 2013, p.156-157.

[5] [美]劳伦斯·弗里德曼:《选择的共和国:法律、权威与文化》,高鸿钧等译,清华大学出版社2005年版,第114页。

而愈发脆弱。脱敏原则试图以"匿名化"来平衡数据利用与个人隐私,但数据分析技术的不断进步,使得完全匿名化更加不可实现。作为数字人权原则的脱敏原则,不单致力于个人信息的去身份化,而且希冀将"人"的不可识别性作为数据清洗的最终衡量准则,借此倒逼匿名技术的不断发展。即通过更加严格的、后果主义的脱敏标准来限制数字权力,从而得以反向增强个体对自身数据的控制力。

其三,基于自主性隐含的免于干涉要求,数据处理阶段应当秉持比例原则。我们生活在比例原则的年代[1],将比例原则引入数字领域已属共识[2],人权比例分析俨然成为审视人权问题的基本方法论[3]。将比例原则视为一项数字人权原则,实质是通过限制数字权力来减少个体数据受到的不当干涉。既期待比例原则始终充当"保护人权的支柱"[4],也试图将数字人权作为比例原则适用的价值指引,把人权价值贯穿数据处理的适当性、必要性以及均衡性判定过程,进一步限缩比例原则判断的任意性,避免比例原则沦为不分善恶的"权力工具"。

其四,基于自主性隐含的权利正当要求,数据利用阶段应当突显公平原则。数据不同于实体意义上的"物",确权及权益分配因之具有动态性,集中体现于数据的利用阶段。个体作为重要的数据来源者,在数据利用过程中承担着一系列人格与财产风险,所以按照自主性衍生的权利诉求,个体理应从数据增值利用的过程中获益。与此同时,在公共数据开放的趋势下,数据成为社会成员可自由获取的"公共物品",但这种自由获取的可能性取决于技术能力,因此公平原则还可扩展理解为获取公共数据的可能性与便捷性,展现出积极自由的意涵,落脚于"一个人按照自我施加的道德法则来行动的能力"[5]。

---

[1] Aharon Barak, *Proportionality: Constitutional Rights and Their Limitations*, Cambridge University Press, 2012, p.457.

[2] 例如,GDPR同样明确了"数据最小化原则",我国《个人信息保护法》第6条第1款规定:"处理个人信息应当具有明确、合理的目的,并应当与处理目的直接相关,采取对个人权益影响最小的方式"。

[3] 涂少彬:《人权比例分析的马克思主义解读——兼论我国外交领域的人权话语应对》,载《人权》2020年第6期,第132页。

[4] Ariel L. Bendor & Tal Sela, *How Proportional is Proportionality*? International Journal of Constitutional Law, Vol.13: 530, p. 531(2015).

[5] 参见徐向东:《自我、他人与道德》,商务印书馆2007年版,第416-419页。

二、算法公平原则及其具体化

动态的算法分裂了传统的"权力—权利"平衡结构,[1]决定了数字领域与其他传统领域的根本区别。在算法领域,数字人权原则重点强调公平的重要性,并衍生出了反歧视、透明、开放等标准。尽管参与、改变或拒绝算法自动化决策带有鲜明的自由色彩,但考虑到算法已无孔不入地介入数字社会,捍卫公平显然是更紧迫的目标。

一是前提性的开放原则。开放原则源于机会平等所蕴含的同等环境要求[2]和发展机会应当对所有社会成员平等地开放。具体到算法公平,开放原则主要用于确定算法的作用范围与价值定位,突出算法结果的非决定性,允许个人拒绝特定的数字化应用或其结果,[3]避免自动化决策成为具有优势性乃至排他性的正当化依据,保证个体所处的平等环境和开放机会不受算法的支配性影响。依此原则,算法对社会成员的评价结果不具有唯一性、终局性与封闭性,而只能作为一种辅助性的参考意见或决策理由。

二是实质性的反歧视原则。算法本身就是一种个性化、差别化的数据运算机制,天然地反对一视同仁。于是,算法公平原则的要义不在于"一律平等",而在于制止不合理的差别对待,反歧视因之构成了算法公平原则的核心内容。由于算法归类具有要素复杂性与外观中立性等特征,清晰无误地评判算法区别对待的意图和理由显然不切实际。加之因算法差别对待而构成"违法"的标准尚不明确,算法领域的反歧视原则理当更注重回溯性的结果考量:评判算法决策的过程是否加入了不相干的因素,并导致了具有某些特征的个体在实质层面承受了不公正的结果。

三是程序性的透明原则。在反歧视审查过程中,由被审查方说明差别对待的

---

[1] 参见龚向和:《数字人权的概念证立、本原考察及其宪法基础》,载《华东政法大学学报》2023年第3期,第8页。

[2] See Bryan S. Turner, *Vulnerability and Human Rights*, The Pennsylvania State University Press, 2006, p.107-108.

[3] 参见韩旭至:《认真对待数字社会的个人拒绝权》,载《华东政法大学学报》2023年第1期,第22页。

正当性理由，实际已带有一定的透明色彩，算法语境下的透明原则进一步强调从程序层面对抗"数字黑箱"。鉴于透明原则往往涉及"公民知情权保障、商业秘密保护、算法安全等多重目标"[1]，透明并不要求完全打开算法黑箱。凭借局部代理模型等技术手段，也能够在不完全开放算法源代码的前提下，将基于算法进行决策的过程、依据、方法等置于透明可见的状态，使得算法决策具有可质疑性、可解释性甚至可参与性。显然，透明原则重在确保算法应用的过程平等性，试图通过对算法决策者施加说明义务，将算法结论纳入技术性正当程序的范畴。

三、平台倾斜原则及其具体化

整合性的平台被视为数据（客体）+算法（行为）的重要载体，因之被视为重要的数字人权义务主体。平台作为数字社会运转的关键动力，在社会科学领域被定义为"一个集中了主体、技术、资本、资源与创新等多维度要素与能力的复杂网络系统"[2]，其间要素的多维互动又推动平台成为"一种新型的社会资本"[3]，资本的逐利性则驱使平台把持操纵数据和算法，变成具备赋能与赋权特质的新型权力主体，甚至异化为"数字利维坦"。由是平台既被视为数字时代人权的新威胁，也被逐步纳入人权的义务主体范围。这种数字人权义务不仅可以体现为免于"系统操弄或控制"的消极义务[4]，还可以结合企业社会责任，呈现出促进、发展的积极面向。因而面向平台的数字人权原则，要义在于"倾斜"，并可细化为两个方面。

第一，权力限制原则。考虑到平台与个体之间的力量对比愈发悬殊，平台对个体的支配属性不断显现，平台本质上具备了数字权力。这种数字权力虽然主要源于技术的自我赋能[5]，但平台自治权在不断扩张的过程中，有趋势蜕变为具有

---

[1] 苏宇：《数字时代的技术性正当程序：理论检视与制度构建》，载《法学研究》2023年第1期，第105页。
[2] 范如国：《平台技术赋能、公共博弈与复杂适应性治理》，载《中国社会科学》2021年第12期，第132页。
[3] 参见林南：《社会资本——关于社会结构与行动的理论》，张磊译，上海人民出版社2004年版，第89页。
[4] 参见[美]布莱恩·阿瑟：《复杂经济学：经济思想的新框架》，贾拥民译，浙江人民出版社2018年版，第166页。
[5] 当然，对于不少公共事务类平台而言，传统的国家权力也构成了数字权力的重要来源，此时公共类平台的权力实际是国家权力与新型数字权力的耦合。

公共性的社会监管权力[1]，也就必须遵循权力限制原则。一方面，权力限制原则主要依靠"权力限制权力"和"权利限制权力"实现：前者除了国家权力监管，还通常表现为数据开放、算法审查、平台反垄断等形式；后者不单能够通过具体权利实现，也可以借助平台义务的构造来增设权利，间接实现"权利限制权力"。另一方面，权力限制原则隐含了信赖保护的要求。通俗来讲，信赖保护凸显了"行政决定应当可信、可靠、可以依赖"[2]，将其作为数字权力限制原则的一部分，实际是在义务论层面将平台拟制为行政机关，继而对其施加更严格的行为限制[3]。即用户基于对平台信任而作出一定的行为，因这些行为产生的正当利益理应予以保护，而平台规则的实施和改变也应该顾及用户的信赖利益。

第二，弱者保护原则。在数字权力生成和运行的过程中，平台往往会成为数字阶级社会、数字资本主义、数字剥削、数字统治的重要载体与表现形式[4]，此时用户无力对抗平台，也无法脱离平台，更看不到平台运行的真实样貌。平台的强大力量和普遍存在，足以对每一个体的权利产生影响[5]，所以处理"平台—用户"争议理当坚持弱者保护原则，在权利义务分配、救济程序、举证规则、证明标准等方面，向有利于"数字弱势群体"权利保障的方向倾斜，避免平台主体过于强势。在此基础上，弱者保护原则同样强调均衡发展，以回应社会结构和社会关系变革而引发的实质不平等。即通过扩大平台的积极义务，推动形成"数字普惠机制"[6]，建立"全民畅享的数字社会"。根据这一要求，不侵犯或免于干涉只是平台人权责任的一部分，平台还应当为个体利用数字技术、行使数字权利提供便捷

---

[1] 参见张新平：《网络平台治理立法的反思与完善》，载《中国法学》2023年第3期，第126页。

[2] 余凌云：《诚信政府理论的本土化构建——诚实信用、信赖保护与合法预期的引入和发展》，载《清华法学》2022年第4期，第131页。

[3] 在我国语境下，这里的信赖保护义务又与诚实信用、信义原则、合法预期等概念具有一定的相通性，笔者认为三者具有同构化趋向，故不进行刻意区分，而是统一强调平台在运行过程中，相应行为不得辜负用户的信任。

[4] See Christian Fuchs, *Digital Humanism: A Philosophy for 21st Century Digital Society*, Emerald Publishing Limited, 2022, p.31.

[5] 梁晓晖：《工商业与人权：从法律规制到合作治理》，北京大学出版社2019年版，第205页。

[6] 汪习根、段昀：《数字发展权保障的中国经验与世界意义》，载《学习与实践》2023年第7期，第26页。

可行的条件，甚至承担提升公民数字素养和数字能力的义务[1]，以便于缩小数字社会的强弱实力对比。

第四节　数字人权原则的类型化适用方法

原则并不决定本身的适用[2]，由抽象的人权价值所衍生出来的具体化原则，在司法裁判过程中承担着多重功能，对应于"数字案件"中人权价值差异化的作用方式与介入程度。基于舒国滢教授将原则功能归纳为"指导功能、评价功能、裁判功能"的洞见[3]，笔者认为数字人权原则在司法适用过程中同样具有三重功能：决定性的裁判功能、指导性的论证功能、评价性的检验功能[4]。三者定位有明显差异，其中原则的"权重"逐渐由显性趋于隐性，预设了数字人权原则作为"司法裁判之法源"的三种形式[5]。由此，就需要探析不同情境下数字人权原则影响司法裁判的多种路径，建立数字人权原则的类型化适用方法。

---

〔1〕 马长山：《数字公民的身份确认及权利保障》，载《法学研究》2023年第4期，第37-38页。

〔2〕 参见林来梵、张卓明：《论法律原则的司法适用——从规范性法学方法论角度的一个分析》，载《中国法学》2006年第2期，第130页。

〔3〕 参见舒国滢：《法律原则适用中的难题何在》，载《苏州大学学报（哲学社会科学版）》2004年第6期，第18页。当然也有学者对此持不同意见，"一元论者"认为原则功能应当仅限于填补漏洞的裁判功能（参见陈景辉：《实践理由与法律推理》，北京大学出版社2012年版，第121页以下），二元论者认为原则主要发挥填补法律漏洞与加强规则适用理由的功能（参见陈林林：《裁判的进路与方法——司法论证理论导论》，中国政法大学出版社2007年版，第70页以下）。以上观点不无道理，但在实质上涉及如何从法律论证层面理解规则与原则的区别，已超出本书的主旨范围。

〔4〕 本章对裁判、论证、检验三种功能分别对应裁判依据、裁判理由、裁判评价，并均作狭义理解，因为如果对"裁判依据"或"裁判理由"进行广义理解，则三者皆可归入"裁判依据"或"裁判理由"的范畴。有学者认为，"裁判依据"中直接含有具独立效力的"规范命题"，而"裁判理由"中不一定含有"规范命题"，即使含有"规范命题"，亦不具有独立效力（刘树德：《"裁判依据"与"裁判理由"的法理再辨——以社会主义核心价值观的法源定位为中心》，载《政治与法律》2023年第8期，第145页）。根据这一区分，此处的裁判功能意味着数字人权原则构成了裁判结果的终极理由，属于"第一性依据"，论证功能则是证成或补强裁判结果的过程及理由，属于"第二性依据"。

〔5〕 雷磊：《法律原则如何适用——〈法律原则适用中的难题何在〉的线索及其推展》，载《法学方法论丛》2012年第1辑，第231页。

一、作为裁判依据的数字人权原则

基于裁判规范与法律规范区分的理念,作为裁判依据的原则,展示出对于案件具有决定性意义的裁判功能,此时数字人权原则代替法律规则,在实质上成为生成案件结论的终极依据,可被视为一种效力渊源。虽然学界普遍认为规则以涵摄的方式适用,原则以权衡的方式适用,但在司法实践中,权衡实际上仅是原则适用的一个前置阶段,后续还需要通过法律方法将数字人权原则贯穿整个裁判过程,即确定以数字人权原则为裁判依据之后,法律推理和法律解释构成了原则适用的关键环节[1]。故而,适用原则的过程至少在形式上要符合"三段论"的逻辑要求,齐备大、小前提以及结论等诸项要素,即"有必要为大前提嵌套一个根据法律原则确定法律规则的三段论形式,在逻辑上形成复合三段论结构"[2]。

(一)选择应当适用的数字人权原则

通过数字人权司法适用条件的识别,在确定原则相较于规则具有优先适用性,且数字人权原则优先于其他原则适用的前提下,还必须基于内容图谱,选择适用哪个或哪些数字人权原则,以构造"三段论"的大前提。此时,具体的人权原则之间既可能是相互排斥的,也可能展现出互不冲突的一致性,而即便是同时适用几项互不冲突的数字人权原则,依旧需要确定"主导性原则"。结合法律发现理论与原则权衡技术,在选定具体适用的数字人权原则时,可以参酌以下标准进行判断:

其一,基于"临近"标准进行前置性判断。前述的优先性判断只是初步地确定了如何判断案件是否更加临近数字人权议题,在此基础上,仍须进一步判断相应案件在本质上究竟是数据问题、算法问题或者平台问题,以便于更恰切地选择具体化的数字人权原则。三者在实践中往往是密不可分的,案件争议时常来自平

---

[1] 参见[美]马修·克雷默:《哈特:法律的性质》,杨建译,上海人民出版社2023年版,第140页。
[2] 徐雨衡:《法律原则适用的涵摄模式:基础、方法与难题》,载《甘肃社会科学》2020年第2期,第25页。

台对数据的运算,所以判定过程中应注重对案件原因的条分缕析,探查争议产生的源头所在[1]。再通过对案件诉求的剖释,初步确定适用哪一具体领域的数字人权原则。

其二,基于"冲突最小"标准进行比较判断。不同的数字人权原则虽然表达出共同的价值取向,但在个案语境下,却有可能导向迥然相异的裁判结论。漏洞填补是一种法官评价行为,而非认知行为[2],因此按照融贯性要求,应该在可能适用的原则间进行"碰撞试验",甄选出与其他数字人权原则冲突矛盾最小的具体原则。在实现某一原则目的的同时,尽可能不危及其他人权原则。

其三,基于"限制最少"标准进行影响力判断。虽然人权与权利无法等同,但二者的密切关联毋庸置疑。数字人权语境下,原则展现出对特定权利的价值支撑功能,在原则适用的背后往往隐含着不同权利间的冲突。据此,选择大前提时有必要考量适用某项数字人权原则可能带来的"权利后果":假如某个案件有可适用的数字人权原则P_1、P_2、P_3,支持的权利分别为R_1、R_2、R_3,需权衡实现一项权利对其他权利的影响,若R_1对其他权利带来的限制或侵害最少,则适用原则P_1。以上三方面的标准具有抽象性,再结合具体化的数字人权原则"图谱",不但可以得出一项最合理的具体化原则,也能够形成多个具体原则相互融贯、共同适用的"原则群"。

(二)基于选定的数字人权原则"构造"案件事实

一般而言,原则具有高度抽象性,并不明确指向特定事实,亦不设定具体的构成要件。况且,在判断何时适用数字人权原则以及适用何种数字人权原则时,已经基本完成了事实构造,是故有关于原则适用的研究往往疏于讨论事实问题。然而,原则的效力范围也是有限的,若无法建立原则与案件事实之间的关联,势

---

[1] 例如,自动化决策虽然以数据为原料,但争议的核心并不在于数据或平台,而是算法的过程是否恰当;再比如,在运算开放的公共数据时可能造成个人信息泄露,此处的数据问题虽然是由算法引起的,但归根结底还是关涉数据本身的可识别性问题。

[2] 参见[德]魏德士:《法理学》,丁小春、吴越译,法律出版社2003年版,第380页。

必降低裁判结论的可接受性与可预期性。所以,此处小前提的构造,重在将判定过程中的事实认定"显化",以便于阐释案件为何适用原则、如何关涉人权议题以及属于何种数字领域。拉伦茨认为,"不是事实本身被涵摄,被涵摄的毋宁是关于案件事实的陈述"[1],案件事实以客观性为根本特征,但案件事实的陈述绝非"纯粹的认知行为",而更像是一种决断[2]。为增强大、小前提的契合程度,原则适用过程中的事实陈述就不得不诉诸价值判断,在客观事实的基础上,有限度地"构造"案件事实,以减少事实与规范的疏离。

一方面,事实陈述应当有助于论证为何适用数字人权原则。小前提是事实判断和价值判断的复合体[3],在认定基本的客观事实的基础上,构造案件事实并不是任意的。法官需要将纷繁复杂——甚至见所未见的案件事实还原为特定领域的"数字争议",并排除优先适用法律规则的事实可能性,确证案件事实中的"人权要素"。而在完成事实陈述工作之后,还应坚持"回溯性"思维,检验案件事实要素与原则适用条件之间的对应关系,尽可能为适用数字人权原则提供事实支撑。另一方面,事实陈述应当有利于优化大前提的选择机制。小前提的获得不是单纯的事实认定,目光务必在规范与事实之间往返流转,并借助法律感知与社会经验,"挑拣"出最为恰切的数字人权原则。原则虽然不存在明示的构成要件,但在"具体化"处理之后,却可以析分出适用语境、行为类型、价值标准等要件。据此,不妨把案件事实简化为语境、行为、结果三类要素,判断三者在多大程度上契合所欲适用的数字人权原则,再根据偏差程度对事实陈述进行修正。当然,也可以根据将案件事实的"三要素"嵌套至不同原则的"三要件"当中,以检测出最优的数字人权原则。

---

〔1〕 [德]卡尔·拉伦茨:《法学方法论》,黄家镇译,商务印书馆2020年版,第347页。
〔2〕 [德]阿图尔·考夫曼:《法律获取的程序——一种理性分析》,雷磊译,中国政法大学出版社2015年版,第155页。
〔3〕 张继成:《从案件事实之"是"到当事人之"应当"——法律推理机制及其正当理由的逻辑研究》,载《法学研究》2003年第1期,第64页。

（三）将选定的数字人权原则进一步具体化为新的个案规则

沿循演绎推理的模式，在合理确定大、小前提之后，便可"理所当然"地得出案件结论。但适用原则解决案件，还须将该原则"规则化为具体权利、义务"[1]。对于数字人权原则而言，由于可能缺乏明确的行为指引，理应将前文所述的具体原则进一步具体化，确立一条只针对个案有效力的"新规则"。就逻辑形式而言，法律规则通常被表述为"如果……那么……"的假言句式[2]，考虑到构造小前提时已经基本明确了"前件"（"如果"之后的行为模式）的具体内容，因而原则转变为个案规则的重点乃在于"后件"的设定，即违背原则将导致什么样的法律后果。这种法律后果的设定，实际是一个"抽象—具体—抽象"的过程，包括两个步骤：

一是基于原则所支持的诉讼请求，确定原则适用的最终结论。司法活动以被动性为基本特征，原则适用的结论不仅不宜超越当事人诉求的范围，还应该思忖与既有法律责任体系的融贯性问题。数字技术可能会带来不同于以往的责任承担形式[3]，将这些新的责任形式纳入法律体系，是确定原则适用结论时必须顾及的难题。鉴于每一个规则背后都有相应原则作为价值性的支撑[4]，可以参考适用的人权原则所支持的法律规则，形成最终的裁判结论。

二是将原则适用的结论适度抽象化，建立一条新的行为指引，明确当符合或违背某项数字人权原则时，特定的义务主体应当如何行为。其间关键在于抽离掉具体情境和细节性的案件结论，并生成"应当""可以""禁止"等行为模式，以契合"有效权利救济原则"[5]。进一步而言，结合大、小前提所获得的规范与事实，适

---

[1] 参见彭诚信：《从法律原则到个案规范——阿列克西原则理论的民法应用》，载《法学研究》2014年第4期，第107页。

[2] 宋旭光：《论法律原则与法律规则的区分：从逻辑结构出发》，载《浙江社会科学》2022年第2期，第52-53页。

[3] 雷磊：《新科技时代的法学基本范畴：挑战与回应》，载《法学研究》2023年第1期，第76页。

[4] See Ch. Perelman, *Justice, Law and Argument: Essays on Moral and Legal Reasoning*, D. Reidel Publishing Company, 1980, p.111-112.

[5] 关于诉讼中的权利救济有效性原则，可参见[德]福尔克尔·埃平、[德]塞巴斯蒂安·伦茨、[德]菲利普·莱德克：《基本权利》，张冬阳译，北京大学出版社2023年版，第437-438页。

用原则所生成的裁判结论不但指向新的"个案规则",也有可能创造一条新的法律规则。在此意义上,数字人权原则的司法适用亦是生成数字人权规范的重要路径,契合"案例—解释—立法"的数字人权"三阶段"保护模式[1]。

二、作为论证理由的数字人权原则

相较于直接将数字人权原则作为裁判依据,"论证理由"代表了一种指引性、辅助性的功能,即通过把"尊重和保障人权"作为一种裁判理由[2],将人权价值贯穿法律论证的全过程。借助对适用条件的三重识别,当某个案件属于"数字领域"与"人权议题",但不完全符合原则适用的情境时,就意味着有关数字人权的争议主要依靠适用法律规则来解决,只不过在适用法律规则的过程中,数字人权原则无论是否具有实定性,都可发挥价值指引的功能,借此加强数字人权的司法保障。此时,论证理由主要关注合理性问题,将数字人权原则作为价值标准,从若干个可能的选择、解释中取舍并论证出"最合理"的裁判结论。而按照马克斯·韦伯对"形式合理性"与"实质合理性"的界分,形式合理的法律判决离不开合理的证据和合逻辑的决断推演,实质合理性则指向终极价值或目的提供的标准。据此,作为论证理由的数字人权原则可从两方面加以阐释。

(一)形式逻辑层面:数字人权原则作为规则适用的价值路标

数字技术加剧了当代社会的复杂性,增加了法律规则适用的难度[3],不仅对案件事实的描述充满分歧,法律规则的选择也更加不确定,规范与事实的涵摄关系更加难以建立。将数字人权原则作为推理过程中的价值指引与论证理由,应当主要从法律解释和法律发现两方面着手。

---

[1] 参见宋保振:《"数字弱势群体"权利及其法治化保障》,载《法律科学》2020年第6期,第61页。

[2] 根据拉兹对操作性理由和辅助性理由的界分,此处的裁判理由更类似于辅助性理由,主要任务是"帮助确定有理由去实施的行为",形成最优的裁判结果,具体到本章即是在个案中寻求最有利于数字人权保障的方案和结论,并不从根本上决定裁判的正当性。关于操作性理由与辅助性理由的论述,可参见[英]拉兹:《实践理性与规范》,朱学平译,中国法制出版社2011年版,第24—27页。

[3] See Andrea Monti, *The Digital Rights Delusion: Humans, Machines and the Technology of Information*, Routledge, 2023, p.165.

第一，将数字人权原则作为法律发现活动的指引。法律发现是"法官体验、理解法律的过程"[1]，面对数字技术应用所产生的新型争议，法官的经验法则（或曰"前见"）存在"失灵"的风险，增加了获取"大前提"的难度。面对数字领域的司法案件，选择何种法律规则适用于个案更离不开价值判断，数字人权原则也就能够成为寻找适当法律渊源的指针或标准。结合前述具体化的数字人权原则"图谱"，法律规则发现的步骤主要有三：一是尽可能准确地将案件事实归结到某项数字人权原则P_1的范畴之内；二是找出与P_1在价值层面高度一致的法律原则P或法律权利R[2]；三是找出P或R所支持的法律规则。在这一过程中，由于"数字争议"往往超出了既有法律的一般范围，不仅可适用的法律规则时常缺位，法律原则也不易发现。于是数字人权原则既构成了通过一般性法律原则发现法律规则的主要路径，也是论证法律规则适用合理性的重要依据，同时有利于将人权保障目的隐含于法律推理的过程之中。

第二，诉诸法律解释，把数字人权原则作为新的案件事实与既存法律规则的桥梁，引导事实与法律规范相匹配。法律语言无法完全对应案件事实，个案中的法律解释就显得必不可少。而由于大部分法律规则在制定时难以考虑到数字技术应用的社会事实，因此面对有关数字人权议题的案件，除去少量的立法（如《个人信息保护法》《数据安全法》以及《民法典》的部分条款），大部分"传统"的法律规则可能无法直接通过文义解释来适用——甚至部分数字立法都无法直接回应日新月异的司法案件。由此就不得不立足"价值论的解释哲学"[3]，在多数情境下仰赖目的论解释，以便于将法律规则的适用范围扩展至数字领域。按照"法律意旨论"的观点，解释的边界在于法律的意义，而不在于法律的语义[4]，数字人权原则恰好可能构成解释特定法条目的的"中间性概念"，将人权价值渗透到法

---

[1] 陈金钊：《司法过程中的法律发现》，载《中国法学》2002年第1期，第60页。

[2] 例如，在实质的价值层面，算法反歧视原则就与一般性的平等原则高度一致，算法歧视不过是更小领域的细分。所以这种"高度一致性"的判断，实际是从具体原则回溯到一般性原则的过程。

[3] 参见郭春镇：《法律解释的公共性》，载《中国法学》2023年第1期，第143页。

[4] [德]罗尔夫·旺克：《法律解释》，蒋毅、季红明译，北京大学出版社2020年版，第74页。

律解释中。此时，法律解释展现出更明显的功能主义和结果导向，强调以人权保障为目的取向"灵活地解释法律"[1]。一方面，应当基于概念背后的观念变化对法律进行与时俱进的解释，探寻法律规则在数字情境中的新含义。在这一过程中，某些具体的数字人权原则既可以成为解释特定规则的目标或方向，也可以从价值上限制解释的任意性；另一方面，"目的解释是提升裁判妥当性的决定性要素"[2]，参酌具体化的数字人权原则，能够诠释出某项法律规则特定的人权价值意涵，而如若案件事实恰好也关涉这一人权价值，则可证成规范涵摄事实的合理性。

（二）实质内容层面：数字人权原则作为解决规则冲突的理据

拉兹认为，"法律有规定的案件可能比法无规定的案件更加难以解决。"[3]在数字人权原则作为论证理由的案件中，法律推理的过程往往伴随着潜在的权利冲突，且这些相互冲突的权利通常都可归为数字人权的具体内容，不存在位阶关系。例如，在选取大前提的过程中，法官在论证适用A规则而放弃B规则时，可能意味着对一项权利诉求的肯认，以及对其他一项或几项权利的否定。而鉴于原则"最佳诫命"的特征，在涉及数字领域的权利争议时，数字人权原则能够为解决权利冲突提供必要的理论支持。

第一，通过原则权衡解决权利冲突。按照麦考密克的观点，所有对于原则的争论其实也是对相关权利的争论[4]，反之亦然。无论是权利还是承载权利的法律规则，终归可以上升到原则层面的冲突，由是不妨沿袭前文所述的原则选择标准，从"与案件事实最大相关""同其他原则最小冲突""适用后果限制最少"三个方面着手，确定个案中应当采纳的数字人权原则，再根据选定的数字人权原则对相竞合的规则或相冲突的权利进行取舍。

---

[1] 参见王云清：《制定法中的目的解释——以英美国家为中心》，载《法制与社会发展》2020年第1期，第183页。

[2] 王彬：《结果导向的法律解释及其控制》，载《济南大学学报（社会科学版）》2024年第1期，第142页。

[3] [英]约瑟夫·拉兹：《法律的权威——关于法律与道德论文集》，朱峰译，法律出版社2021年版，第219页。

[4] [美]尼尔·麦考密克：《法律推理与法律理论》，姜峰译，法律出版社2018年版，第306页。

第二，根据原则的"诠释说"，"刺破"特定语境下某些"虚假的权利"。原则的"诠释说"与"权衡说"相对，源于德沃金后期的"价值统一性"理论[1]，强调我们所认可的价值必然是相互支撑、相互依赖的[2]。是故原则间并不必然发生碰撞，凭借对原则内容的全面性、精细化诠释也可解决原则冲突[3]。"诠释说"实际是将价值判断前置，借助行为的正当性评价来确定某些行为是否可以归类到某些原则，这一观点在数字人权领域具有可借鉴性，尤其有助于识别出"披着权利外衣"的数字权力，进而开辟解决规则冲突的新路径。例如，按照传统的公法/私法之分，某些大型互联网平台属于私主体，理应受到意思自治、经营自由等原则的支持，这似乎和前述的"平台倾斜原则"产生了冲突，必须进行权衡。但按照"诠释说"，某些平台本质上已不属于私主体，自然无法享受完全的意思自治或经营自由，也就无须进行原则间的权衡。

三、作为后果检视的数字人权原则

从裁判依据到论证理由，再到后果检视，数字人权原则适用的强度和显著度渐次降低，但依然具有不可忽视的重要作用，在数字领域的司法案件中都具有适用空间。将数字人权原则作为检视案件的评价准则，实际是沿循了波斯纳所谓的实用主义，强调经过法律推理所得出的裁判结论，还应当放在"事实世界"中进行后果检验[4]。在本章中，这一后果考量秉持"弱后果主义"的立场，要求司法裁判在不违背实在法的前提下，把数字人权保障作为"高度优先事项"[5]，重点是对照

---

[1] 也有学者认为，德沃金的"原则诠释说"只是"他解决其理论内部缺陷的一种权宜之计"，回应其"唯一正解"命题可能受到的攻击。详见朱颖：《"原则"的法理学：一种关于德沃金法学理论的考察》，法律出版社2010年版，第130-131页。

[2] [美]德沃金：《刺猬的正义》，周望、徐宗立译，中国政法大学出版社2016年版，第1页。

[3] 例如，侮辱人格的言论不属于言论自由原则所支持的言论，也就无所谓人格尊严与言论自由之冲突。关于原则"诠释说"的详细论述，可参见王琳：《论法律原则的性质及其适用——权衡说之批判与诠释说之辩护》，载《法制与社会发展》2017年第2期，第87-105页。

[4] 参见[美]波斯纳：《道德和法律理论的疑问》，苏力译，中国政法大学出版社2001年版，第279页。

[5] See Rebekah Dowd, *The Birth of Digital Human Rights: Digitized Data Governance as a Human Rights Issue in the EU*, Palgrave Macmillan, 2022, p.40.

具体化的数字人权原则"图谱",检验适用特定法律规则所得出的裁判结论是否违背了诸项数字人权原则。其间着重探讨两方面的问题。

一方面,何谓"违背"。借鉴学界对"服从"和"一致"的区分[1],如果说作为"裁判依据"的数字人权原则具有"服从"意味,成为个案裁判的决定性理由,那么"后果检视"中的"违背"则是一种一致性判断,只要最终的裁判结论不损害数字人权即可。现代司法毕竟是一个理性的过程,明显侵害数字人权的裁判少之又少,更多情况下"违背"表现为价值层面的背离或不一致。由于价值判断总是变动不居的,数字人权原则就成为对裁判结论进行人权后果考量的"坐标",对于"违背"的判定实质是一个"具体—抽象—具体"的二阶过程:首先需要将裁判结论与适用规则、案件事实整合抽象为个案规则,并抽离出个案规则背后的价值取向;然后将这种价值取向与数字人权原则内含的价值取向进行比较,判定得出两种"违背"的情形:一曰"显性违背",即裁判结论所指向的价值取向缺乏正当性,同某些数字人权原则明显抵触;二曰"隐性违背",即裁判结论所肯定的某些诉求虽然契合了一项或几项数字人权原则,但否定或放弃了其他权利,且受影响的权利又恰好得到了某些数字人权原则的支持,此种情况意味着人权保障未达到"合理优化的最佳状态"[2]。其中,又以"隐性违背"的情形最为普遍。

另一方面,"违背"的后果。拉兹认为,"规则和原则并不是排他性的法律概念"[3],法律原则虽然也具有法律效力,但秉持"在法律之内考量裁判后果"的立场[4],"违背"数字人权原则并不必然导致"受检验"的裁判结论无效。认定裁判结论"显性违背"数字人权原则,意味着法律规则与原则发生了冲突,应该回到前文设定的适用情境标准,判断该案件是否符合"个案正义"或"更强理由",从而

---

[1] 陈景辉教授认为,"服从法律"是将法律作为特定行动的决定性理由,"一致"指的是最终的行动选择与法律的要求不矛盾。参见陈景辉:《算法之治:法治的另一种可能性?》,载《法制与社会发展》2022年第4期,第143页。

[2] See Cong Xu, *Regulatory Model for Digital Rights Management: Analysis of U.S., Europe and China*, Springer Nature Singapore Pte Ltd., 2020, p.159.

[3] [英]约瑟夫·拉兹:《法律原则与法律的界限》,雷磊译,载《比较法研究》2009年第6期,第138页。

[4] 相关论述可参见孙海波:《在法律之内考量裁判后果》,载《比较法研究》2022年第4期,第186-200页。

舍弃现有的法律规则，转而寻求原则或新的规则。至于"隐性违背"，则需要再次通过权衡或诠释的方式，分三种情况具体讨论：一是维持既有的裁判结论及裁判依据，此时理当进一步加强理由论证，阐明为何否定或放弃了某项或某些数字人权原则，并结合裁判后果、合法律性、价值正当性等因素，证明现有裁判结论的优先性；二是依照既有的裁判依据，修正已得出的裁判结论。在肯定某些人权诉求的同时，尽可能减少对其他数字人权的负面影响。在对多项数字人权具体内容进行取舍时，可以将相应的权利内容抽象化为数字人权原则，再通过前述的原则权衡标准，形成收益最大或成本最低的裁判方案；三是重新选择裁判依据，作出裁判结论，此时不得不重新进行适用条件判定，并参照大、小前提的获取方法进行价值判断和法律推理。

总而言之，数字人权是一个有争议的新概念，不止面临着能否证立、有无存在必要的本体论诘问，还必须回答数字时代人权保障的难题。如若数字人权不能在回应数字时代人权挑战的过程中展现出独特性功能，那么数字人权的独立性价值自然会受到质疑。因此在数字技术仍旧高速发展的现阶段，面对法律规范不足的窘境，数字人权原则的适用就显得尤为紧迫：将数字人权视为一项价值原则，并具体化出一整套数字人权原则体系，不仅便于在理论上搭建数字人权的内容框架，也有益于增强数字人权司法保障的确定性。实际上，数字人权原则的司法适用，本质上无非是原则适用理论在数字人权领域的细化，这种细化既有助于从实证性角度证成数字人权的必要性，为生成更多有关于数字人权的法律规则奠定基础，亦是丰富发展中国特色自主性人权理论的重要方面，还有利于管中窥豹，不断将原则适用理论推向精细化。在此意义上，有关于数字人权原则的研究，同样适用于一般性的人权司法保障议题。当然，数字人权尚处于萌生阶段，数字争议解决的司法裁判仍处于积累阶段，加之裁判说理本身就是司法裁判的短板，因此有关于数字人权的价值判断难以显著体现在裁判文书当中，而只能"若有若无"地呈现。着眼未来，如何结合现实案例，细化、发展与反思数字人权的司法保障机制，不断增强数字人权的规范化程度，将是数字时代人权研究不可回避的重要议题。

下编 02

数字人权的原理应用

第五章　基于数字人权的"数字弱势群体"权利保障

如果说前述四章主要聚焦于数字人权的基本原理,尝试分别从本体论、价值论、规范论、方法论的视角出发,论析数字人权的概念内涵、价值机理、规范体系和司法保障,那么自本章始,笔者则开始关注数字人权基本原理的应用问题,即基于数字人权的视角,探究与之相关的数字法学议题。具体至本章,"数字弱势群体"可视为数字人权保障的一个重要领域,同样是数字技术应用铺展开来的必然结果。

展言之,以智能终端、网络平台、海量数据和算法为基点,"工业革命4.0"已然渗透到生活和生产的方方面面,对社会成员产生深刻且长远的影响。然而,同新兴科技产业欣欣向荣形成鲜明对比的是,智慧化的数字时代意味着更为显著的"数字鸿沟",既难以消解"数字权力"对社会成员的实质性压制,也无法确保科技进步普惠至每一社会成员,智慧社会的弱势群体保护成了一个不可忽视的重要议题——其不仅承继了传统弱势群体的某些固有特征,又衍生出不同于以往的全新挑战。立足于"数字人权"的基本原理,践行"智慧社会治理""数据权利保护"等倡议或观点,以捍卫人的主体性为落脚点,保障"数字弱势群体"之权利是数字时代不可回避的重要议题。

第一节　概念解释：何谓"数字弱势群体"？

无论古今中外，文明社会总是展现出"一种强弱并存的分化状态"[1]，"弱势群体"因之成为一种始终存在的身份标签，并自20世纪初期开始逐步受到法律的系统性保护。然而，伴随着人类社会生活对互联网平台、数据、算法的依赖程度与日俱增，与传统弱势群体相互关联而又相互区别的"数字弱势群体"随之出现——智慧社会一般被视为"以大数据、人工智能等数字科技的发展与应用为基础形成的高度自动化、智能化的社会形态"[2]，其中蕴含着生产方式的变革与生活方式的更新，但是这种进步与发展并不会自动均匀地普惠至每一社会成员，而是有赖于社会成员主动去学习、掌握与之相关的技术和知识，由是自身能力、社会因素的差异便会折射到智慧社会，同数字科技所固有的特征及影响一道，凸显出某些社会成员的弱势地位，笔者将之称为"数字弱势群体"。

一、"数字弱势群体"的内涵解析

所谓"数字弱势群体"，不单指涉转化时空维度和社会背景后的"弱势群体"，也强调因数字科技或智慧化技术所带来的阻隔和边缘化效应，其产生并逐渐壮大于智慧社会的发展和建构过程中，是为数字时代易被忽视的负面效应。据此，可以将"数字弱势群体"概括界定为：在智慧社会，由于数字科技的固有特征、不均衡传导以及社会固有结构等客观因素，导致权利缺失、能力不足，进而展现出地位边缘、资源匮乏、易受挫伤等特征的特定群体。具体而言，"弱势群体是

---

[1] 胡玉鸿主编：《弱者权益保护研究综述》，中国政法大学出版社2012年版，第1页。
[2] 贾开、张会平、汤志伟：《智慧社会的概念演进、内涵构建与制度框架创新》，载《电子政务》2019年第4期，第2页。

一个基于特定维度的相对概念"[1]，一方面，"弱势"的不确定性和"群体"的拟制性决定了"数字弱势群体"这一概念的相对性；另一方面，相较于弱势群体的特殊性，昭示出"数字弱势群体"的全新特征。而站立于权利的立场，"数字弱势群体"的基本特征可归纳为三个方面。

第一，数字弱势群体的本质特征在于，数字时代某些社会成员生存和发展权利的脆弱性。在风险社会和智慧科技的双重影响下，个体权利受到越来越容易受到侵害已是不争的事实。与之相应，权利的脆弱性主要涵盖两方面内容：(1)权利更易受侵害。对于数字弱势群体而言，主要涉及下述三种权利：一是所有权或财产权。数据本身所富含的价值不言而喻，数字弱势群体对于自有数据资源的控制力和支配力较弱，其"数据所有权"或"数据财产权"也就更难以保障。二是隐私权利。数据过度采集的问题愈发明显，个体透明化已成为不可逆转的趋势。数字弱势群体由于自我防护意识更加薄弱，其隐私也就实质上受到了更多的威胁。三是平等权利。个体接受的各类社会评价更多地来源于数据和算法，也就有可能存在歧视或不当归类，构成对社会成员某些权利资格的不正当限制。数字弱势群体由于数据缺失或"污点"，往往更易遭受偏见。(2)权利意识薄弱。数字弱势群体对于个人数据的利用价值和潜在威胁明显意识不足，既没有积极利用的动机，也缺乏自我防护的意识。与此同时，其在权益兑现过程中，也面临着诸多阻碍，新兴科技所带来的"数字红利"大多依赖于个人主观能动性，数字弱势群体由于能力上的匮乏，往往无法有效利用数字科技的智能性，更为充分地实现自我发展。

第二，数字弱势群体突出表现为，社会成员在智能数字化领域处于不利地位。"不利地位"往往意味着一种"由于社会结构急剧转型和社会关系失调"[2]而导致的边缘性，也构成了弱势群体的显著特征。对于数字弱势群体而言，还可从

---

[1] 苏力：《弱者保护与法律面前人人平等——从孕妇李丽云死亡事件切入》，载《北京大学学报（哲学社会科学版）》2008年第6期，第8页。

[2] 参见钱再见：《中国社会弱势群体及其社会支持政策》，载《江海学刊》2002年第3期，第98页。

下述三方面加以理解：（1）资源分配的不均衡。在数据资源和算法权力分配的过程中，数字弱势群体明显处于劣势地位，在自身数据被获取的同时，即便通过自身努力，往往也难以从中获致相应的权益。质言之，"智慧成果"的享有不单是一个被动接受的过程，也内含着社会成员不断的学习、尝试与感悟。伴随着社会智慧化程度的不断提高，相应的科学技术亦呈现出日趋复杂化的趋向，社会成员接受、使用新兴智慧产品或方式的门槛随之"水涨船高"，进而指向智慧社会新的"层级分化"。（2）制度性的排斥。智慧社会所强调的"数字化、网络化、智能化深度融合"[1]，形塑了以信息数字数据处置系统为主要载体、以数据流动为基本特征的新型社会形态，其运转基点在于全面电子化、数字化社会成员的行动轨迹，由此就必然会引致部分社会成员的边缘化：一是智慧社会的判断和决策需以社会成员的各项数据为依据，而某些社会成员往往会缺乏足够的数据记载，甚至出现"数据空白"，进而造成信息落差，导致区别对待[2]；二是如前文所述，智能算法成为评价社会成员的重要手段，某些社会成员在身份、行为、言论、收入等方面的弱势，意味着其在算法世界中必将处于更为不利的地位。（3）主观上的偏见。在智能手机、移动支付和平台经济大行其道之时，数字弱势群体的"落伍"往往被主流社会视为自身抗拒学习、不思进取的结果，而无须对其加以特殊照顾或倾斜保护，这就有可能将数字弱势群体置于更为不利的地位。

第三，数字弱势群体的权利脆弱性和边缘地位，难以在短期内通过自身努力改变。与传统的弱势群体类似，数字弱势群体通常欠缺扭转不利处境的能力与可能性，意味着如若不施加任何外力影响，其在数字时代和智慧社会中将长期处于弱势，既不能享有相应权益，还必须面对各类威胁，且可能随时遭遇各类制度的排斥。

---

〔1〕 李超民：《智慧社会建设：中国愿景、基本架构与路径选择》，载《宁夏社会科学》2019年第2期，第118页。

〔2〕 例如，在当代中国，无论是公共服务，还是商业交易，都将网络化、电子化和数字化作为最基本、最必需的系统要素。然而实际上，我国无论是在空间范围上，还是主体范围方面，都依然存在大量的"数字荒漠"和"数字空白"，将数字科技作为制度的必备要素固然有助于推动整体社会的智慧化程度，但却极有可能以偏概全，将某些社会成员排除在外，构成其个人行动的壁垒或障碍。

二、"数字弱势群体"的外延界定

学理上,"数字弱势群体"并不是凭空建构的概念,而是与既有的概念存在着千丝万缕的关联,其中主要指涉的则是传统意义上的"弱势群体"以及新兴的"数字难民"。

首先,"数字弱势群体"是"弱势群体"这一概念在数字时代的新形态,二者相互联系、相互区别。"数字弱势群体"可归类为一种特殊的"弱势群体"。一方面,"数字弱势群体"大多指向老年、贫困、残疾、受教育程度低等因素,本质依然包括"能力贫困"和"权利贫困"[1],继而形成了"处于劣势地位,遭到社会排斥,'可行能力'不足"的局面[2]。从这一角度来看,"弱势群体"的本质要素在智慧社会也是一以贯之的,并未发生根本性的转变,只不过"社会"从真实的物理空间扩展到虚拟空间。另一方面,"数字弱势群体"也符合弱势群体最为基本的外观特征,同样呈现出"相对弱势性""群体虚拟性""外延动态性""时代依存性""地域依托性"[3]等特征。尽管在"数字弱势群体"的语境下,上述特征又可衍生出更具体、更具时代性的语词和表述,但其中的观点却是一脉相承的。

与此同时,"数字弱势群体"有其独特性,不宜直接套用关于弱势群体的既有学说。一是从成因上看,"数字弱势群体"源于"数字生活"的日渐普遍化和数字科技的日益复杂化,即在"互联网、物联网、即时通信、社交网络、移动支付、共享经济等已经成为人们生存的条件和生存能力"的背景之下[4],部分社会成员仍旧难以进入数字世界,实质意义上成为智慧社会的一员,这其中并不尽然对应于残障人士、患病者、老年人、儿童和妇女。更为重要的是,数字科技在智慧化的进程中变得愈发深奥和复杂,既使得社会成员难以理解其中的运行原理,也无形

---

[1] 余少祥:《法律语境中弱势群体概念的架构分析》,载《中国法学》2009年第3期,第66页。
[2] 参见胡玉鸿主编:《弱者权益保护研究综述》,中国政法大学出版社2012年版,第98页。
[3] 关于上述五种特性的详细解释,可参见杨海坤、赵玮等:《弱势群体权益的公法保护》,中国人事出版社2015年版,第15-16页。
[4] 张文显:《无数字,不人权——在"知识产权与相关权利的法理"学术研讨会暨"法理研究行动计划"第八次例会上的致辞》,载爱思想网2019年5月26日,http://www.aisixiang.com/data/116468.html。

中抬高了适用的门槛,造成了对特定人群的排斥,使之处于主流之外的边缘化状态。与之相应,传统意义上的弱势群体大多源于先天要素或社会制度,是政治、经济、文化、社会、自身状况等单独或叠加的结果。二是从表现特征来看,"数字弱势群体"实际隐含了"城市中心主义"的偏见,集中体现为来自城市社会主流群体的排斥,突出特征在于,大部分城市边缘群体和乡镇社会成员既难以享受到数字科技所带来的智能化成果,也无法在实质上获致新兴的"数据权利"或"信息权利",同时还不得不面对智慧时代日渐增长的风险和愈发普遍的偏见。沿此进路,"数字弱势群体"并不必然同贫困相关联,而是指向一种由于海量数据和智能算法的权利缺失与能力不足,使之在社会运行过程中受到无形的乃至具有名义正当性的歧视,继而导致"相对剥夺感"的放大,即智能互联网的大规模普及在很大程度上重置了思维方式、行为模式与利益格局,使得某些社会成员在面对数字科技时,因"价值期待与价值能力不一致的认知"[1]而产生落差。

由此观之,"数字弱势群体"仍在"弱势群体"的范畴之内,但其形成过程和表征的特殊性,决定了二者在概念界定和范围指向上的显著差异——受制于固有的经济贫困、权利贫困和能力贫困,"弱势群体"在数字时代和智慧社会极有可能处于更加不利的地位,从而转变为"数字弱势群体"。在这一层面,二者具有重合性与叠加性。但同时,"数字弱势群体"是以数字科技的应用能力和智慧时代的利益分配为主要标准的,这就意味着,弱势群体在数字领域未必处于弱势地位,数字弱势群体也不一定来自原有的弱势群体,不同的界分标准构造了二者交互交叉的关系形态。

其次,"数字难民""数字鸿沟"是"数字弱势群体"的一个侧影。(1)"数字鸿沟"(digital divide)往往被视为随互联网应用技术扩散而产生的"另一种机会不平等"[2],意指给定社会中不同社会群体对互联网在可及(haves or not haves)和

---

[1] 李俊:《相对剥夺理论与弱势群体的心理疏导机制》,载《社会科学》2004年第4期,第74页。
[2] 邱泽奇、张樹沁、刘世定:《从数字鸿沟到红利差异——互联网资本的视角》,载《中国社会科学》2016年第10期,第95页。

使用（use or not use）上的差异。这一概念揭示了新兴科技所导致的不均衡与不平等，部分解释了"数字弱势群体"生成的缘由。但区别之处在于，"数字鸿沟"着重关注互联网信息技术之于不同国别、不同阶层的发展机会差异，其只是"数字弱势群体"产生的原因之一，"数字弱势群体"也并非"数字鸿沟"的必然结果：一方面，"数字鸿沟"这一概念在出现之初，特指互联网信息资源，并未对社会生产生活产生全面影响。而在当下智慧社会的建设过程中，日新月异的智能科技早已产生了根本性的影响力，互联网信息资源只是其中的一部分。另一方面，数字鸿沟侧重于对差异状态的描述，只有差异或落差达到一定程度，才有可能产生"数字弱势群体"。(2)"数字难民"（digital refugees）这一概念源于韦斯莱·弗莱尔（Wesley Fryer）于2006年发表的《数字难民与桥梁》（*Digital Refugees and Bridges*）一文，用以指代为数字技术所抛弃或遗忘的老年人群体。显然，"数字难民"更多着眼于代际划分，用于描述数字技术对不同人群（青少年、中年人、老年人）的整体影响，即便老年人在智慧时代往往居于弱势地位，但也不能简单地将之划归到数字弱势群体[1]。质言之，数字弱势群体不仅指涉远离数字技术的人群，也包含了难以分享"数字红利"的边缘群体，且其核心不在于弱势者的主观意愿，而在于经济、社会和文化等客观条件的限制。

第二节 根由剖判："数字弱势群体"何以产生？

"数字弱势群体"作为智慧社会的"附生物"，根植于特定的技术土壤与社会背景，其形成与壮大，实际是数字科技全新特征同当代社会固有结构共同作用的

---

〔1〕 例如，有学者就认为，借助微信，中国老年数字弱势群体已然在某种程度上实现了"数字崛起"。参见周裕琼：《数字弱势群体的崛起：老年人微信采纳与使用影响因素研究》，载《新闻与传播研究》2018年第7期，第66—86页。

产物,具体而言,则包括三方面的因由。

一、数字科技的固有特征

数字科技的精密性、复杂性特征,决定了数字时代和智慧社会必然呈现不均衡的结构。智慧社会展现出的数字化、智能化以及可视化,往往依托于不断改良和高度专业化的科学技术。例如,对于各类产品而言,为了实现应用的智慧化,必须在后台设计过程中大量运用专业性极强的算法,以至于算法的黑箱属性愈发明显。如此一来,共有常识在数字时代就显得愈发无足轻重,专业知识成为"强"与"弱"的重要分野,少量的设计师和程序员掌握着话语权和实际支配权[1]。与此同时,数字科技的应用过程亦是一个数据产生和收集的过程,由此少数群体占据了海量的数据资源,即便数据开放已是大势所趋,也无法填补其间的数据鸿沟。概言之,智慧科技的精密性、复杂性特征,决定了智慧社会在知识、资源等多方面呈现显著的分化结构,且分化程度势必随着科技的日新月异而不断加深。在这一认知之下,实际上大部分社会成员都处于相对弱势地位,"数字弱势群体"不过是某些最为"弱势"、处于数字科技最边缘的社会成员。

除此之外,即便是最简单的数字科技或互联网技术,也意味着对传统生活生产方式以及意识形态的冲击和颠覆。数字弱势群体能力上的匮乏,既时常表现为接受新生事物的被动性和迟滞性,也往往体现在价值观念上的保守性和封闭性,由此在主、客观双重因素的影响下,其对于新兴科技的认知往往停留在即时通信、移动支付等最基础的产品功能,同数字社会的蓝图相去甚远,从而进一步加剧了不均衡状态。

二、社会结构的内在缺陷

社会自身的系统性缺陷固化和放大了数字科技领域的不平衡。从"分化"

---

[1] 但需要注意的是,这种话语权和实际支配权具有特定的时空性,即特定程序员在特定场域下具有权力,占据优势地位,但在其他情境下,则可能不具有这种优势。

到"弱势",实际是社会系统的型构作用,即现有的政治、经济、文化、法律制度,非但难以消弭数字化所带来的负面效应,反而可能将之固定化与扩大化,以至于"数字弱势群体"开始受到越来越多的技术歧视和系统性排斥。

首先,原本大量存在的弱势群体,容易成为新的数字弱势群体。"创新扩散"作为社会变迁的普遍过程[1],通常沿循"中心—外围"的扩散路径,这就意味着原本处于社会边缘的弱势群体,如经济贫困者、残障人士、老年人,在适应智慧化趋势时更加困难:一是弱势群体受制于自身境况,接触数字科技时,在时间上具有滞后性,且涉及内容也大多局限于简单的网络信息检索、移动支付和即时通信,尽管上述领域某种程度上构成了智慧社会的"基底",但弱势群体的生存状态和基本需求决定了其自身往往不得不落在数字化大潮的末端,并在智慧社会被不断边缘化。二是弱势群体通常显示出能力上的匮乏,而智慧社会则强调个人主观能动性的发挥,通过对各类数据和各项智慧技术的充分运用来实现生活生成的便捷化与智能化,兑现"数字红利"。如此一来,弱势群体因客观原因而导致的能力弱势就极有可能成为难以弥补的短板。三是在数字化浪潮之下,弱势群体的种种信息同其他社会成员一道不断趋于透明化。在此背景下,弱势群体的不利信息也会更加清晰地呈现出来,并转化成评分或评级的重要依据,进而增加了弱势群体被歧视的风险。

其次,智慧社会的非均衡推进容易催生新的数字弱势群体。在数字科技迅速普及、智慧社会加速建设的现实背景下,边缘群体的诉求往往会被社会主流有意无意地忽视掉。智慧社会旨在将政府的公共服务、社会交流和个人信息都汇集在数字化平台上,以此作为社会运行的基本方式和各类决策(公共决策、商业决策、个人决策)的主要依据,但某些社会成员或不具备数字化的条件,或不具有数字化的意愿或动力,也就极大减少了"数据留痕"的概率,这一现象就同智慧化的愿景形成了悖反关系,在智能互联网大行其道的情境下,远离数字化就意味着必须

---

[1] 吴楠:《智慧社会的治理模式探析》,载《河海大学学报(哲学社会科学版)》2018年第5期,第71页。

面对诸多的系统性排斥,且随着政府机构和市场主体对数字化依赖程度的增加,这种系统性排斥会更加普遍、更加严酷。除此之外,新兴科技所带来的人工智能已经具备了代替某些人类劳动的条件,对重复体力劳动的冲击尤为明显。这就有可能因数字技术发展导致弱势群体扩大,即人工智能带来的失业人群和潜在失业人群虽未必属于"数字弱势群体",但却极有可能制造出更多的"弱势群体"。

三、虚拟空间的秩序紊乱

互联网空间秩序的不稳定推动了数字弱势群体的形成与扩大。"互联网+"构成了智慧化建设的主要动力之一,亦是互联网思维传导至整个社会层面的实践成果,由此虚拟空间同实体空间的交互日渐频繁,互联网空间秩序因之成为社会秩序的一部分。在此过程中,不尽友善的互联网环境进一步构成了对某些社会成员的排斥。

第一,在大行其道的互联网经济领域,用户本身就处于弱势地位。互联网经济强调利用数字技术通过网络平台连接不同用户群体,助推资产与服务交易便捷化,其固然有助于消除信息不对称,增强个人意见通过评论和退出表达不满、影响市场、实施有效市场制裁的可能性,但也时常利用标准化文本、体系结构和算法对用户施加各类影响,从而制造出新的强弱分化。具体而言,一是随着平台进行的交互越来越多,算法能越来越好地控制交易和基础服务,得以借此实行差别化的自动定价,且这一算法功能本身不透明,这就增加了发生"价格歧视"的概率;二是平台经济作为普遍流行的新业态,经常以"全盘接受或全盘退出"的方式同用户订立协议,用户参与其中并无实际话语权和议价能力,"退出"成为仅有的"反抗"方式;三是互联网领域展现出更为显著的集中化趋向,呈现出一种反竞争的结构,其强大的互联网效应和数据收集的结合,无疑将产生更为巨大的竞争优势[1],将用户置于更加弱势的局面。

---

[1] 参见[意]圭多·斯莫尔托:《平台经济中的弱势群体保护》,宁萌译,载《环球法律评论》2018年第4期,第60页。

第二，互联网空间缺乏足够规制，导致"数字环境"恶化严重。一方面，互联网经济吸纳了大量的资本，具有更加强烈的逐利本性，奉金钱效益为圭臬，这就导致经营者有动机以牺牲用户合法权益为代价，通过种种迷惑、诱导、擦边球等不规范行为实现利益最大化并规避法律责任；另一方面，互联网在带来多元化的同时，也塑造了更加鱼龙混杂的言论场域。尤其是在"流量至上"的取向之下，判断真假是非变得更加困难，因而增加了互联网空间的不信任感，而诈骗手段的网络化更是起到了推波助澜的作用。尽管监管措施不断跟进，但相较于纷繁复杂的互联网世界，依然是捉襟见肘。由此上述两方面的消极影响不断发酵，无形中拒斥了更多个体的融入——某些社会成员将网络空间视为处处"凶险"之地，担心在具有威胁性的环境中随时迷失自我，于是出于趋利避害、自我保护的本性，刻意同网络空间保持距离。

总之，数字科技的专业特性和普遍适用、社会结构的固有缺陷以及网络空间的秩序紊乱共同形塑了"数字弱势群体"。尽管有不少社会成员是出于主观上的抗拒或惰性而"沦为"数字弱势群体的，但诸多不可控的社会客观原因才是根本性的。因此，如何保障数字弱势群体的应然权利，对其予以法律救济，也就成了智慧社会建设过程中不可忽视的全新议题。

第三节　制度建构：如何保障"数字弱势群体"权利？

显然，对于"数字弱势群体"而言，权利和义务始终处于不对称、不均等的割裂状态。更为重要的是，新一轮的数字革命涉及科技、经济、文化、生活各个领域，"数字弱势群体"的"弱势"也往往是全方位的，且不会随着科技的进步和代际的更迭而自动消失。由此，数字弱势群体的权利保障实际是回应新兴科技问题，保护和发展"数字人权"的应因之策。

一、数字弱势群体权利保障的必要性

人权以处理纵向关系为重要特征,数字弱势群体因之有可能纳入数字人权的范畴。在此意义上,关注数字弱势群体实则是落实数字人权的必然要求。在数字科技与生活生产紧密结合,互联网、大数据、云计算、人工智能等数字科技成为生存和发展重要组成部分的背景下,"数字人权"的必要性不断凸显。正如前文章节所强调的,"数字人权"致力于把人的权利及尊严作为数字技术应用的基本准则。相应地,数字弱势群体既是数字人权受损最为严重的一类社会成员,亦属于需要重点关注和优先保护的群体——智能化的数字科技所带来的"权利危机"实际波及每一社会成员,数字弱势群体则因为能力和认知的不足,不仅更易受各类侵害,也往往无法充分利用数字科技实现发展权利,更难以有效规避和及时救济自身权利。而进一步沿循数字人权的理论进路,还可从下述两方面理解数字弱势群体权利保障的必要性。

(一)数字弱势群体的权利保障是智慧社会建设的必要条件

数字中国作为党的二十大提出的重要建设目标,强调科学创新的重大作用和新一代信息技术的智慧应用。但必须认识到,智慧社会指向的依然是现有的社会实体,不仅要注重数字化、网络化、智能化深度融合,更要以经济发展和服务民生为落脚点。沿此进路,智慧社会建设实际上包括了迥然相异的两部分内容:一是技术层面的基础设施建设和产品研发应用,二是相应的一系列制度建构,以此确保科技应用的正当性、有序性、平等性和高效性,保证社会本身的良性运行,数字弱势群体即关涉新科技普及之后的实质平等问题。

具体而言,"数字弱势群体"并不是纯粹的生理问题、年龄问题和区际差异问题,并不会随着代际更新和基础数字设施的全面完善而自动消失。相反,伴随着数字化程度的提高,"强者愈强、弱者愈弱"的趋势将更加明显,数字资源分布只会愈发不均衡,对于特定社会成员的歧视和排斥也会更加普遍——相较于肉眼可见的表面弱势,数字技术所传递的价值取向和制度构想或许才是数字弱势群体权利保障的最大障碍:一方面,一旦"数据万能""算法万能"的观念弥散开来并占据主导地位,与之相关的制度安排逐渐渗透到社会运行的各个环节,各种公共行为和社会交往行为必须依赖于数字化系统,无法或不愿接受这一系统的社会成员,往往会被不加区分地打上"固执""保守"的标签,旋即处于边缘地位;另一方面,算法在智慧化进程中占据着重要地位,其在满足个人偏好的同时,也将他者简化为冷冰冰的"数据"。由此一来,海量数据时代的社会成员无形中将变得更为封闭和冷漠,对于"异类"的接受和包容程度逐渐降低,对于数字弱势群体的偏见和伤害就有可能被习以为常,将之视为正常或正当行为。

(二)数字弱势群体的权利保障有利于推进弱者保护工作

"数字弱势群体"作为一类特殊的弱势群体,虽然逻辑理路和外部形态迥然相异,但对其施以倾斜法律保护的原则却具有一致性,即数字弱势群体权利保障的首要基础在于弱势群体权益保障的正当性。

其一,立足于功能主义立场,数字化和社会化的影响及其导致的系统变迁促使社会结构发生整合,进而分化出数字弱势群体。这一全新的"社会要素"同既有的弱势群体类似,都意味着"社会不安和增加社会成本"[1],因而无论是出于维系数字世界规范秩序、控制社会偏差的考虑,还是基于保障权利、尊重人之尊严的原则,都必须正视数字弱势群体问题,以满足"差异性的公众需要"[2]。

其二,基于法的价值判断,保障数字弱势群体权利符合法的基本理念和要求。数字弱势群体对应的乃是社会中"鲜活"的个体,而非网络世界的虚拟身份。一旦法律无法保障应有权益,其同样有可能成为稳定秩序的潜在风险,从而与法的价值取向背道而驰。更为重要的是,智慧时代所谓的"形式平等"同样会导致

---

[1] 于秀丽:《排斥与包容:转型期的城市贫困救助政策》,商务印书馆2009年版,第48页。
[2] [丹麦]哥斯塔·埃斯平-安德森:《福利资本主义的三个世界》,苗正民、滕玉英译,法律出版社2010年版,第45页。

现实差别之下的深刻不平等,倾斜保护数字弱势群体即是致力于实现实质平等的重要方面,即"法律的设立,绝不是为了弱者更弱,强者更强,而是为了保护弱势以抵御强者"[1]。

其三,出于现实考虑,关注数字弱势群体权利契合我国对社会公平正义的基本认知。无论是21世纪初倡导的"构建和谐社会",还是党的十九大报告提出的"保证全体人民在共建共享发展中有更多获得感",其核心在于强调:保护弱势群体,既是实现自由、平等、博爱、正义的需要,也是中国特色社会主义建设必不可少的一环,故出于保障和改善民生、增进民生福祉的考虑,保障数字弱势群体权利势在必行。

二、数字弱势群体权利保障的指导原则

有鉴于数字弱势群体这一概念本身的特殊性,对其权利加以制度保障和法律救济的路径不宜照搬既有的弱势群体保护理论,而是首先应当充分结合表现特征、产生缘由和现实症结,以数字人权的价值要求为基点,确立若干基本的数字人权具体原则,作为实施对策的指导。

第一,平等保护与倾斜保护相结合的原则。如前文所述,数字弱势群体具有虚拟性和相对性,一味地施以特殊保护既可能赋予其不必要的特权,造成反向歧视,也可能构成智慧社会建设中的消极因素。加之在智能化的数字时代,社会成员整体上皆处于相对弱势的状态,因此对弱势群体的倾斜保护还应建立在相对平等的社会背景之下。(1)对社会成员施以平等的实质性保护。智慧社会中,个体同政府机构和企业组织之间的力量悬殊更为明显,在涉及各类数字科技时,权利义务始终处于不均衡状态,对社会成员权益的侵害则更具有隐蔽性,且常常救济无门。所以在智慧时代,个体权利理应受到法律的倾斜保护,以增强个体抵御强大组织的力量。例如,通过创设个人数据更加周密的保护规则和利用限制,可以

---

[1] 余少祥:《弱者的权利——社会弱势群体保护的法理研究》,社会科学文献出版社2008年版,第151页。

一定程度上避免滥用个人数据,减少隐私权利被侵害的概率。通过对互联网经营者施加更为严格的法律责任,则有助于降低消费者的维权成本。其要旨在于,以不对等的权利义务关系来弥补个体在资源、能力方面的劣势。(2)对具有明显特征的数字弱势群体加以特殊保护。如果说平等保护意在改变整体环境,特殊保护则指向典型的数字弱势群体,强调在已有的倾斜保护基础上,对某些最有可能成为数字弱势群体的人群进行重点关注[1]。

第二,比例均衡原则。对数字弱势群体进行法律保护的一个前提在于,须确定法律保护的客体,即对于数字弱势群体的法律保护应当是"通过身份,基于权利"的。据此,比例均衡作为数字人权保障一项基本原则,实质上决定了倾斜保护的方向、目标和内容,有助于防止对弱势群体保护过度,从而异化为一种特权身份。有鉴于数字科技塑造了新兴权利和全新法律关系,还需要将各类弱势表征解剖、归纳为人的基本权利问题,通过对隐私权、知情权、发展权以及新兴的数据权(益)、信息权(益)的保障,以此促成社会问题转化为法律问题,推动数字弱势群体回归社会一般水平线,既扭转力量对比日益悬殊的趋势,也避免反向歧视。

第三,共建共享共治原则。党的二十大提出加快完善新时代共建共治共享的社会治理制度,这不仅是智慧社会建设、数字人权保障的紧要原则,亦应当成为应对数字弱势群体保护特殊性的指导思想,由此也就体现了同传统弱势群体人权保护的区别——智慧社会在技术变革的同时,也带来社会制度和社会观念的变迁,既往被动的、单向度的统治或管理模式已难以适应现实的需要,应当转而强调"各方地位平等下的互动认知以及对彼此间行为协同和利益互惠的预期"[2],通过制度框架变革激发全社会创造力、汇聚发展合力,以知识生产为核心带动智慧社会的数字化、网络化、智能化特征。其中,"共建"意味着从边缘向中心靠拢,数字弱势群体的形成同个人能力关联更为密切,唯有将被动性的救助转变为参与

---

[1] 基于不同的数字弱势情形,特殊保护的手段也有所差别。例如,对于经济贫困者而言,经济条件改善和技能培训最为关键;对于残障人士而言,则更需要配套的公共服务和辅助设施;对于老年人而言,技术指引和观念更新更加重要。

[2] 李慧凤:《公共治理视域下的社会管理行为优化》,载《中国人民大学学报》2014年第2期,第22页。

式的共建，才有可能从根本上减少数字弱势群体的规模；"共治"强调多元化治理及其过程性，以此即通过对政府、企业、个人三者权利、义务和责任的再分配，弥合个体与组织间日渐扩大的鸿沟；"共享"则旨在遏止"数据垄断""算法专制"等集中化趋向，将数字红利尽可能便捷地惠及每一社会成员。总之，共建共享共治原则指向了一种"更具有内在亲和力"的崭新社会秩序[1]，同样体现了智慧时代的社会结构特征，将其作为保护数字弱势群体的原则，实际是在数字人权的指引下，将单向的"施予"优化为双向的"互动"。

三、数字弱势群体权利保障的基本架构

弱势群体保护本身就是一项复杂的系统工程，而基于数字人权的基本原理，以确定的人权主体范围和明确的人权保护原则为基础，数字弱势群体权利保障的制度建构方向主要有三：一是针对力量失衡的权利义务再分配，从而不断优化数字人权的关系格局；二是针对系统性阻隔的公共服务优化，从而不断改善数字人权的保障环境；三是针对能力匮乏的权利赋能，从而不断增强数字人权的主体素质。

首先，建立均衡的权利义务分配机制。在智能化的数字时代，政府、企业（营利组织）与个人的分野日渐明显，也就需要按照三者的收益和风险，沿循权责一致与合理差别的理路，形成迥异的价值标准和行为规则，以此改变三方的力量对比。（1）广义上的政府负有监管职责和救助义务，自身也掌握着大量的数据信息和数字技术，同时还肩负着推进社会智能化进程的主要任务，因此政府一方面需要适用开放原则，提高数据和数字技术之于社会成员的可获取性。另一方面则应当坚持民主原则和平等原则，尽可能打破"信息孤岛"和"数字鸿沟"，减少智能化社会革新对特定社会成员的伤害，并逐步形成行之有据的监管机制。（2）数量庞大的营利组织既是智能化、平台化的重要动力，亦是数字化时代新型不平等的

---

[1] 江必新、王红霞：《论现代社会治理格局——共建共治共享的意蕴、基础与关键》，载《法学杂志》2019年第2期，第57页。

主要推手。在"以隐私换便捷"普遍盛行的背景下,有限原则与透明原则就显得尤为重要:前者强调数据共享与数据集合的有限性,如更加严格的脱敏规则和匿名规则;后者则旨在应对"算法黑箱"和"算法歧视"的泛滥,削减企业在资源分配、社会评价等方面的实质性权力。(3)作为个体的社会成员虽然是数据资源的创造者,但却时常面临着"权利—义务"失衡的局面,遭受多方面的权利威胁和身份歧视。由此,一方面需要对强势主体(政府机构和企业组织)施加更为严格的责任和归责原则,另一方面则应当在权利内容和救济机制方面向弱势群体倾斜,如优化同意机制、拓展救济路径、完善举证规则等。

其次,改善数字时代的公共服务。目前而言,智慧社会的公共服务质量实际是以权力位置和利益格局为判定基准的,这也就一定程度上导致公共服务的实质不平等,尤其是对于数字弱势群体而言,智慧化和数字化的公共服务革新反而可能降低其接受服务的质量。据此,数字化的公共服务还应当从两方面予以完善,以实现对数字弱势群体的权利保护:(1)加强设备建设和技术指引,为提高智慧服务的普及性和便利程度提供有力的支持。这一措施旨在减少技术因素层面的社会排斥,推动社会成员共享"数字红利"。申言之,在智慧社会、数字强国等目标的感召下,数字化、智能化成了公共服务和行政执法的重要特征,种类繁多的交易、审核、评价开始同系统和平台关联起来。但在不断推进智慧政务的同时,亦应当珍视传统的公共行政策略,持续改进"线下"的公共服务,以此保持公共服务的普遍性。(2)优化算法评价规则。基于个人数据的算法评价已成为提供公共服务的重要依据,但出于对数字弱势群体的保护,其不应当成为评价社会成员的唯一依据。一方面,宜将之定位为对个人行为的事实描述,仅仅作为一种参照,而非由系统自动作出唯一性结论,即个人应当拥有"算法拒绝权"。另一方面,还应当秉持"相关性"原则,审查算法评价的诸多要素,将与具体公共服务项目不相关的个人数据有效剔除,确保评价规则的平等性与公正性。

最后,突出法律赋能的重要作用。自20世纪80年代始,"法律赋能"开始与弱势群体权利保障密切相关,强调将公民社会的支持放在首位,并将之作为增强法律能力和权能的最佳选择，以此走出人权保障的"被动性"误区。具体到数字弱势群体，物质贫困并不是弱势的主要缘由，因而社会救助居于次要地位，个体能力的提升则显得更为重要。而结合数字弱势群体的表征和成因，此处的赋能机制旨在突出三个方面的内容：一是改观数字弱势群体的认知，既包括提高各类数字技术的应用技能，也包括思想观念的更新，以帮助这一群体以更加积极、开放的心态面对日新月异的新科技；二是有效应用数字技术的能力，即对于智慧科技和智能互联网的利用，不仅仅限于初级阶段的休闲、娱乐和生活基本需求，也应当逐渐面向更为深层次的个人发展；三是突出动态性法律应用，以提升权利保障能力。一方面，赋能旨在引导数字弱势群体形成全新的数字权利意识，认知到自身权利所可能受到的诸多潜在威胁，进而增强防范意识。另一方面，赋能指向救济能力，即能够识别权利被侵害的情形，并能够尝试运用多种方式对其自身权利加以救济。其要旨在于，通过各类赋能行动，提高诸如老年人、经济贫困者等高概率数字弱势群体的融入能力，改变其过度边缘化的地位。

  总而言之，大数据、人工智能、云计算、可视化技术、区块链技术等新兴科技的广泛应用毫无疑问地预示着人类已然开始迈向全新的数字时代和智慧社会。而作为更高阶的文明形态，更应当秉持尊重和保障人权的理念，以实现"虽弱犹安、化弱为强"。尤其是在中国特色社会主义建设进入新时代的历史背景下，强调对数字弱势群体的权利保障，更有助于整合新兴科技与传统价值，将数字中国、智慧社会同中国特色社会保障体系建设有机结合起来，进而促进社会公平正义，为"不断促进人的全面发展、全体人民共同富裕"提供坚实的社会基础。

第六章 基于数字人权的平台义务构造

第五章阐释了数字弱势群体的权利保障问题,而在技术门槛畸高的数字时代,每一个体用户都是不同程度的数字弱势群体,与之相应,平台成为新崛起的"强势群体",也就理应承担更多的数字人权义务。易言之,在数字技术逐渐深嵌于社会运转的过程中,平台凭借技术优势和服务能力,对于生活、生产的重要性与日俱增,形塑了数字时代开放、共享的基本样貌,平台监管、平台治理、平台责任等研究方兴未艾。有鉴于平台权力日益膨胀、公共属性不断增强,本章尝试转换视角,将数字平台类型化地"拟制"为数字人权的义务主体,探究如何基于数字人权的基本原理来构造平台义务理论,即形成平台的人权义务理论,为不断优化平台治理机制提供人权价值指引。

第一节 平台人权义务的演进脉络

按照通常理解,人权的义务主体一般为公权力机关,而伴随着社会治理结构的多元化,诸多社会组织被拟制为公权力机关,继而成为人权的义务主体。更加令人瞩目的是,在生产规模不断扩大的经济趋势下,越来越多的私营企业开始掌握"私权力",因之被课予了大量的人权义务,并催生了"工商业与人权"的价值理念与制度实践。而在所谓的数字时代,诸多数字平台不仅凭借技术优势和用户优势进一步扩张了"私权力",还承担了部分公共职能,担负人权义务的必要性愈发显著。具体而言,平台人权义务的理念与制度演进,可以从"企业社会责任"和"工商业与人权"两方面加以理解。

一、企业社会责任的发展历程

按照通常的理解,企业社会责任是指企业在创造利润的同时,不仅应当对股东和员工承担一定的法律责任,还应该基于企业的社会性质而注重增进公益色彩,承担对社会上的消费者、社区和自然环境的责任。根据企业社会责任理论,现代企业理应跳出"唯利是图"的传统观念,不再将营利作为唯一目标,还必须更加注重企业对个体的人文价值关怀,凸显企业对社会整体的贡献。

(一)企业社会责任的产生背景

企业社会责任理论一般被认为是两次工业革命的必然结果。即19世纪中后期以来,伴随着社会生产力的飞速发展,企业的数量和规模极速增长。与之相应,企业极致追逐利润所引发的问题日益严重,劳动者开始筹建工会,积极维护自身权益。人们逐渐认识到,纯粹以营利为目的的企业定位已不再符合时代趋势,既有的"自由主义"也逐渐让位于"社会本位",诸如美国的《反托拉斯法》和《消费者保护法》等法案相继颁布实施,企业的"野蛮生长期"逐渐远去,法律与公共政策不断介入企业的经营行为,现代企业理念与制度逐渐生成,从客观上对企业履行社会责任提出了新的要求。

现代意义上的企业社会责任思想起源于20世纪初的美国,之后逐渐向全球扩散开来,这与彼时美国的经济社会发展状况密切相关。在20世纪初,美国社会刚刚经历了"第二次技术革命"。由此带来的技术红利使劳动生产率快速提升,商品供给圈扩展提升至全球各地,消费需求也无限扩大到全球范围,企业规模呈指数级增长,大型乃至超大型企业逐渐崭露头角。事实上,美国工业化进程中的诸如铁路、电力等大型基础工程建设也助推了大型企业的形成,因为修筑铁路需要雄厚的资金和专业团队,而个体、小企业无法承受庞大的资金成本,这使得企业必须募集庞大的资金,雇佣专业的铁路人才进行管理和运维,因之造就了现代大企业的雏形,铁路企业也因此成了美国最早现代工商企业的代表。[1]又如,在第二次工业革命中的电力行业,1882年纽约某电力企业建立第一座火力发电站,1886年特斯拉发明交流电后,第一座交流发电站建立;1895年利用三相交流技术建立尼亚拉加水电站;到1917年,美国建成了公共电站4364座,发电量达到了438亿度,[2]通用和西屋电气等美国电力公司就是在这一历史进程中诞生并成长为世界性电力寡头。

从历史进程来看,20世纪以美国为代表的西方国家,利用自身技术和资本优势,占取全球资源和市场,私营企业在全球"攻城略地"的同时,数量和规模也在急剧扩张。进入21世纪,数字技术革命非但没有实现人人平等的"互联网乌托邦",反而进一步加剧了强弱差距。规模如此巨大的企业能够获得的权力和影响力也得到急速扩大,除了在自身国家,更在全球各地拥有极大话语权,带来发展的同时也对中小国家、中小企业和个人群体造成了各种伤害。而在这一过程中,频发的企业事故也推动了企业社会责任理论的发展与普及。卢代富教授归纳了追求规模扩张的企业所引发的六方面问题:一是破坏竞争性的市场结构,在市场活动中实现垄断和行业高壁垒从而限制其他竞争者;二是巨头企业能够影响市场走向导致大量民众失业;三是规模效应导致贫富差距无限拉大,财富更加集中于少数人手中;四是巨头企业造成地球资源量的大肆减少和生态环境的严重破坏;五是消费者地位日益下滑;六是企业日益巨头化,加深了对全球各国政治的影响。[3]

(二)企业社会责任理论的演进

伴随着全球各国如火如荼的工业化建设,在企业无序扩张过程中,各类劳工权利保障和环境资源侵害问题层出不穷,由此引起了各国的普遍关注,社会民众强烈要求政府妥善解决这些问题的呼声越来越高,随之爆发了诸多劳动者维权运

---

[1] 参见沈洪涛、沈艺峰:《公司社会责任思想:起源与演变》,上海人民出版社2007年版,第6页。

[2] 参见徐玮:《略论美国第二次工业革命》,载《世界历史》1989年第6期,第20—29页。

[3] 参见卢代富:《企业社会责任研究:基于经济学与法学的视野》,法律出版社2014年版,第152—154页。

动以反对"血汗工厂",劳动者的各项权益开始得到合理关切和保障。相应的,保护地球环境和自然资源的环保主义运动兴起,欧美环保主义者数量剧增,针对气候保护、资源保护合理利用等议题的全球气候保护组织蓬勃发展,呼吁对企业施加更多的环境义务。也正是由于针对企业经营行为的多项运动方兴未艾,企业社会责任思想理论得以不断发展、成熟。在20世纪中叶,霍华德·鲍恩(Howard Bowen)提出了企业家的社会责任,强调企业做出商业活动行为的时候必须恪守一定的社会价值准则和社会目标。基斯·戴维斯(Keith Davis)和布鲁姆·斯特朗(Robert Bloodstream)提出了"责任铁律"的概念,要求企业社会责任要和企业的社会权利能力相当。麦克·格尔(Joseph McGuire)认为企业社不能只考虑经济和法律层面的义务,还必须考虑这些义务之外的社会责任。

到20世纪下半叶,第二次世界大战后一系列的人权运动、环保运动和消费者运动如火如荼兴起,企业日常的内外部运营和上下游产业链也得到了更多的关注。卡罗尔(Archie Carroll)提出了企业社会责任的"金字塔模型",依次包括企业经济、法律、道德和慈善责任。据此,企业社会责任需要考虑各个方面内容,涵盖股东、员工、消费者、供应商、政府、社区和自然环境等。在20世纪末,围绕企业社会责任形成了企业的竞争战略,成为企业参与市场行为的策略性工具,而后围绕企业社会责任(CSR)的各个相关的研究不断细化,逐步涉及多项人权内容。而在进入21世纪之后,在全球化程度进一步加深的背景下,企业社会责任理论进一步深化,标准逐渐趋于多元化和地方化:一方面,在不同地区的企业社会责任所具有的内涵和发展有所不同,不能一概而论;另一方面,经济水平制约着企业社会责任的承担,发达国家与发展中国家的企业社会责任具有差异性,应当区别对待。而近年来关于ESG(环境、社会和治理)理念与实践的不断深入,更是推动了企业社会责任成为一项牢不可破的基本准则。

(三)企业社会责任的伦理基础

在价值取向的选择上,企业社会责任试图摆脱注重利己主义价值、讲求效率至上的"自由资本主义"理念,转而追求更为多样的功利主义,如讲求社会公共利益的行动功利主义,以及追求讲求企业与社会互利共赢的规则功利主义。

沿此进路,企业社会责任也可以视为一种更长远的"利己主义",毕竟企业从成立时就是以经济利益作为自身追求的终极目标,并为此开展一系列的商业活动。因此,企业的社会责任可以从效率的角度予以考量,其正当性考量社会利益的目的是追求企业自身利益,即"一个行动是道德的,采取这个行动最符合社会的利益",也可理解为"一个行动是道德的,在各种可选择的行为中,它能最大限度地增加社会公众的福利"。[1]这一论述为西方功利主义价值的典型代表,由此看出企业本身就是为社会公共利益而服务的,企业利益也蕴藏于社会公共利益之中。所以企业在追求自身价值最大化的同时,也为社会创造了巨大的财富价值,但是,毫无规则约束地追求企业利益最大化,难免会导致在企业员工、消费者、社区等相关利益的削弱,从长远看,也就无法保持企业的耐力,最终社会公共利益也将消失殆尽。从企业—社会互利价值观出发,"唯利是图"虽然能短期创造社会价值,但是持续性不足,为保持社会利益长期有效发展,必须在规则框架下追求企业与社会互利的价值观,追求规则功利主义的价值取向。在此种理念下,企业负责人必须权衡追求企业利益所作出行为的正负效应,不能只看到企业的营利目的,也要看到企业应承担的公益目的,将营利目的和公益目的结合形成综合性的企业社会责任观点。正如1971年美国经济发展委员会报告《商事公司的社会责任》中列举的"同心圆理论"所言,企业需要承担经济责任,也要帮助解决社会问题,更要符合社会伦理道德规范,从而为整个社会作出贡献。

随着数字时代的到来,以互联网、大数据、物联网和AI为代表的新兴技术产业不断崛起发展,对企业社会责任提出了新的内涵和要求。在新的信息技术革命的浪潮下,针对平台型企业的社会责任的特殊性和责任履行的新特点,学者们展开了广泛的讨论和研究。平台企业的利益体除了传统意义上平台背后的所有者之外,也涵盖了平台企业的内部员工、用户、政府单位、社区和社会环境等。更为

---

[1] 参见陈真:《当代西方规范伦理学》,南京师范大学出版社2006年版,第59页。

重要的是,诸多数字平台用户群体庞大,涉及业务范围广泛,已逐渐成为必不可少的公共基础设施,其承担的社会责任内容边界随之拓宽。正是在此发展历程中,企业社会责任展现出越来越显著的权利意味,与人权议题的关系不断拉近,使得企业承担人权义务逐步成为一项共识。

二、"工商业与人权"的理论与实践

联合国工商业与人权的发展历程可以追溯到联合国成立初期,鉴于第二次世界大战带来的人道惨剧,以及"二战"后全球经济的复苏崛起,人权意识不断发展,联合国开始关注工商业在保护和促进人权方面的作用和责任。在全球化的背景下,工商业对人权的影响和挑战愈发突出和紧迫。血汗工厂问题、环境资源破坏攫取、侵扰当地群体文化等各种形式的"人权事件"都包含着工商业的因素。[1]

实践中,工商业带来的不只简单的负面影响,还存在或多或少的人权侵害问题。其中,针对劳工的侵害有同工同酬权、平等工作的权利、休息权、享有家庭生活的权利等多种权利。显然,当下工商业和人权存在广泛深入的事实联系,在全球化的所有国家、地区,不同行业规模的企业及其活动都会对人权造成或大或小的影响。作为应对,"工商业与人权"行动旨在发展强化联合国规则体系对"工商业与人权"的硬性规范,沿循"私法公法化"的理路,有限度地将工商业私主体纳入国际公法体系,使其同时作为国际人权实体规范的责任主体和国际人权实施机制的制度客体。伴随着这一方法的实践和优化,公司企业等私主体从20世纪80年代开始逐渐自发地将人权价值规范引入私法关系和机制中,通过工商业自身的力量去实现、保护和发展人权,从而又产生了公法规范被私法主体和机制所吸收的"公法私体化"现象。

总之,市场经济的全球化带来了诸多人权挑战,工商业对人权的侵害愈发严重,为探索工商业与人权的事实联系,从法规范上找到实现路径依赖。联合国由

---

[1] 参见梁晓晖:《工商业与人权:从法律规制到合作治理》,北京大学出版社2019年版,第12页。

此走上了国际规制合作治理的道路,人权价值逐渐成为全球化下工商业与市场的内在价值与核心原则。工商业也形成了诸多人权规范,例如禁止童工、破坏环境等商业禁令慢慢成为全球工商企业的惯例,企业自身的活动更加受到国际层面人权义务的影响。具体而言,自联合国1948年发表《世界人权宣言》以来,企业作为世界经济发展的核心推动力,相应的人权义务日益受到广泛关注,国际组织先后出台了一系列文件,推动企业的人权义务自柔性倡导转向硬性规范:1976年,经济合作与发展组织(OECD)首次发布《跨国企业准则》,之后又多次修订;1985年,国际劳工组织发布了《关于多国企业和社会政策的三方原则宣言》,鼓励保障劳工权益,并于1993年、2001年、2017年三次修订;2011年,联合国人权理事会通过了《工商业与人权:实施联合国"保护、尊重和补救"框架指导原则》,构成了回应工商业与人权问题的行动指南[1];2014年,联合国人权理事会开始着手制定《跨国公司和其他工商业企业人权问题法律文书》,并在10年间提出了四个版本的条约草案。正是通过这些规范性文件和工作机制,工商业与人权的实践不断深入,为企业承担人权义务奠定了坚实的理论和制度基础。

三、平台义务理论的不断完善

除了企业社会责任理论与"工商业与人权"理念之外,平台义务的相关研究也构成了平台人权义务理论的重要来源。国外关于平台义务的探讨可追溯至20世纪70年代末,近40年经历了"严格—宽松—严格"的钟摆式演进历程。在这一过程中,美国将平台公共性与网络中立性作为课予特殊义务的主要依据,并先后发展出了公共承运人理论、新公共事业理论、经济管制理论。与之相应,欧洲国家关于平台义务的研究主要围绕欧盟的《通用数据保护条例》(GDPR)、《数据市场法》(DMA)、《数字服务法》(DSA)等展开,重点是将"超大型平台"视作承担基础服务的"守门人"。在此基础上,数字守门人的认定标准、具体义务、监管措

---

[1] 参见梁晓晖:《工商业与人权:从法律规制到合作治理》,北京大学出版社2019年版,第19页。

施与法律责任等问题得到了广泛讨论。

　　国内关于平台的法学研究始于21世纪初期,主要关注网络购物中的法律责任问题。近年来,有关于平台义务的研究愈发学理化和精细化,可归纳为宏观与微观两个层面:(1)宏观层面的研究着眼于阐释平台义务的原理、架构和路径等。鉴于平台日益增长的基础服务能力,大型平台往往被施加"守门人"义务,并出现了"反垄断—监管"二元分治、包容审慎监管、穿透式监管等方案。(2)微观层面聚焦于对各类平台责任,主要集中在个人信息处理、不正当竞争、网络暴力、侵权损害等方面。

　　通过梳理可以发现,近年来关于平台义务的论著不胜枚举,主要集中于平台监管和平台治理,涵盖个人信息保护、数据流通、算法决策等数字法学的核心议题,视角多元、内容全面、范围广泛,积累了丰富的理论资源。然而,目前关于平台的研究主要聚焦监管规则和行为规制,涉及的平台义务大多是零散而不成体系的,更遑论将个体权利保障作为平台义务的落脚点。申言之,关于平台义务的研究,要么落脚于网络治理与平台监管,要么着眼于平台经济规范健康发展,对社会成员产生重大影响的权利议题反而被有意无意地忽视了。基于数字人权构造平台义务,不仅是平台治理议题的深化和细化,还可视为从义务论角度延展数字人权理论。

　　综上所述,平台人权义务既可视为基于数字人权的企业社会责任,也可视作"工商业与人权"的数字化形态,还可视为平台义务中的基础核心内容,强调在价值取向选择上,数字平台应当将人权保障作为底线和优先选择事项,避免数字技术对社会成员的异化。本章语境下,平台人权义务主要关注有关于平台企业的数字人权义务,人权是出发点也是落脚点。即除了要求国家保护人权免受企业侵害,还需要企业尊重保护人权,并在具体人权受到侵害时予以适当的补救。追求平台人权义务还有利于实现可持续发展价值目的,可持续发展理论是新时代理论之一,可持续发展要求健康、长治久安的发展,树立平台型企业人权义务,有利于构建健康和谐的数字平台社区,有利于数字平台运行的安全,有利于保护数字平台用户和员工的基本权利。

需要指出的是,尽管联合国在2011年发布了关于工商业与人权指导的框架指导原则,明确了所有的工商企业无论其企业规模、所在行业、市场范围、企业性质和结构都需要尊重人权。但公司企业与国家的人权义务是分别独立的,不存在包含关系,国家为履行人权义务采取的行动,并不会因此消减企业理应承担的人权义务。

第二节　平台人权义务的理论根基

平台人权义务理论是指企业在承担经营业务的同时应当肩负企业人权保障义务。平台人权义务理论既是数字人权理论的重要组成部分,也是公司人权义务理论的新样态。公司人权义务理论是随着经济全球化发展出来的重要理念,但站在传统思维认识层面,企业仅仅是私主体,并不是传统意义上真正的人权义务主体,那么企业为何能够作为人权义务主体？为进一步探究平台人权义务理论,本节试图借鉴社会契约理论、企业公民理论、利益相关者理论和马克思主义人权观,以此证成平台承担数字人权义务的正当性。与此同时,基本权利的水平效力原则也指出基本权利的保护不仅在于垂直效力的国家层面,其效力也可以扩展至私法关系,从而产生水平效力。这一理论同样为平台承担数字人权义务提供了有力的支撑。

一、企业人权义务的理论渊源

（一）社会契约理论

在西方国家,对于社会契约精神的价值认同强烈,而将这社会契约精神用于认知企业性质,则源于科斯的《企业的性质》一书。在这一著作中,科斯认为企业是一系列契约的组合,企业的存在是为了节省交易成本,将某些契约关系转化成长期稳定的企业主体,如企业主雇佣企业工作人员之间构建的劳务契约关系、企业股东长期持有企业股权的投资契约关系等。除了企业内部构建体现出的契约关系,我们也可以从企业对外交往活动中深刻感受社会契约关系,企业在上下游产业链中,不可避免地与它们的供应商和经销商搭建长期合作的关系,通过设立企业主体身份,可以使得这一关系长期化,而这长期化的背后体现的就是企业行为背后蕴含的社会契约理念。从上述情况可以看出,企业行为根本上是一种若隐若现契约间的平衡活动,企业则构成了个体与群体在契约关系之间实现博弈平衡的支点。

上述理论都可称为企业社会契约论,随着经济的快速发展和企业作为社会主体在国际活动中占据越来越重要的地位,针对企业的社会契约理论演变为深层次的综合社会契约论,这一观点认为企业是社会运行的重要部分,企业和社会存在某种约定关系,约定了企业在社会中生存需要担负起作为社会组织重要部分的责任,而社会也会对企业的长远发展也提供各类相应的保障。特别是对企业有利的各种社会资源,企业则利用自身能力去帮助消费者和员工获取利益,从而增加社会的整体利益,以形成"道德基础"和"超规范"。

基于上述理论,又可将企业的综合社会契约大致划分为宏观的和微观的社会契约类型,前者可以容纳所有承认契约的主体,后者则容纳特别的社会主体,如企业、经营所在行业及协会各种机构设定的具体契约,这也是企业承担人权义务的支撑,并和上文提及的"超规范"互补形成一种强制性的契约。据此,企业人权义务能够通过综合社会契约论予以证成:其一,社会契约中的"超规范"互补后形成了一般性的企业人权义务。人权属于人类文明的核心价值,尊重人权是企业在现实生活中生存发展的道德准入门槛。其二,企业内部因企业创建发展需要,应当遵循企业所在国法规范和企业经营所在行业准则与团体规范。其三,企业"微观社会契约"推动企业设立人权义务,追求商誉价值,重视品牌形象建设和企业经营的职业道德。[1]

---

[1] 参见程骞:《公司人权义务的法哲学原理》,武汉大学2016年博士学位论文,第42页。

(二)利益相关者理论

20世纪中叶,利益相关者理论应运而生,这个理论的一个核心要义就是如何明确利益相关者的范围。据此,不单是企业的股东拥有企业利益,企业的员工、消费者和有关社会群体都对企业享有一种利益,这些利益都值得企业的管理经营者们去维护。此后,专家学者从各自不同的视角对利益相关者进行界定。其中可以发现,由于身份不同,享有不同利益的利益相关者对企业产生的效应具有差异性,进而可以将企业的利益相关者划分为三个层次,一是手握企业股权的利益相关者,如董事会成员、高级管理人员等,属于"所有权利益相关者";二是与企业有利益互换的相关者,如企业员工、债权人、消费者、供应商和市场竞争者等,属于经济利益上有依赖的相关者;三是在社会利益上和企业有互动的利益相关者,如政府组织机关、社会新闻媒体以及某些特殊的社会群体,可概称为社会利益相关者。而对于企业人权义务的佐证,利益相关者理论主要提供了三个方面理据:

第一,在企业的需求层面,现代企业所处的商业、社会和国际等环境非常复杂,企业与利益相关者的关系高度绑定,相互依赖影响程度加深。企业为了获得良好的经营环境就必须高度重视利益相关者的利益诉求,而人权无疑是利益相关者中最核心、最关键的底线性内容,倘若企业忽视甚至侵犯利益相关者的人权,不仅在企业内部会遭到反噬,外部也有损企业品牌形象,而企业坚持长期主义,注重企业人权的建设,不仅有利于增加员工工作幸福指数提升效率,也有利于企业塑造良好品牌形象,获得社会对企业的优秀口碑,从而提高商誉,使企业在管理经营、财务融资、员工招聘等各个方面成本下降,最终大幅度减少外界经营和内部管理风险。

第二,在人权的需要层面,企业的经营决策行为深刻地影响到人权。在现实中,处在世界发展中和贫困地区的公民在资本面前毫无议价的权利,比如高污染、高风险工厂作业,严重影响到工人的生命健康权,而企业在内部工作中可以通过一系列手段来帮助工人在高污染、高风险区域作业时实现强有效的高保护措施,从而保障工人生命健康等人权。又如对于众多跨国企业而言,它们可以利用自身优势,降低药物价格保护民众的健康权、增加社会就业岗位来保障劳动权、进行绿色基础设施建设增进环境权。反之,这种自身优势也可以转化为垄断高额利润、纵容环境损害和污染转移。显然,现代企业对利益相关者的人权影响深远,企业在经营时必须考虑并尊重相关人权。

第三,在利益相关者的影响层面,对企业践行人权义务有着完整可行的效力机制,主要从微观层面、中观层面和宏观层面发挥作用。(1)在微观层面,要求企业经营的日常活动和经营战略符合相应的要求,此处企业承担的人权义务来自对日常运转效应的深入分析和基本判断。(2)在中观层面,企业在与政府、金融机构、社会组织和居民等交往中,会对这些社会主体产生广泛影响,此处企业承担的人权义务来自国家机关、社会组织和民众对企业构成的监督强制力。(3)在宏观层面,通过企业原本在宏观社会契约、超规范以及道德原则情形下所形成的治理场域,企业在这里承担人权义务来自社会公共利益和公序良俗对企业的意识形态影响。这套机制的三个层面,从不同维度对企业去履行企业应负担的人权义务形成正向的作用力。[1]

(三)企业公民理论

从20世纪80年代开始,"企业公民"这一概念引发了广泛关注。所谓的企业公民,实际是将企业行为纳入社会运行价值规律考量中和日常经营活动当中,企业在经营过程中必须充分遵守制度规范。考虑到企业公民中企业所取得的业绩和社会保障程度有着深厚联结,所以与之相关的影响因素都应进入审视范围。2003年全球CEO世界经济论坛指出,企业公民包含优秀的公司治理和道德价值、对人的责任、对环境的责任、对社会发展所作出的贡献四个方面。因此,企业公民的要义可归纳为四点,即企业是社会运行的重要实体,企业也属于国家的公民,企业既享受权利也承担责任,企业有义务为社会进步贡献力量。[2]

---

[1] 参见程骞:《公司人权义务的法哲学原理》,武汉大学2016年博士学位论文。
[2] 参见龚天平:《企业公民、企业社会责任与企业伦理》,载《河南社会科学》2010年第4期,第76页。

当然，除了上述研究肯定企业公民理论价值，也有一些对于企业公民的相反意见，这些意见大多意图将企业公民归入为企业社会责任的一个部分。但是笔者认为，企业公民身份能够帮助我们厘清企业在社会发展中所处的关系结构，企业的地位和价值不是一个虚幻的概念，而应该将其认定为一个实体，在法律层面，企业也是能够独立享有权利、承担法律责任的民事主体。虽然对企业公民的理论研究仍有不足，但是企业公民理论足以打破对传统企业目的和性质的认知，能够帮助我们进一步阐释公司人权义务原理，同时也能帮助我们改变企业中利益相关者、商业环境道德和企业责任之间相互割裂的状态。

具体而言，当今企业愈发尊重人权，特别是大型的跨国企业需要寻找一种普遍认可的价值共识，而人权似乎是最适当的价值理念。因此在企业人权问题上积累了丰富的实践经验，除了在国际规则的制定层面，还有企业自身发布的人权践行标准以及企业社会责任报告等形式。然而，目前虽有诸多此类实践行为和标准制定出来，但更多的是应用层面的制度框架，还未真正证明企业践行人权义务和企业盈利能力具有正相关性，而企业公民理论从制度规范的视角辨析企业和人权的互补关系，从多维度证成了企业的人权义务。(1) 在"企业是公民"的理念上，企业属于公民，理应与其他公民一道尊重对方的人权，又因企业公民处在从顺位，应当先尊重自然公民的人权，并在各个方面让步于自然公民人权。(2) 在"企业像公民"的理念上，企业必须注重人权，并作出人权尽责承诺，还须为此制定对应的保护行为准则来守护人权进步事业。(3) 在"企业管理公民"的理念上，社会要求企业做的不单单是"尊重"人权，而应该进一步地制订行动计划，通过实际行动保护自然公民人权。[1]

(四) 马克思主义人权理论

梳理发现，马克思主义对于人权的观点至少指涉以下四端：一是强调人权不是上天自然赋予的，而是具体的、历史的形成；二是人权与社会的经济发展和

---

[1] 参见程骞:《公司人权义务的法哲学原理》，武汉大学2016年博士学位论文。

制度密切相关，人权的具体实现程度取决于社会经济发展程度，人权内涵中的主体、内容和形式随着经济条件的获得程度而变化；三是人权是具有一定的阶级性特征，不同阶级的人对人权的要求和实现程度不同，人权是伴随着国家的产生而产生的，只有通过阶级斗争推翻剥削阶级统治才能实现真正的人权；四是人权的内涵也随着时代的变化而变化等。[1]

据此，马克思主义人权观为我们证成"公司人权义务"提供了有益指引。在思考公司人权义务的时候，我们除了认识到初期人权义务理论在负担上主要由国家承担，还应当以发展的眼光去看待人权义务主体的扩展，实事求是地将某些私主体纳入人权义务主体的范围，使公司人权义务成为与国家人权义务同样重要的概念，改变国家是人权义务唯一主体的传统认知。[2]同时，马克思主义理论的终极追求目标在于实现人全面自由的发展，而人权无疑是人全面自由发展的核心要素之一，倘若对来自私主体的人权威胁视而不见，自然也就谈不上人的全面自由的发展。

二、基本权利的水平效力延伸

基本权利水平效力，又称基本权利第三人效力，是从垂直效力演变发展出来的基本权利学说。在传统的宪法学理论中，基本权利效力只存在于国家层面，强调公民权利免受国家强制力的侵害。然而，伴随着社会结构的复杂化，不少学者认为，基本权利不仅仅适用于国家对个人权利的侵害，也可用于私主体之间的侵害，产生水平效力，从而将基本权利效力及于个体与个体之间、个体与企业以及组织团体之间[3]。例如，德国1919年颁布的《魏玛宪法》就有多项规定支持"水平

---

[1] 参见赵树坤、毛奎：《中国人权研究的主体性觉醒与省思：1978—2018》，载《华东政法大学学报》2019年第1期，第77页。

[2] 参见于亮：《企业人权审慎义务的民事责任维度》，载《人权研究》2023年第2期，第90页。

[3] 当然，基本权利的水平效力理论远比本章节呈现的要复杂得多，亦有不少学者批判和反思这一理论学说，不断澄清其中的误解。囿于本节主题，在此不再赘述，而只是强调在一定情境下，基本权利条款也可用于解决私主体之间的争议。

效力说":其中第118条和第159条强调了人民的言论自由不能被私人间的工作契约限制;劳工运动为目的的结社自由,不得通过私法关系限制。第二次世界大战后工商业迅速发展,企业对人基本权利的威胁不断增大,越来越多的学者认为,基本权利应该具有第三人效力,以司法保护解决立法不足。即为了保护个人基本权利,宪法基本权利效力不再局限于个人与国家的垂直关系,而是调整平等私主体之间的关系,产生基本权利的水平效力。

基本权利的理论研究及法律解释构成了部分基本权利向私法领域延伸的法理基础,不仅提高了宪法的适用性,也使人权保障水平得到提升[1],更有助于契合公私融合的社会需求,回应基本权利社会宪法治理的诉求。[2]在我国司法实践中,也有诸多经典案例间接承认了基本权利的"水平效力"。例如,1988年天津的张某珍、徐某秋的劳动合同纠纷案,因合同中规定了工伤概不负责拒绝赔付。后最高人民法院作出批复表明:劳动者应受劳动保护,这是宪法明文规定的内容,劳动者应有该权利,雇主的行为不符合宪法和法律的规定。2001年的齐某苓案,最高人民法院也确认了陈某琪侵犯了原告受教育的宪法基本权利。虽然后来被最高人民法院审判委员会废止,但是这两个案件也折射出基本权利水平效力理论的广泛影响力。不难发现,公司人权义务从国际法层面萌生,源于全球性企业扩张所引发的人权问题,尔后又在国内法层面与基本权利水平效力、国家行为等理论结合,更细致地关注企业人权义务与责任的层次化和规范化议题。[3]

现阶段,伴随着数字经济高速发展,财富垄断加剧,大跨国公司、大资本家、头部平台型企业利用自身的强势地位对普通群体数字人权的侵害愈发严重,甚至可能成为数字人权最大的威胁。限于信息的不对等和资源的不平衡性,诸多社会公共属性的国家责任转移到私主体。而在我国现有的法律框架中,基本权利在部门法中规定并不完善详尽,诸多数字人权还无法得到制度性保障,尤其是面对数字技

---

[1] 参见郑晓君:《公法价值向私法领域的再渗透——基本权利水平效力与契约自由原则》,载《浙江学刊》2007年第1期,第124页。

[2] 参见许瑞超:《基本权利第三人效力的范畴与本质》,载《交大法学》2021年第1期,第59页。

[3] 参见李莎莎:《企业人权责任边界分析》,载《北方法学》2018年第3期,第118页。

术高速发展所带来的法律空白,数字人权的法律保障面临着诸多困境。基于基本权利的水平效力,对平台课予更多的人权义务无疑是契合时代需求的应因之策。

综上所述,数字平台业已成为我们生活的一部分,而平台公司的规模和影响力空前,公司人权义务自然应当适用于探讨平台的数字人权义务。人权义务主体的扩展说明,并非仅仅只有国家才是人权义务的唯一主体,非国家主体也能构成人权义务主体。平台型人权义务不啻于企业人权义务在数字时代企业的特定形式,但对比之前讨论的公司人权义务,又具有数字时代及平台自身的特点——现行的商业行为不再限于实体上的贸易来往、商品的运输,更有大量的数据交流互动。Facebook、Twitter、WeChat、TikTok、Metu等软件在世界各地不停歇地运行着,这些软件容纳着几十亿的用户规模,便利了全球伙伴的交流、购物和学习等各个方面,但同时也充斥着大量侵害员工、供应商及用户权益的行为,并若隐若现地影响着公共利益和基本权利。数字平台不仅仅是背后平台版权拥有者的运行载体,还是众多企业、创作者等利益相关方共建共享的公共空间。因此平台人权义务不应限于数字平台管理企业的单体责任,而应该扩展至数字平台整个系统的人权义务,其涉及主体广泛、侵害对象多元、侵害手段隐蔽,理应承担一般私主体之外的人权义务。

第三节　平台人权义务的基本架构

前述章节旨在证成数字平台承担数字人权义务的正当性,本节则将重点置于平台如何承担数字人权义务。平台人权义务是一个涉及规范、制度、责任、权力、权利等因素的复杂议题,同时具有鲜明的历时性和国别性特征,往往需要在实践中不断发展、完善,难以一蹴而就。有鉴于此,本节主要内容有二:一是提出以数字人权为平台人权义务构造的价值指引;二是对平台人权义务进行初步的类型化界分。

一、平台义务构造的"权利化"思路

随着平台功能的不断扩展，平台已不再被单纯视为中立的"柜台出租者"，即"网站为买卖双方提供的交易平台其实就类似商场，商场出租它的空间供商家销售商品"[1]，平台被赋予了越来越多的法律责任。除去《个人信息保护法》《数据安全法》《电子商务法》《网络安全法》等法律，我国还先后颁布实施了《国务院办公厅关于加强互联网领域侵权假冒行为治理的意见》（2015年）、《微博客信息服务管理规定》（2018年）、《网络信息内容生态治理规定》（2020年）、《网络交易监督管理办法》（2021年）、《关于进一步压实网站平台信息内容管理主体责任的意见》（2021年）、《网络暴力信息治理规定》（2024年）等一系列政策法规，初步建立了数字平台的责任制度体系。但是，现有制度并不是"权利导向"的，也缺乏统一的价值指引，难免陷入"头痛医头、脚痛医脚"的境地。故而，本节尝试基于数字人权来构造平台数字人权义务，即将平台的数字人权义务分为数字生存权义务、数字自由权义务、数字平等权义务。主要理由指涉三端：

第一，有助于建立呼应数字时代人权需求的平台义务理论。现有研究大多立足于监管视角进行对策性研究，难免疏于论证平台义务的设置基础，也就往往会忽视与平台义务休戚相关的权利保障问题。笔者认为，数字人权作为一种以人为本的价值准则，既构成了研析平台义务的全新视角，也昭示出设置平台义务的目的所在。基于数字人权阐释平台义务的内容，有利于形成严谨的平台义务创设逻辑，增强平台归责的正当性与合理性，夯实平台治理的权利基础。

第二，有助于以人权为价值指引，推动平台义务的体系化构建。无论是在实践还是理论层面，平台义务的设定皆具有鲜明的权宜性、策略性和回应性色彩，更侧重于事后的责任追究。由此一来，施加平台义务不仅缺乏充分的学理依据，还存在着重复、矛盾、不全面等问题，消减了法律制度与公共政策的可预测性。

---

[1] 吴仙桂：《网络交易平台的法律定位》，载《重庆邮电大学学报（社会科学版）》2008年第6期，第48页。

与之相应，数字人权具有整合性功能，本身可视为权利集合的"价值综合体"，也就能够借助"人权/权利"—"义务/责任"的转化机制，通过对主体范围、义务内容、责任机制的构造，将分散的平台义务纳入同一架构，进而形成主体多元、动态开放、结构严整、规范清晰的平台义务体系。

第三，有助于实现数字人权基本理论的细化、深化和反思、再构。如本书开篇所述，数字人权作为全新议题，近年来相关研究逐渐增多。尽管越来越多的学者开始聚焦数字人权的法律保障议题，但相关研究仍然未完全走出概念证立的阶段，数字人权法律保障的主体、内容、对象、路径等基础理论依旧语焉不详。笔者认为，义务主体扩张是数字人权理论必须回应的重要难题，参照数字人权的主要内容类型来阐释平台的人权义务内容，是消解数字人权争议、减少数字人权误解、厘定数字人权界限、完善数字人权学说的必要方式。

进一步而言，平台义务构造的"权利化"思路至少包括三个层级的内容：一是基于数字人权范围界定的平台主体类型化。平台义务涵盖了对不同平台的行为合法性甄别和责任正当性确认，"主体类型化"成为平台义务体系构造的基础要件，决定了平台义务体系如何恰切地区别地对待不同的数字平台。重点需要关注两个方面的内容，一方面需要对平台义务进行"领域精细化"处理，将各类平台义务细分至信息、数据、算法等数字人权的"二级领域"，以便于更清晰地对平台进行归类；另一方面则需要对平台予以差异化区分，即按照主营业务、用户规模、重要程度等标准，将平台予以层次化界分，进而参照数字人权的义务范围，对平台加以结构化的细分。二是基于数字人权多阶构造的平台内容图谱化。沿循数字人权的价值理念，设置平台义务应当以保障人权为最终目的，而数字人权的具体诉求可以衍生出诸种平台义务，所以平台义务体系的内容构造有赖于数字人权的具体化。本书前章节认为，数字人权可初步界分为生存权、自由权、平等权、救济权四类二阶权利，四者则可以再层层细分出更细致的具体权利。据此也就可以建立与数字人权内容相对应的平台义务"图谱"，进而针对不同领域和不同类型的数字平台，体系性、场景化地分配义务内容。三是基于数字人权法律实践的平台责任法定化。责任构造尝试在主体构造和内容构造的基础上，通过理清数字领域"人权/权利"—"义务/责任"之间的复杂关系，实现平台义务与法律责任的相互转化，最终形成一个诸种义务相互协调、逻辑自洽的整体。立足于数字人权的规范构造原理，还必须将平台义务融入现有的法律责任体系，建立应然义务与实然责任之间的转化机制，增强平台义务履行的强制力，从而为平台监管与治理提供法律依据，实现通过"平台义务履行"的数字人权保障。

二、平台人权义务构造的主要类型

平台人权义务的构造有多种方式，而基于数字人权构造平台义务，则展现出鲜明的"权利导向"。笔者认为，平台人权义务包括数字生存权、数字自由权、数字平等权三项实体性义务，以及数字救济权这一程序性义务。

首先，保障数字生存权的义务，即维系公民"数字生存"的义务。在数字时代，人类生活的方方面面都被数字化所渗透，数字化不仅仅是一种技术手段，更是人类生存和发展的必然趋势。基于传统的沟通和传播技术的层级式、封闭性的信息流通结构发生了巨大的变化，这使得人们开始了一种"数字化生存"。这种数字生存权并不是一项免于干涉的权利，而是必须诉诸义务主体的积极作为，即平台有义务保障网络基础设施的可用性。沿此进路，这种保障数字生存权的义务又可分为两方面的内容：（1）数字网络介入义务。互联网接入是公民享有网络设施和服务的工具性权利，是决定个人"数字分身"存在的基础，失去数据接入意味着徘徊于数字化边缘[1]，是个人数字生命的消亡。所以，平台有义务降低网络基础设施的接入与使用成本。在此基础上，平台还应当恪守网络接入的平等性原则，即遵循技术中立原则，不歧视任何技术、内容或身份。（2）允许数据断开的义务。数字生存权不仅包括公民有权进入数字化生存之中，也拥有拒绝接入数据的权利。数字普及并非意味着个人无条件接入其数据，人性尊严的重要性在于每

---

[1] 参见黄晨熹：《老年数字鸿沟的现状、挑战及对策》，载《人民论坛》2020年第29期，第126-128页。

个个体的独立性和自主性,而拒绝数据接入的权利则体现了这种自主性。基于这一权利诉求,平台被课予了删除义务,即依申请及时、彻底而无条件地删除个人数据。

其次,保障数字平等权的义务,即避免公民被"数字歧视"的义务。平等指的是人或事物获得相同的对待,属于人权的本质属性之一,既是一种分配制度,也是一种法律地位。在数字人权语境下,数字平等权具有消极和积极的双重面向,既包括免于算法歧视的消极权利,也包括数据公平利用的积极权利。据此,平台的平等保障义务包括两方面的内容:一是免于算法歧视的义务。算法的商业价值在于个性化分类,也因此有可能造成对特定群体的系统化歧视。免于不合理的差别对待因之成为平台的重要义务。在这一过程中,平台不仅承担着自我纠偏的义务,需要定期检测、校对算法模型,也应当承担算法公开与解释义务,将算法置于公共监督之下。二是数据开放义务。数据要素的特殊性带来了"所有权的终结",加之数据本身蕴藏着巨大的利用价值,拥有海量数据的平台理应在保障隐私和安全的前提下,积极履行数据开放义务。在此基础上,鉴于数据利用的技术门槛较高,平台还宜对用户履行数据利用的扶助义务,从而避免只有"少数人获益"的数据开放。此外,面对不断扩大的数字鸿沟,数字平台还存在一种扶持义务和普惠义务,即同国家机关一道,共同推动公民数字素养的提升。

再次,保障数字自由权的义务,即避免公民被"数字奴役"的义务。自由通常被视为经典人权理论的核心价值之一,诸多人权的具体形态皆是以自由价值为皈依。平台作为数字时代必不可少的基础设施,既可能成为增进自由的载体,也可能成为自由的阻碍与威胁。平台的自由保障义务以"人之尊严"为落脚点,可以从消极和积极两个方面加以理解。在消极层面,平台负有不干涉、不侵犯的尊重义务,即不利用数字技术优势限制个体自由。具体而言,这种尊重义务集中体现为对个人信息、隐私以及网络言论的尊重,为公民个体合法行使隐私权、言论自由权等提供便利。在积极层面,平台负有维系网络空间自由秩序,免于他人侵害的义务。一方面,平台存储的海量数据蕴藏着重大的商业价值,也隐含着巨大的安全隐患,平台有义务加强网络安全建设,以保障用户数据安全;另一方面,平台是重要的言论空间,面对层出不穷的网络谣言和网络暴力事件,平台应当承担一定的治理义务。尽管平台限制用户言论的合法性与合理性存有不小争议,但平台参与网络言论的多元治理当无异议。例如,针对可能发生的网络暴力,平台至少应当承担监测、预警等预防性义务,避免言论自由权被滥用。

最后,平台还承担着一种数字救济的义务,这种义务既具有独立性,也可以视为一项贯穿始终的程序性义务。根据数字救济权的内容,救济义务要求平台不断建立健全听证、申诉等非官方救济机制,公平公正地解决与用户相关的争议。此外,鉴于平台掌握了大量数据,也应当要求平台在一定条件下履行证据协助义务,即个体在司法救济过程中,有权利要求平台提供一定的数据作为证据使用。

第七章　基于数字人权的地方公共数据治理

第六章主要关注了在数字人权关系架构中占据重要地位的"平台",本章则将聚焦"数据"——其构成了数字人权的重要客体,也是整个数字法学领域区别于其他传统法学学科的标志性要素之一。考虑到关于数据权利的论著连绵不断,也为了突出问题意识、集中论证,笔者将数据议题进行范围和层级的双重限缩,即主要在数字人权的价值指引下,讨论地方层级的公共数据治理问题,本章亦将这一问题称为"数据地方主义"。

具体而言,2021年被称为我国数据立法的"元年",这一年《数据安全法》《个人信息保护法》相继颁布实施,形塑了数字法律规范的基本架构。与之相应,近年来地方数据立法方兴未艾[1],全国各省、自治区、直辖市纷纷出台"条例""办法"回应数字时代的发展趋势,"公共数据"因之成为其间的主要议题。这些"自下而上"的公共数据立法实践填补了国家层面的法律空白,也为公共数据的地方治理提供了规范依据,但同时也可能导向区域性的数据区隔与法规不统一,从而导致公共数据领域的"地方割据"。由此笔者认为,当下实际上形成了一种中性意义的"数据地方主义",这种"数据地方主义"既有可能从地方治理的维度增进数字人权,亦有可能成为数字人权的全新挑战。本章聚焦于地方层面的公共数据治理行为[2],意在剖析"数据地方主义"的形成机理、正负功能、合理限度以及应

---

〔1〕 基于《数据安全法》《个人信息保护法》对"数据""信息"的差异化界定,本章提及的"公共数据""数据立法""数据治理""数据地方主义"等概念,主要指涉的是《数据安全法》所界定的"数据"。

〔2〕 结合各地数据立法的措辞,以及"公共"所固有的广泛意涵和价值取向,本章采用了"公共数据"这一措辞,并将之视为包含了政务数据、政府数据等表述的概念。

因之策，以期基于数字人权的价值理念，迈向一种有限的"数据地方主义"，构造公共数据地方治理的理想图景。

第一节　问题缘起："数据地方主义"何以形成

在狭义层面，地方主义一般被理解为"为了地方利益而牺牲国家整体利益的倾向和作为"[1]。但在更广义的层面上，地方主义实际上是一个区别于"地方保护主义"的中性概念，强调"在达成某种国家最低标准和政策优先权的共识框架内，将权力和资源从中央集中控制向一线管理者、地方民主实体和地方消费者转移"[2]，意味着地方在某些事务上获得了更多的自主空间，进而展现出治理的地方性特征与多元化趋向。沿此进路，本章中"数据地方主义"的要义在于：相较于中央层面公共数据立法的语焉不详，地方数据立法呈现出"井喷"之势，地方因之在公共数据的收集、归集、存储、加工、传输、共享、开放、利用等方面发挥着主导性的作用，成为数据治理过程中最重要的主体。这种"地方主义"以数据立法为基础，寓于数据处理与数据应用的全过程之中，也因之成为数字人权的重要影响因素。

第一，数据地方主义是对地方自主性的重述。在法治的语境下，"地方"至少具有三层意涵：一是中央的行政下级，二是国家管理与服务社会的最前沿，三是国家与社会的"结合部"[3]，三者共同构造了一种"中立性"的地方主义概念，即地方主义所强调的乃是一种自主性的、整体性的、区域性的治理体系，加之我国

---

〔1〕张建伟：《超越地方主义和去行政化——司法体制改革的两大目标和实现途径》，载《法学杂志》2014年第3期，第34页。
〔2〕［英］格里·斯托克：《新地方主义、参与及网络化社区治理》，游祥斌摘译，载《国家行政学院学报》2006年第3期，第92页。
〔3〕参见葛洪义：《法治建设中的"地方"》，载《吉林大学社会科学学报》2012年第2期。

宪法所规定的"充分发挥地方的主动性、积极性",数据地方主义侧重于表达地方政府在公共数据事务中的自主地位和主导作用,更加注重"结合本地实际和自身认识而形成的'次级规则与制度'"[1]。而鉴于公共数据事务本身的"技术门槛",数据地方主义主要集中在省域层面,并适度下沉到市域层面,绝非完全的放任自流。

第二,数据地方主义是对数字化行政的延伸。在行政事务的执行层面,一切事务似乎本质上都可视为地方性事务,但对于不同领域的行政事项,自主性程度与内容却是迥然相异的。追根溯源,数据地方主义实质上折射出"公共行政中新型数字技术日益广泛的应用"[2],即数字化行政方式在不断运算公共数据的同时,也源源不断地创造着新的公共数据,正是这种交互性催生与加强了数据地方主义。或者说在地方自主性的架构中,数据地方主义正是数字化行政的必然结果。一方面,数据地方主义指向对公共数据的治理及相应的权限。面对新兴事物,"实践先行、立法滞后"已成为常态,中央层面的语焉不详意味着地方不得不"先行先试"。加上技术本身就具有"自我赋权"的特性,作为公共数据主要生产者的地方政府,也就兼具了"控制者"与"治理者"的双重身份。另一方面,数据地方主义也意味着一种基于公共数据的地方治理,即"数据+算法"贯穿至行政行为的全过程与各个方面,不仅工具性地提高行政效率,而且变革了公共行政的体制和制度。在此意义上,数据地方主义亦是地方数字化行政得以维系的基础条件。

通过以上分析不难看出,数据地方主义本质上可视为一种地方自主性与数字化行政的耦合,其存在与发展无疑具有必然性与合理性,剖判其间原理也有助于揭示公共数据治理的一般原理和发展趋向。但在公共数据权属、流通、利用、治理等规则尚不明确的情境下,数据地方主义极有可能滑向带有地方保护主义色彩的"数据孤岛"与"数据垄断"。展言之,现有关于公共数据的研究方兴未艾,大抵论齐了公共数据的基本性质、价值定位、重要意义和共享开放等问题,并就所

---

[1] 程金华:《地方法制/法治的自主性》,载《中国法律评论》2019年第3期,第49页。
[2] 于安:《论数字行政法——比较法视角的探讨》,载《华东政法大学学报》2022年第1期,第7页。

有制度、交易制度、收益制度等难点进行了多视角的阐论。但却鲜有论著转换视角，聚焦与公共数据密切相关的地方行政主体，更遑论将公共数据嵌入地方治理体系和行政框架中加以审视。由此，如何塑造一种有限且恰当的数据地方主义，既兼顾中央的领导力和地方的自主性，又契合数字时代行政变迁的趋势，还有利于公共数据价值的发挥，并从地方性的视角保障数字人权，就成了审视公共数据法律问题、优化完善公共数据治理结构的全新视角。

第二节　路径解析："数据地方主义"的表现形式

数据地方主义作为一种概称，同时展现出共时性和历时性的特征，即在公共数据领域，数据地方主义不仅昭示了地方相对于中央的重要角色，也描述了地方实践探索先于中央顶层设计的实践逻辑。由此数据地方主义似乎反映了一种"有意为之"的"摸着石头过河"，其以地方立法为制度依据，以对公共数据的一系列处理和利用为显著特征，并融于数字行政法转型的场景之中，对数字人权产生了多方面的影响。

一、数据立法的"地方主义"

虽然《数据安全法》《个人信息保护法》基本明确了数据处理活动的基本准则，也提及"构建统一规范、互联互通、安全可控的政务数据开放平台"，但尚未跟进具体的实施方案、方式和方法，也未专门聚焦公共数据问题。相应地，早在《数据安全法》和《个人信息保护法》颁布之前，地方数据立法活动就已如火如荼地展开，且始终将"公共数据"作为核心议题，由是至少在形式结构的意义上，形成了"地方先行"的局面。

第一，数据立法的"地方主义"在结构上更类似于一种"联邦主义"。在中央层级,《数据安全法》侧重于整体意义上的数据安全保障,《个人信息保护法》则更注重个体层面的信息可识别性,居于二者之间的公共数据立法反而处于空白。由是在可欲性(目标)与可行性(现实)的矛盾中,面对所谓"立法时机不成熟"的情境,"地方立法先行"成了必然选择:一端是数据成为"第五大生产要素"的重要定位,另一端是数据处理和利用的复杂性特征,故而交由地方立法先行先试积累经验,再"自下而上"推动公共数据立法成为均衡两端的应因之策。或许正是基于这一考量,加之《立法法》对市级(设区的市)立法权的范围限制[1],数据立法过程中的地方主义是一种相对有限的"地方主义",主要集中在省级行政区划层面,少有设区的市进行数据立法[2],即公共数据地方立法大多止于省一级,而绝非"一竿子到底"。

第二,数据立法的"地方主义"兼具雷同性与差异性,更像是一种"貌合神离"。公共数据并未摆脱地方重复性立法的窠臼,各地在立法思路、体例设置、核心内容等方面都较为雷同,但依然具有一定的差异性。一方面,地方数据立法并非"全国一盘棋"之下的齐头并进,而是呈现出不均衡的发展态势。正所谓任何地方性法规条例的制定都无法脱离本地的实际资源和实际能力,所以各地数据立法往往同硬件设施、数据积累、经济业态、政策指向等因素密切,以社会治理和产业发展为需求动力,从而呈现出进度不一、规则各异的格局。另一方面,纵观已颁布实施的地方数据立法文本,其重心均在于建立一整套地方公共数据开放共享机制,并遵循了相似的开放共享原则[3]。显然,地方数据立法也未摆脱"复制粘贴、大同小异"的固有弊病,但其间的逻辑分殊亦不可忽视:例如,名称上的差异昭示了不同的立法性质,除去数据、大数据、公共数据等立法对象的不同表述,不少地方立法还冠以"促进"之名。这就意味着,地方数据立法具有规范性和促进性双重功能,前者落脚于社会治理,重在建立或明确数据"权利—义务"法律关

---

[1] 根据《立法法》第81条的规定,设区的市"可以对城乡建设与管理、生态文明建设、历史文化保护、基层治理等方面的事项制定地方性法规",数据事项立法则被排除在外,只能诉诸对"等"字的解释。

[2] 出于简便表述的考虑,这里的省级包括直辖市、自治区。虽然有少数的市级(设区的市)立法,但更多以地方规章、办法的形式呈现,而实质性的规定主要集中在省一级。

[3] 例如,大多都坚持"以共享为原则,不共享为例外"的原则,以及完全公开、依申请公开、不予公开的分级。

系;后者则偏重于有针对性的产业发展,更为强调法律法规对科技与经济的正向促进作用。除此之外,各地数据立法的侧重点也有所不同,即有些地方更关注公共数据的规范管理,有些地方则将公共数据的有效利用作为最主要的立法目的。

二、数据处理的"地方主义"

从流程上来看,数据处理和数据利用构成了地方数据立法的核心内容,而在数据处理过程中,数据的收集、归集以及控制都主要遵循行政逻辑,且皆以统一、排他的省级数据平台为载体,从而展现出鲜明的"地方主义"色彩。

第一,公共数据的收集以地方行政强制力为基础。各地数据立法不约而同地将"统一公共数据平台"作为数据收集的载体[1],而这一平台往往"在一个服务界面提供全部的电子政务服务"[2],通过"一网通办"的外在形式激发社会需求,从而源源不断地汇集各类政务资源和个人信息。其间公共数据的收集也蕴含了"以隐私换便捷"的商业逻辑,但数据平台得以建立和运转的决定性因素依然在于地方行政权力:公共平台获取数据的本质仍在于"有用性"与"同意或退出"的叠加,即数字技术变革助推了行政方式的转变,而在线业务办理的便捷性和可信任性则进一步夯实了"平台政府"的群众基础。易言之,地方性的行政强制力构成了收集公共数据的保障:一方面,行政权力隐含了强制力要素,即公共数据的收集往往与行政职责的履行密切相关,也就意味着某些数据的获取带有一定的强制性,只不过这种"强制"更多是塔尔科特·帕森斯所谓的"假设会强制"[3];另一方面,大量公共数据的收集有赖于与强制力相反相成的公信力。虽然公共数据平台所采集的数据更具有可识别性,但用户往往不加怀疑,缘由就在于对数据平台和数据处理者的信任,即对行政主体的普遍认可消减了对数据滥用和数据泄露的担忧。

---

[1] 各地政务平台的称谓不尽相同,为便于表述,本章简称为(公共)数据平台或统一数据平台。
[2] 胡凌:《论地方立法中公共数据开放的法律性质》,载《地方立法研究》2019年第3期,第14页。
[3] 在这里,帕森斯的表述是"权力会假设由负面的情境制裁来强制执行"。参见Talcott Parsons, *Sociological Theory and Modern Society*, Free Press, 1967, p.308。

第二，公共数据的归集主要依循地方行政逻辑。根据各地的实践，数据归集以"自下而上"为基本原则，将行政层级作为统一数据平台运转的基本架构，从而与我国行政权力布局保持一致，并推动"平台政府"呈现为一个"整体"[1]。在此意义上，地方数据立法尽管存在"促进（发展）法"和"规范（保护）法"的区分，但都带有"授权（力）法"的色彩，即确立了由下而上的公共数据管理原则。而由于中央立法的缺位，数据归集活动实际嵌入在"条块结构"之中：（1）纵向上，数据归集依循"县—市—省"向上集中的路径，实际是传统行政权力的扩充。差异之处在于，借助不断延展的统一数据平台，既有的"牵头部门→职能部门→乡镇（街道）→村（社）"金字塔式行政结构开始呈现出扁平化趋向，进而牵引了数据归集逻辑的变迁，即统一数据平台能够通过"在线跨层级管理"直达基层，减少了数据传递的"中间环节"。而如若统一数据平台最终成为行政工作的唯一电子系统，数据归集层级则将会进一步精简，实现数据的实时收集与传送，进而可能牵引"官僚科层制"的变迁。（2）横向上，数据归集主要依赖于增设新的职能部门。由村（社）到省的极简归集路径更多只是技术层面的理想状态，现实中既受制于诸多客观条件和制度框架，也不可能一蹴而就。目前而言，面对日趋分散和日渐增多的数据，每一政府部门都积累了大量的数据，但这些数据一经产生便处于"孤岛"状态，既不统一也不便民，更无从发挥更大的数据价值。由此，各级政府先后成立独立的"数据主管部门"，负责公共数据的归集汇总和共享开放工作，并因之成为数据处理的"中枢"，为公共数据提供"全生命周期的技术性保障"[2]。也正是在这种"横纵交错"的行政力量与行政框架之下，公共数据处理成为新的地方事权，统一的公共数据平台得以逐步建立。

三、数据利用的"地方主义"

借助有别于传统的强制力与行政架构，地方性的统一公共数据平台日趋完

---

[1] 徐信予、杨东：《平台政府：数据开放共享的"治理红利"》，载《行政管理改革》2021年第2期，第60页。
[2] 参见崔宏轶、冼骏：《政务数据管理中的"数据可用性"》，载《中国行政管理》2019年第8期，第55页。

善。而在持续改进的算法技术和算力支持下,公共数据平台得以区分于静态的资源信息库,日益广泛地应用于各个领域,逐步实现了"从传统的文档管理转向数据治理"[1],其间既包括了行政区划内部的开放共享,也指向隐含各类推断的数据评价,而这一评价实质上依附于地方行政权力,决定了数据应用必然带有"地方主义"色彩。

首先,公共数据平台本身即昭示出"地方主义"特征。有关于数据共享、开放以及平台唯一性的规定,构成了地方数据立法的核心内容,也表达了地方数据立法的主要目的,即在存有诸多争议而不便于进行全国立法的背景下,通过地方性法规推动公共数据的有效共享与有序开放。在这一过程中,排他性的统一数据平台具有基础性的作用,不仅有助于提升公共数据形成与利用的规范化程度,也在实质上生成了迥异于商业平台逻辑的公共数据平台。而基于"技术是实现目的的一种手段"[2]这一基本原理,平台的搭造也就确立了地方对行政区域内公共数据的"统一控制权"。

其次,公共数据的共享开放体现了"地方主义"特征。在搭建地方统一公共数据平台的基础上,无论是数据共享还是数据开放都沿循分级分类的理路,以各部门编制的"数据目录"作为前设性依据,公共数据的利用因之必然显现出"地方主义"色彩:其一,虽然各地立法均明确了"共享为原则,不共享为例外"的数据共享原则,但就目前而言,这一原则主要旨在促进行政区划内最大限度的数据共享。更为重要的是,即便在业已确定的数据目录之下,"受限共享数据"与"不共享数据"的判定标准依然充满弹性,加之公共数据平台的管理者(数据主管部门)对于各层级部门数据的管理并不具有强制力[3],也就可能造成公共数据共享过程中的"地方割据"。其二,面向外部的"数据开放"带有鲜明的"承继"色彩,

---

[1] 高秦伟:《数字政府背景下行政法治的发展及其课题》,载《东方法学》2022年第2期,第183页。
[2] [美]布莱恩·阿瑟:《技术的本质:技术是什么,它是如何进化的》,曹东溟、王健译,浙江人民出版社2018年版,第28页。
[3] 各地立法通常将相对抽象的"人民政府"作为公共数据共享开放工作的主体,而各地人民政府则会交由数据主管部门付诸实施,数据主管部门作为平台的直接管理者也就无权对其他部门形成强制力。作为补救措施,有些地方立法则将同级人民政府作为争议的裁决者。

展现了与"信息公开"相似的结构性：类似于信息公开中的"主动公开"与"依申请公开"，各地立法规定的公共数据开放方式同样有二，即平台主动发布与提出申请获取，从而为各地政府预留了广阔的数据开放裁量空间。此外，无论是《数据安全法》《个人信息保护法》，还是地方数据立法，均未明确界定公共数据开放行为的法律性质，也就排除了行政复议与行政诉讼的救济渠道，意味着对数据共享开放的权力监督和权利救济只能诉诸地方政府部门。

最后，公共数据的评价效力体现"地方主义"特征。在"数据+算法"的平台运行结构中，公共数据具有基础要素的意义，鉴于大数据技术"对数据资源进行分析和开发已成为当代社会创造价值的重要方式"[1]，公共数据本身并不应当是静态的，而是必须在动态的算法运行中彰显价值所在，一旦这种算法运用至行政领域，作为行政决策的依据，即可能产生法律效力——甚至自动化行政已经成为一种重要的行政方式，逐步形成了"信息收集自动化—流程或手续自动化—智能流程自动化"[2]的完整链条，出现了越来越多的自动化行政决策。所以尽管各地数据立法鲜有对数据评价的规定，但在地方主义的公共数据平台运行过程中，基于算法的评价往往"如影随形"，其不只构成了有效利用公共数据的题中之义，也是传统行政权力延伸与扩展的必然。一方面，在"平台式政府"的语境之下，以便捷、高效的地方行政改革为契机，越来越多的行政行为被不断纳入数字平台系统，进而"生产"出结构化的数据。而借助统一的数据平台以及唯一性的身份标识，各类数据能够更加便捷地共享与归集，从而更为轻易、更为全面地勾勒出本行政区域内社会成员的电子画像。另一方面，基于个体数据的行政自动化决策愈发普遍，即便其内在逻辑与运行目的不同于商业算法，但其黑箱属性却是一以贯之的，且数据越集中、量级越大，自动化决策的优势越明显。

沿此进路，地方性的公共数据平台为行政自动化决策提供了充分的要素基础，也就实质上创制了范围更加广泛的评价权力。这种评价权力有时以独立形

---

[1] 齐英程：《作为公物的公共数据资源之使用规则构建》，载《行政法学研究》2021年第5期，第138页。
[2] 胡敏洁：《自动化行政的法律控制》，载《行政法学研究》2019年第5期，第59页。

态出现,成为"预测性治理"的重要手段,有时则贯穿行政行为始终,成为行政许可、行政处罚、行政决策等主要行政行为的重要依据。究其本质,虽然平台构造了统一的数据控制权,但基于公共数据的评价权力却是分散的、地方的:就形式而言,数据主管部门理论上存有同级政府部门的所有数据,且决定着数据共享、开放的范围与内容;在实质层面,公共数据的评价效力依然依附于具体的行政行为,即通过运算公共数据所得出的结论,大多必须与特定的行政权力相关联。在此意义上,公共数据的评价效力具有分散性,其不仅是"地方主义"的,而且是"部门主义"的。

第三节 功能剖判:"数据地方主义"的作用机理

从上文论述可以看出,地方数据立法在形式上确证了公共数据的"地方主义",而由地方立法衍生的数据利用和数据评价规则,则进一步昭示了数据地方主义的内部结构和运行逻辑:在"实践先行,立法滞后,文件治理,政策推动"的情境下[1],地方立法既塑造了统一控制权,也间接确认了行政权力介入公共数据平台的合法(律)性,从而可能对数字人权产生影响。在这一过程中,对于公共数据的控制构成了核心内容,其通过一以贯之的行政逻辑辐射到公共层面,从而产生数据评价的效力。反之,数据评价也可视为行政架构之下,数字时代公共变革所催生的数据需求,而这种需求在行政权力的加持下,最终"聚焦"为数据支配。由此,三者以点、线、面的结构形塑了数据地方主义,如图7-1所示[2]。基于这一"圆锥"结构,数据地方主义呈现出正负双向功能。

---

[1] 宋华琳:《中国政府数据开放法制的发展与建构》,载《行政法学研究》2018年第2期,第40页。
[2] 界定为"圆锥",不仅意在表达公共范围的不确定和具体情形的多样化,也希冀隐喻行政架构如从点到面的"线"一般,具有"无限多"的特征。

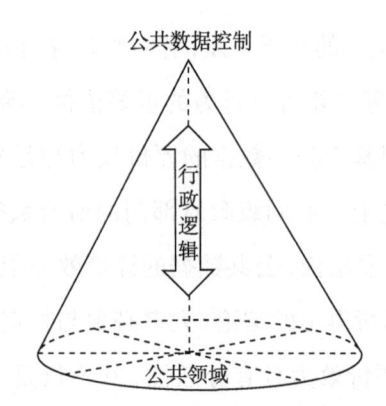

图7-1 "数据地方主义"作用机理简图

一、"数据地方主义"的正向功能

如文章开头所述,笔者将"地方主义"进行中立化的界定,数据地方主义更类似于一种描述性概念,用于描述公共数据治理的地方化趋向,而并非纯粹的批判性与否定性概念。易言之,相较于立法空白和行为无序,数据地方主义有其必然性、合理性乃至进步性所在。

第一,数据地方主义预设了相对科学、合理的立法模式。我国在立法上通常秉承全能主义(整体主义)的立场,强调自上而下、有步骤、有规划地推进法律体系的建构[1]。但受制于数据问题的前沿性、复杂性和多变性,始终缺乏统一的高位阶公共数据立法,由此数据地方主义不仅是权宜之计,还被认为是全国层面数据立法的必由之路,同时也更符合公共数据的发展现状和运行规律。一方面,数据地方主义意味着一定程度的地方自主性,契合于全国非均衡的公共数据发展格局,有助于回应各地不同的公共数据法律需求。在此基础上,数据地方主义不仅能够通过"地方立法竞争",为全国立法积累经验,也便于为统一立法提供多样性的参考模式。另一方面,我国当下的数据地方主义并不是完全"支离破碎"的,而更像是将公共数据事项由中央"暂时转移"至省级行政区域。这一结构安排实际沿循了从局部到整体的理路,有利于自下而上地形成公共数据法律体系,增强了

---

[1] 参见马长山:《国家"建构主义"法治的误区与出路》,载《法学评论》2016年第4期。

今后全国性公共数据立法的可操作性。

第二，数据地方主义塑造了公共数据治理的法律秩序。正所谓"立法的最终目的是建立一个法律秩序"[1]，公共数据地方立法亦是法律自身秩序化需求的重要体现。由此数据地方主义获致了规范意义：通过地方立法，不仅明确了处理、利用公共数据的正当性基础，也同时将之纳入法律规范体系，意图使之成为一类有限的权力。具体而言，则主要指涉以下三端：一是对权力范围的限定，即数据的处理、利用以及评价行为，必须以"公共事务职能"与"公共服务过程"为界。地方立法大多依循"特定主体+特定目的+特定行为"的判定基准[2]，以此避免公共数据成为一个"至大无边"的概念，并据此限定了权力职责主体。二是对权力内容的规范。根据各地数据立法文本，职责内容主要寓于关键概念之中，即各地数据立法关于适用范围和数据处理行为的列举性阐释，构成了公权力的主要内容，具体表现为对公共数据收集、归集、存储、加工、传输、共享、开放、利用的权力。三是对权力平台的统一。我国语境下的"数据地方主义"大多也意味着省级区划内的"整体主义"，即以统一的公共数据平台作为数据收集、归集以及共享开放的载体，从而确保了省域范围内法律秩序的统一。

第三，数据地方主义建构了治理取向的智慧平台。"数据地方主义"并不只是对静态的数据法律规范体系的描述，同时表达了动态的地方数据治理的自主趋向，希冀在整体政府理念的指导下，更好地实现公共服务、政府内部整合。基于法律的社会控制功能，数据地方主义构造了区域性的法律秩序，并以此搭造了"平台政府"的基本架构，展示出数字时代的智慧治理趋向。数据地方主义体现了差异化的地方治理需求。"治理体系的一致性"与"治理功能的差异性"之间的张力决定了中央和地方采用同一种法律运行体制势必出现不同的治理效能[3]。所

---

[1] 朱振：《立法的法理学——一种社会理论的进路》，上海三联书店2022年版，第175页。
[2] 郑春燕、唐俊麟：《论公共数据的规范含义》，载《法治研究》2021年第6期，第72页。
[3] 杨志军：《中央聚合——地方封闭政策体制及其更新：国家治理现代化的政治资源再造》，载《学术月刊》2022年第1期，第99页。

以,数据地方主义实际折射出我国当下数据发展的不平衡格局与差异化定位[1],加之公共数据本身就指向特定的公共空间,数据地方主义因之构成地方"平台政府"的前提性要件。此外,如若将数据广义理解为一种治理工具,则其必然体现出地方治理的自主性。以"一网统查、一网统管、一网统抓"的数字化治理和自动化行政为契机,公共部门越来越多地依赖自动化决策系统、算法等机制,以期实现传统行政方式的数字化转型[2],传统的网格化治理随之逐渐扁平化、网络化,而这一趋向所隐含的去中心化和多中心治理,则昭示了数据地方主义的价值取向。在此意义上,数据地方主义乃是地方治理现代化与地方数字化改革的应有题中之义。

二、"数据地方主义"的负向功能

以上三方面试图证明,"数据地方主义"作为描述性、总结性概念,其存在既有必然性,也有必要性,在当前情境下不宜一概全盘否定。反之,我们还应当维系一定限度的数据地方主义,以保有地方数据治理的自主性与积极性。然而在单一制的整体架构之下,鉴于数据所蕴含的巨大价值,"数据地方主义"的负向功能亦是不可避免和显而易见的。从数字人权的视角出发,主要指涉以下三端:

首先,数据地方主义容易导致"数据割据"。数据如欲真正成为市场要素,公共数据的流通与利用乃是关键性因素,而地方主义所固有的区域特征则可能消减公共数据的应有价值。一是可能加剧省际的平行区隔。按照当下的立法趋向,统一公共数据平台一般以"省级"为单位建立且在行政区域内具有唯一性。长远而言,这种安排有助于化繁为简并推动全国数据共享,但在缺乏中央立法统摄的情境下,这种平行结构既可能造成数据质量参差不齐、运行标准各异,也有可能加剧数据孤岛和数据垄断的趋向。易言之,当下的地方数据立法只是减少了公共

---

[1] 各地公共数据立法的目的其实是有差异的,例如,上海的公共数据立法更偏重数据授权运营;深圳的公共数据立法更关注数据确权;贵阳的公共数据立法与政策导向密切相关,将数据安全放在首位;浙江的公共数据立法更具有针对性,将非公共数据排除在外,与全省的数字化改革基调保持一致。

[2] See Cary Coglianese, David Lehr, *Transparency and Algorithmic Governance*, Administrative Law Review, Vol.71:1, p.1-9(2019).

数据平台的数量，并不必然最终走向全国统一的公共数据平台。而基于"长期以来全能型行政模式的路径依赖"，地方行政机关面对自有公共数据所潜藏的巨大利益，就有可能"逐渐发展出与中央不一致的利益结构"[1]，于是必然将增加未来建立全国性公共数据平台的难度。二是可能带来省域内部的数据单向流通。"数据割据"不仅表现为横向的区隔，也体现在省—市—县的垂直结构之中。理想情境下，公共数据平台的运行模式应当是双向互动和多中心的，但在缺少中央制度性限制的情况下，地方主义往往容易变为"自主性非常态扩张和自利性的畸形化"[2]，出现纵向层级的"数据部门主义"，因而当下的"数据地方主义"更多依赖于基于行政命令的"自下而上"的数据归集，而鲜见自上而下的"数据回流"[3]，这种单向性既可能影响到"数据上交"的积极性，也将导致省域内部纵向维度的"数据断裂"，进而上行下效，逐渐产生"公共数据部门私有化"的观念。三是可能引发交互需求的不平衡。数据地方主义体现出地方自益性，而公共数据共享的根源则在于"互惠性"，但在公共数据区域需求分布不均衡的背景下，数据共享就可能失去"互通互利"的物质基础，成为一种单向的输出而缺乏持续性。此外，政府机关内部的数据共享也呈现出供需不均衡的状态[4]，也就可能进一步消解数据共享的现实动力。同时，基于数据所蕴含的巨大价值，非公共机关和个人定然希望数据开放体量多多益善，但公共数据开放本身还伴随着个人信息保护、内容范围争议、数据脱敏处理等一系列问题，其更像是一项纯粹的"负担"，也就加剧了"数据割据"和"数据保守"的趋向。总之，数据地方主义不得不面对区域发展不均、部门供需失衡、内外定位矛盾等问题，而这些问题又在一定意义上决定了数

---

[1] 参见郑永年：《中国模式：经验与困局》，浙江人民出版社2010年版，第161页。

[2] 徐晨光、王海峰：《中央与地方关系视阈下地方政府治理模式重塑的政治逻辑》，载《政治学研究》2013年第4期，第32页。

[3] 当然，这种情形可能也与地方的数据需求与数据应用能力相关。即越靠向基层，利用数据的条件和需求就越小。但正所谓"能不能"和"有没有"是两个层面的问题，过多强调客观限制，反而会使基层数据利用陷入不良循环。

[4] 例如，公安、税务等部门掌握的数据更为全面、准确，用途也更广泛，所以更多时候扮演了数据供应方的角色，且对其他部门的数据需求则相对较少。与之相应，司法机关、教育系统等存有的公共数据则不够"实用"，更多时候是向其他部门"要数据"。

据地方主义本身的正当性。

其次,数据地方主义可能加剧数字化行政的现实挑战。数字技术重塑了公共行政的范式,由此在数字政府的架构下,以公共数据为"原料",算法行政、数字行政法、自动化行政决策等实践愈发普遍,这些实践以数据地方主义为前提,即以对地方公共数据的利用为基础,固然展示了决策更准确、更高效和更公平的潜力[1],但也随之带来了根本性的变革与一系列的挑战:一是个人被"物化为数据集的投影"[2],不仅可能消减人的主体性地位和目的性价值,也会在一定程度上架空法律平等原则;二是"算法黑箱"导致行政相对人——甚至行政机关无法了解行政行为作出的依据和理由,也就失去了反驳、申诉以及建议的空间[3];三是"依法行政"这一基本原则受到威胁,程序正当性难以落实,且相应的责任难以追究。与之相应,除去上述公共数据利用所产生的行政自动化难题,数据地方主义作为一种公共数据治理的地方性框架,不但无助于回应以上挑战,反而有可能加剧数字行政的正当性危机。一方面,数据地方主义意味着一定程度的封闭性,掌握的公共数据必然以本地为主,于是面向其他"外来"行政相对人的自动化行政决定,就有可能产生偏差,间接造成地域歧视。更为重要的是,这种数据地方主义与"黑箱式"的行政自动化或许会进一步凸显行政体制自身的封闭性、官僚体系的封闭性和政府运作的封闭性,致使公共事务与普罗大众进一步脱节。另一方面,数据地方主义必然意味着一定的自利性,即在公共数据领域"逐渐成为相对独立的'利益主体'"[4],所以在缺少明确上位法规则的情形下,面对程序正当和行政效率的抉择,公共部门往往更趋向于后者。而在缺乏足够外部介入的情况下,公共部门并不存在主动进行算法解释的动力,更难以进行及时的自我修正和自我责任追究。除此之外,数据地方主义意味着各地的差异性,加之公共数据的利用过

---

[1] 参见[澳]莫妮卡·佐尼鲁特等:《法治与政府决策自动化》,廖建凯译,载《理论月刊》2020年第11期,第119-120页。

[2] 王怀勇、邓若翰:《算法行政:现实挑战与法律应对》,载《行政法学研究》2022年第4期,第105页。

[3] 一般而言,行政决定的作出通常包括三个阶次,即找到正确的依据、作出正确的解释、进行妥当的裁量,但在自动化行政的过程中,三者的结构不复存在,且解释和裁量的环节隐而不彰。

[4] 吴东镐:《我国中央与地方关系的法治化议题》,载《当代法学》2015年第4期,第15页。

程中必须考量个人隐私、第三人人格权益等因素,就更可能造成全国范围内的行政不统一。

最后,数据地方主义并不能解决所有与公共数据相关的问题。根据"中央—地方"立法权限的划分,地方只能就《立法法》第8条列举的事项只能由法律进行规定[1]。尽管其间的诸项内容具有开放性和可解释性,但数据之于社会运转愈发重要,也就意味着某些对数据事项的规定将会不可避免地触及"法律保留事项",从而决定了数据地方主义的局限性。一是有关于公共数据的法律规定可能会涉及"民事基本制度"和"基本经济制度"。目前而言,公共数据立法的实质性内容主要集中在数据的平台载体、收集归集、共享开放、安全管理等方面,以此建立起了公共数据的基本制度框架。然而,上述规定却难以全面回应实践当中的某些痛点和难点。例如,有关于公共数据的权属、运营和流通实际是整个制度框架的核心所在,同时也被拔高为"数据法的皇冠明珠式问题"[2],但在《民法典》尚且有意"搁置"数据权属问题的背景下[3],这些根本性的问题显然不是地方立法所能解决的,即便其间未触及法律保留事项,也可能会因为属于一般性、普遍性的问题而产生争议,如此一来,也就疏离了立法供给与实际需求,即地方公共数据立法亟待回应的问题,恰恰是地方无法解决的问题。二是数据地方主义无法回应行政救济问题。面对公共数据这一"新生事物",将重点聚焦于"建章立制"并无不妥,但公共数据立法的宗旨并不止于数字化的档案存放,而是需要在运算过程中体现其价值所在。而这一过程又势必伴随着归属、隐私、效力等一系列分歧,面临着"法律性质不确定、利益权属不明确、主体权限不分明"[4]等诸多论争,产生有关于公共数据的司法争议和权利救济难题,数据地方主义则难以为争议解决

---

[1] 当然,按照《立法法》第9条规定,某些属于第8条的事项可以先行制定行政法规。国内学界一般将《立法法》第8条等视为中国的法律保留制度,但也有学者认为这一条款指向的是"立法保留"而非法律保留,笔者则赞同通说。相关争论及理由可参见孙展望:《法律保留与立法保留关系辨析——兼论立法法第8条可纳入法律保留范畴》,载《政法论坛》2011年第2期。

[2] 戴昕:《数据界权的关系进路》,载《中外法学》2021年第6期,第1562页。

[3] 我国《民法典》第127条规定:"法律对数据、网络虚拟财产的保护有规定的,依照其规定。"

[4] 商希雪:《政府数据开放中数据收益权制度的建构》,载《华东政法大学学报》2021年第4期,第59页。

和权利救济提供直接、明确的解决方案。具体而言,一方面,公共数据处理、共享、开放等行为的法律性质尚无定论,而地方数据立法又无法直接定性,意味着法律救济无法有效进行;另一方面,数据地方主义并不关注个体的权利问题,由是按照"有权利,必有救济"的逻辑,与公共数据相关的救济诉求通常缺少权利基础,即地方数据立法更多是构造了一种"法秩序",而无意或无力创设"请求意义上的权利"[1],因此也有可能导致数据地方主义成为一种脱离民众的"专断"。

除此之外,数据地方主义还可能增加立法的整体成本。如前文所述,自下而上的立法模式固然提供了不同的"地方样本",得以为全国公共数据立法积累经验,但这一进路却可能在无形中增加了立法成本。一方面,地方数据立法并非总是体现地方色彩或地方特色。按照《立法法》的要求,地方立法应当立足于"具体情况和实际需要",但受制于立法体制和立法水准,公共数据领域未能脱离"重复性立法"的窠臼:地方立法对于公共数据收集归集、共享开放、安全管理的规定大同小异,不仅鲜有创新性突破,还无法有效反映地方治理的真实需求,在徒增立法成本的同时,也可能消减数据地方主义的正当性基础。另一方面,虽然各地数据立法大同小异,但立法文本只是数据地方主义的静态维度。在公共数据实践过程中,不同地方的运行机制往往迥然相异,诸如数据规格、流转规范、利用程序等动态要素不尽相同,长此以往即会形成"制度依赖"和"行为惯性",最终势必将增加全国统一立法的操作难度和实施成本[2]。

第四节 机制完善:"数据地方主义"的人权治理策略

显然,数据地方主义体现了公共数据治理制度演化的一般规律,对于规范公

---

〔1〕 张翔:《基本权利的规范建构》,高等教育出版社2008年版,第19页。
〔2〕 当然,这里的一个前设在于,基于单一制的架构,我们需要一部全国性的统一公共数据法律。至于是否需要统一立法,或曰全国统一立法的合理性,将会在下一部分详细讨论。

共数据处理活动亦多有裨益。但是，这种数据地方主义既有可能滑向"数据割据"，构成全国统一公共数据立法的潜在障碍，也有可能侵害数字人权。由此引申出的问题在于，如何基于数字人权的权利保障和权力规范目标，迈向一种更加恰切的"数据地方主义"，从而扬长避短，发挥数据地方主义的最大效能。

一、宏观层面：全国统一数据立法的合理性证成

在单一制的框架下，全国人大及其常委会的立法具有天然正当性，由此推导出"法制统一"毋庸置疑[1]。但具体到特定的立法事项，全国统一立法未必是显而易见的结论，而是应当着眼于立法效果，进行前后相继三个阶段的正当性证成，最终确立全国统一数据立法的基本方向，作为对数据地方主义的有力限制和有效补充。

首先，功能论证的过程，即研析全国统一立法的必要性。直觉上，既然地方公共数据立法不能解决所有问题，且其间诸多根本性问题涉及"法律保留事项"，那么全国性立法就是一种必然。同时，全国性流通也是数据利用的应有题中之义。但上述观点只是初步的论证，更为精细的功能论证还要考虑功能的整体性和有效性。一方面，全国统一立法的理想状态在于，既能够弥补数据地方主义之不足，又能够维系其原有的正向功能。具体而言，地方立法构造了公共数据治理的基本法律框架，全国统一立法在实现"全国一盘棋"的同时，并不必然破坏这一框架，也未必导致地方自主权限的消减。恰恰相反，当下"雷同"的地方立法文本可能反而为统一立法提供了更多"便利"——至少在规范层面，既然各地法规大同小异，那么在全国统一立法过程中，就完全可以吸收地方共同（共通）的法律机制作为基础。另一方面，按照立法的有效性和目的性原则，全国统一立法的一个重要前提在于，其能够有效规定公共数据的一系列根本问题，弥合文本与实践之间的疏离，即立法技术足以支撑立法目标。一般意义上的"数据法"之所以"难产"，重要原因在于难以沿袭既有的法学理论界定"数据"，加之近几年数字技术

---

[1] 参见杨世健：《法制统一的反思：中央与地方立法权限的界分及冲突解决》，载《南京大学法律评论》2006年秋季号，第48页。

突飞猛进的发展，相应的公共数据立法自然无法触及权属、运营、流通、收益等核心问题，甚至于出现了"所有权终结"的危机[1]。然而随着地方实践经验的积累以及学界研究日益精细，解决上述难题获致了更多的可能性。更为重要的是，近几年党中央、国务院多次强调"加快培育统一的技术和数据市场"，由是法律制度就成了实质性推动数据成为"生产要素"并形成交易市场的重要保障，从而在现实层面增强了统一立法的紧迫性。

其次，"穷尽解释"的过程，即考量是否需要制定新法新规。正所谓"解释之边界在于可能的文义范围的极限"[2]，如果通过对既有法律规范的解释和推演足以涵摄地方数据立法难以解决或亟待解决的问题，那么工作重心就应当在于法律解释。具体而言，这一判定过程主要指涉三端：一是对《数据安全法》的考量。这一法律确立了"数据分类分级保护制度"（第38条、第42条）和责任主体范围（第43条），并且专章规定了"政务数据安全与开放"，但其间规定大多是原则性的[3]，从中也就难以推导出有关于公共数据权属、运行等方面的规则。二是对《个人信息保护法》的剖析。《个人信息保护法》并不直接处理公共数据问题，但有鉴于数据和信息绝难截然二分，公共数据的处理过程也就必须避免对个人信息的不当后果，因之专节设定了"国家机关处理个人信息的特别规定"[4]。显然，《个人信息保护法》从相反面强调了处理公共数据"不得为"的范围，即实质上确立了公共数据活动的界限，但并未正面设定运行规则。三是修改《政府信息公开条例》的可能性。基于"公共数据"与"政府信息"的外观相似性，有学者将"公共数据开

---

〔1〕 相关论述可参见［美］亚伦·普赞诺夫斯基、杰森·舒尔茨：《所有权的终结：数字时代的财产保护》，赵精武译，北京大学出版社2022年版。

〔2〕 ［德］卡尔·拉伦茨：《法学方法论》，黄家镇译，商务印书馆2020年版，第461页。

〔3〕 例如，第38条中规定，"国家机关为履行法定职责的需要收集、使用数据，应当在其履行法定职责的范围内依照法律、行政法规规定的条件和程序进行"，限定了行政机关的职权，但从中难以推导出公共数据本身的运行规则，也可能限制行政机关对公共数据的利用。又如，第41条中规定"国家机关应当遵循公正、公平、便民的原则，按照规定及时、准确地公开政务数据"，第42条中规定"构建统一规范、互联互通、安全可控的政务数据开放平台，推动政务数据开放利用"，都是原则性的宣言，而无更具体的内容。

〔4〕 《个人信息保护法》第33-37条专门就国家机关处理个人信息进行了规定，将国家机关纳入《个人信息保护法》的范畴，并明确以"履行法定职责"作为处理信息的限度。

放"界定为政府信息公开的"3.0版本"[1],也就可能通过修改现有立法来契合新的公共数据开放需求。但随着我国数字化改革的持续推进,即便"公共数据开放立法同政府信息公开立法不存在本质差异"[2],学者也愈发清晰地认知到二者的"貌合神离"[3]:虽然解决好公共数据的开放共享问题意味着作为基础的权属、收益等问题必然得解决,但公共数据的意涵远不止"开放共享"。而且将上述问题置于《政府信息公开条例》,必然会冲淡这一条例固有的立法目的[4],最终导致逻辑上的断裂。四是其他的法律法规和政策。尽管《民法典》《电子商务法》等重要法律都关涉个人信息和数据问题,但鲜有条文指向"公共数据",更遑论从中推导出公共数据的运行规则。此外,除去早先的《促进大数据发展行动纲要》《政务信息系统整合共享实施方案》,党中央、国务院近两年先后在《要素市场化配置综合改革试点总体方案》《法治政府建设实施纲要(2021—2025年)》《"十四五"推进国家政务信息化规划》等政策文件中反复提及数据融合、数据共享开放、数据流通交易等概念,明确了基本架构和发展方向。不过其间内容毕竟是纲领性的,难以从中直接推导出确定性的法律规则。正所谓"如果衣服出现了褶皱,我们司法机关可以用熨斗把它熨平,但如果衣服上出现了一个大洞,这个织布的工作是立法机关的事"。循此而论,即便采用最宽泛的解释方法,也难以回应公共数据理论与实践的核心议题,由是立法创制活动就成了最直接有效的路径。

最后,位阶选择的过程,即目前究竟采用"法律"还是"行政法规"的方式立法。不少学者认为,有鉴于数据产业尚处于萌发和快速发展阶段,直接采用制定法律的方式似乎操之过急,也将会压缩未来灵活调整的空间,徒增"试错"成本,所以可先由国务院颁布行政法规,待未来时机日渐成熟时,再由全国人大常委会

---

[1] 参见周汉华:《打造升级版政务公开制度——论〈政府信息公开条例〉修改的基本定位》,载《行政法学研究》2016年第3期。

[2] 参见肖卫兵:《论我国政府数据开放的立法模式》,载《当代法学》2017年第3期,第47页。

[3] 参见宋烁:《政府数据开放宜采取不同于信息公开的立法进路》,载《法学》2021年第1期。

[4] 不少学者指出,公共数据开放和政府信息公开的目的是迥然相异的,前者以公共数据的有效利用为目标,后者则致力于实现公民的知情权和监督权。相关论述可参见Beth Simone Noveck, *Rights-Based and Tech-Driven: Open Data, Freedom of Information, and the Future of Government Transparency*, Yale Human Rights and Development Law Journal, Vol.19:1, p.1-4(2017)。

专门立法[1]。这种"两步走"的折中策略，既重视解决当下有关于公共数据的迫切问题，又看到了立法基础薄弱的现实，且有"家族相似性"的《政府信息公开条例》作为先例。但是，这一权宜之计却可能不具有可行性和必要性：一方面，虽然行政法规的效力高于地方性法规，但对于地方数据立法难以解决的关键性问题，行政法规同样无能为力。例如，数据权属、流通、交易和收益分配等问题在本质上涉及民事基本制度和基本经济制度。另一方面，雨后春笋般的地方数据立法业已反映出公共数据活动日趋普遍，意味着实践中的各类问题将会持续不断地显现，"立法时机"势必在各类不断铺展的公共数据活动中日渐成熟。

申言之，结合《政府信息公开条例》的立法实践，条例的制定亦需要成本和时间，一旦制定条例，则"法律—行政法规—地方性法规"的结构层次就会显得略为冗杂，从而"拖延"人大及其常委会的立法进度。更为重要的是，制定行政条例意味着将公共数据纳入行政法体系，将其视为政府的一项职责，但公共数据相关行为的性质却聚讼纷纭——诚然，公共数据的收集、归集、共享、开放以及平台建设可以归结为行政法问题，但相应的权属、流通、收益等问题却远远超出了"行使行政权力，履行行政职责"的范畴，即公共数据立法不宜仅仅停留在"管理法""规范法"层面，还应当具有"权利法"（授予私主体权利）的色彩。沿此进路，制定行政法规就显得不够恰当，而是有必要诉诸全国性法律。

二、中观层面：央地数据立法权限的精细化界分

上述内容确证了全国统一立法的必要性，与之相应的观点则在于：既然中央立法为大势所趋，且目前存在大量重复性的地方数据立法，那么不妨限制地方立法活动，以避免浪费无谓的资源并陷入同质化、"鸡肋化"的困境[2]。在笔者看来，结合前文对数据地方主义的剖判，法律创制活动只是数据地方主义的一个方面，

---

　　〔1〕　相关论述可参见宋华琳：《中国政府数据开放法制的发展与建构》，载《行政法学研究》2018年第2期，第40-46页；刘权：《政府数据开放的立法路径》，载《暨南学报（哲学社会科学版）》2021年第1期，第96-97页。

　　〔2〕　参见刘畅：《各地竞相为数据立法，有何意义和局限？》，载百家号2021年11月30日，https://baijiahao.baidu.com/s?id=1717851655635952633&wfr=spider&for=pc。

中央统一立法构成了公共数据治理的框架与"底座",未必意味着数据地方主义的消亡,而是宜指向一种恰切、有限的"数据地方主义"。其间,最为核心的即在于划分中央与地方的数据立法权限,进而为迈向有限、合理的"数据地方主义"奠定基础。然而,我国《立法法》等法律法规所涉及的"法律保留事项""地方性事务""不抵触"等概念皆是变动不居且充满主观色彩的,由此也就需要在地方立法权配置的整体框架下,以数字人权保障为导向,更加精细地考量地方数据立法的权限范围。

首先,厘定地方立法权限划分的标准。我国《立法法》第8条规定了中央的"专属立法权",第72条、第73条、第82条则共同明确了地方立法的情形,其间的标准主要涉及"法律保留事项""地方性事务""不抵触"等概括性表述,由此学界在反复研论后,在"重要程度"的一般性标准基础上,将"影响范围"作为权限划分的补充标准[1],即"凡是影响范围为全国的,则由中央立法;影响范围为地方的,则由地方立法"[2]。沿此进路,"全国范围+重要事项"当属中央立法范围,"地方范围+非重要"宜属于地方立法范围[3],而"地方范围+重要事项"与"全国范围+非重要事项"则属于共同立法事项。

但是关键之处在于,后两者所指向的"共同立法事项"依然处于不确定的状态,于是又先后出现了"立法权性质标准""财权与事权相统一标准""公共服务标准"等论说[4]。具体到公共数据领域,上述标准为其立法权限划分提供了镜鉴,

---

〔1〕 参见封丽霞:《中央与地方立法权限的划分标准:"重要程度"还是"影响范围"》,载《法制与社会发展》2008年第5期,第37-49页。

〔2〕 崔卓兰等:《地方立法实证研究》,知识产权出版社2007年版,第93页。

〔3〕 参见刘雁鹏:《中央与地方立法权限划分:标准、反思与改进》,载《河北法学》2019年第3期,第23页。

〔4〕 立法权性质说认为,涉及地方的一部分重要事项,可以暂时由中央立法予以规范,待时机成熟,再交由地方调整;涉及地方的非重要事项和一部分重要事项,划为地方的专属立法权(参见孙波:《论地方专属立法权》,载《当代法学》2008年第2期,第117-126页);"财权与事权相统一标准"则认为,若立法获益方是地方,事项实施主要依靠地方财政,地方立法成本低,立法效益更高,则该立法事项属于地方;若立法事项属于跨区域事项,且事项实施主要依靠中央财政,则由中央立法,立法效益更高(参见刘雁鹏:《中央与地方立法权限划分:标准、反思与改进》,载《河北法学》2019年第3期,第20-28页);"公共服务标准"强调,中央立法的定位系制定为提供公共服务所设置国家机构、组织、制度等内容的框架性法律和部分直接规范公共服务的组织、运行的细则性法律,地方立法则系制定细则性法律。央地之间细则性立法事项的权限划分应当以"便利服务"为标准(参见沈广明:《论中央与地方立法权限的划分标准——基于公共服务理论的研究》,载《河北法学》2020年第4期,第88-102页)。

但具体标准的建构还必须考虑到公共数据两个方面的特殊性:第一,公共数据具有特定的地域指向性,然其基于快速传播所产生的效果可能具有跨区域乃至全国的影响力。对于虚拟的公共数据,简单地以物理空间因素来判定影响范围,无异于缘木求鱼;第二,立足于"数据"与"信息"的区分,公共数据的重要性需要在数据集合与数据流动的过程中才能显现,且这种重要性往往又是隐蔽而变动不居的,因此对于"重要程度"的判断必须跳出公共数据本身,转而聚焦于公共数据的应用效果。

其次,对公共数据事务进行类型化界分。宏观立法权限理论设定了一般性的框架,但立法语言的模糊性极大影响了中央与地方之间的立法权限划分[1],由是更加精细的公共数据立法权限划分,不仅需要考量其间的特殊性,也应当与具体的公共数据事务相照应。沿此进路,就有必要对公共数据所涉及的事项进行分类。而按照最为基本的"数据生命周期",则可将公共数据事务分为四大类。其一,确定公共数据本身的内容范围。何为"公共数据"是公共数据立法必须面对的首要问题,尽管各地立法文本给出的定义大同小异,但在实践中还是会出现有关具体内容的争议,隐含的核心工作因之有二:一是"公共"的指向范围,即什么样的数据才可视为"公共的"。二是"数据"涵盖了怎样的内容,如何与信息、符码等概念区分开来。其二,公共数据处理的法律制度架构。这一部分事务侧重于公共数据管理,主要包括数据的收集、归集、应用、共享、开放、安全保障等工作,以及相应的机构设置、职权分配、平台载体等事项。其三,公共数据的利用规则。如何充分利用海量的公共数据资源,既是当下学界的热点,亦是实践中的难点所在。其中又包括了分级分类、目录编制、权属确定、交易规则、流通规范等任务。其四,公共数据应用的法律后果。如若从动态的视角审视公共数据,还必须关注应用公共数据所产生的法律效力,以及相应的公权力主体责任机制和私权利主体救济机制。以上分类大抵囊括了公共数据事务的基本内容,因之构成了中央

---

[1] 宋方青、姜孝贤、程庆栋:《我国地方立法权配置的理论与实践研究》,法律出版社2018年版,第149页。

与地方数据立法事项划分制度化、法制化的前提基础。

最后,公共数据立法权限标准的精细化构造。以上两部分内容论齐了确定公共数据立法权限标准的基本要素,但还需要将二者有机衔接起来。结合既有的"重要程度+影响范围"标准,辅之以"财权与事权相统一标准""公共服务标准",可初步建立起体系化的公共数据立法权限划分机制。其一,专属于中央的公共数据立法权限。以"重要程度+影响范围"而论,公共数据的定义、权属、交易和流通问题显然不仅重要[1],而且影响范围广,指向的是全国性的数据市场,涉及"民事基本制度",宜在全国范围内统一。与此同时,公共数据的运算结果可能会直接用于对私主体及其行为的评价,从而影响到权利、义务与法律关系,且这种影响通常是具有全国传导性的,所以当公共数据涉及对私主体的评价或限制时,应交由中央立法。而相应的司法救济机制和程序也属于全国性的重要问题,亦应归属于中央。其二,宜属于地方的公共数据立法权限。按照立法权限的基本理论,更适合由地方立法的事项主要有三,即具有地方重要性的事项、中央立法难以统一规定或有关规定难以具体操作的事项、本地实施过程中具有特殊性的事项。所以,关于公共数据管理的机构、职权、平台等具体的事务性工作具有鲜明的地方特色,对其进行地方立法不仅符合"以事权划分为前提,有什么事权,就有什么立法权"[2]的基本规律,也有助于避免"因过于整齐划一而产生遏制多元、取消差异、否定自主的负面后果"[3]。其三,央地"共有"立法事项的细分。不少学者指出,"中央与地方之间共有的立法事项过多,不同层级立法主体之间的权限存在较大范围的重叠[4]",于是如何处理共有事项就成为理论上与实践中的难点所在。建立一套涵盖所有立法对象的划分标准固然过于理想化,但具体到公共数据领

---

[1] 当然,也有学者认为权属问题并不是首要的,即"公共数据开放制度不宜以数据权属为基础,而更应注重数据的公平开放和利用"。参见王锡锌、黄智杰:《公平利用权:公共数据开放制度建构的权利基础》,载《华东政法大学学报》2022年第2期,第59页。

[2] 张春生、林彦:《〈立法法〉修改前瞻——访中国立法学研究会会长张春生》,载《交大法学》2014年第3期。

[3] 马长山:《国家"建构主义"法治的误区与出路》,载《法学评论》2016年第4期。

[4] 宋方青、姜孝贤、程庆栋:《我国地方立法权配置的理论与实践研究》,法律出版社2018年版,第159页。

域，结合对其间事务的类型化界分，基于中央专属立法事项不断限缩的方向[1]，除去明显属于中央或地方的事项，则应当主要明确以下两个问题：一是关于编制公共数据分级分类目录的权限。基于数据分级分类的思路，公共数据目录获致了举足轻重的地位，决定了特定的公共数据是否共享或开放，而这种共享或开放则具有全国影响力，因之证成了中央立法的正当性。但与此同时，某些公共数据是否适合共享、开放，以何种形式共享、开放，必须结合具体的情境加以剖析，在这一层面上，无论是基于"事权与财权相统一"标准，还是"公共服务"标准，公共数据目录编制又属于地方性事务。在笔者看来，中央立法的重点应在于明确目录编制的流程和分级分类的标准，而将具体的内容编制工作交由地方，即公共数据目录编制虽然属于央地共有立法事项，但双方的侧重点却有所差异。二是公共数据利用的效力。一般而言，数据运算所得出的结论并不具有独立的法律效力，而是必须"依附"于特定的行政行为。故有关于公共数据应用效力的法律规定与相应的行政法律法规位阶保持一致即可。类似地，因公共数据应用所产生的行政法律责任亦可遵从现有的法律规定加以确定。综上所述，关于公共数据立法权限的划分可以简要归纳为图7-2：

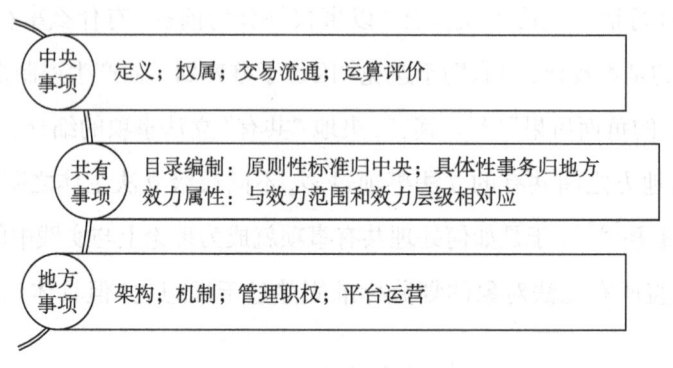

中央事项	定义；权属；交易流通；运算评价
共有事项	目录编制：原则性标准归中央；具体性事务归地方 效力属性：与效力范围和效力层级相对应
地方事项	架构；机制；管理职权；平台运营

图7-2 中央与地方公共数据立法权限划分简图

---

[1] 例如，王克稳教授认为，未来中央与地方立法事项划分改革的方向应当是，逐步将中央专属立法事项限缩为全国性事务中那些专门调整中央专属事务以及需要制定全国统一的管理规则的事项。相关论述可参见王克稳：《论中央与地方立法机关立法事项的划分》，载《行政法学研究》2022年第3期，第123-124页。

三、微观层面：公共数据处理应用的机制完善

如果说宏观视角聚焦于中央层面，中观视角更关注"中央—地方"的交互，微观视角则将视角从静态的立法体制构造切换到动态的数据处理应用，站在有限数据地方主义视角，不断优化公共数据的处理和应用机制，不仅致力于消除"地方主义"的不利因素，避免数据地方主义最终演变成为"数据割据"和"数据孤岛"，还意图从制度层面提升公共数据处理和应用活动的效能，增强数据地方主义在运行过程中的合理性与正当性，最终实现保障数字人权的目的。

第一，公共数据处理应用中的平衡机制。数据地方主义并不是孤立的存在，既离不开全国整体的基本趋势，也有赖于区域内不同层级、不同部门的协调配合，即欲保证数据地方主义在"调动积极性"与"保持法制统一"之间动态均衡，离不开诸种要素之间的结构优化。具体的平衡机制则包括以下三个方面。其一，注重缩减省际区域间的立法差异，减少不同地方数据立法之间无谓的差异性。近两年来如雨后春笋般的地方公共数据立法一定程度折射出数字时代的社会需求，但也难免存在"跟风立法"，陷入"立法万能论"或"立法政绩论"的窠臼。展言之，我们反对千篇一律的重复性立法和抄袭性立法，也同样反对没有意义的区分。循此而论，数据地方主义并不意味着中央层面的缺位，而是有必要反思当下遍地开花式的数据地方立法，由中央进行适度引导，倡导更为集约的立法模式，并有针对性地选择某些区域进行立法试点，在公共数据领域实现区域间的均衡。其二，在纵向上平衡同一区域内的数据权限。有鉴于当下数据地方立法的现状，笔者论及的"数据地方主义"主要是以省域为单位的，但同时必须注意防止同一省域的市与市（设区的市）、部门与部门之间的"数据割裂"，以实现地方整体性与地方特色性的统一，即防止数据地方主义无限地向下蔓延而失去可控性，最终"沦为"彻底消极的地方主义。具体而言，一方面宜强调部门之间数据共享的互惠互利性，将数据共享作为整体性的数字化行政改革目标，形成对数据共享的硬性制约。另一方面，省级政府及其各部门应当不断细化和优化公共数据的处

理、应用流程,至少首先在政府内部"构建所有利益相关者参与的网络和生态系统"[1],实现真正意义上的数据共享。其三,妥善处理公共数据的"地方主义"与"部门主义"矛盾。在我国现有的"条块关系"结构下,与公共数据相关的事务往往受到同级地方政府和垂直管理部门的双重限制。尤其某些垂直管理色彩较为浓厚的部门,其数据管理还必须严格遵守中央部委的相关规定,也就可能潜藏着省、部之间的矛盾。所以公共数据运行机制的优化必须把握好二者之间的关系,建立"条块"间的协调机制。即具体公共部门的公共数据目录编制必须经过垂直领导部门和本级人民政府的"双重审核"。至于冲突抵牾之处,则可分别参照解决地方性法规、地方政府规章与部门规章冲突的程序,即对于省级地方性法规、政府规章同部门规章的冲突,依循《立法法》第95条第2款、第3款的思路,由国务院裁决或由国务院提请全国人大常委会裁决。至于设区的市一级地方性法、政府规章同省级部门规章的冲突,则可"照猫画虎",交由省政府或省人大常委会裁决。但值得注意的是,上级部门关于公共数据的规定,大多以规范性文件的形式下发,且内容较为细致、烦琐,因此还可考虑构建兼容性的衔接机制,将上级部门规章作为地方性法规立法的重要参考,并尽可能注重地方性法规与上级部门规章的协同性,从而实现由"事后效力裁决机制"到"事前风险防范机制"的转变[2]。

第二,推动形成公共数据处理应用过程中的互动机制,以提升公共部门的积极性。就公共数据平台之间的纵向关系而言,有学者概括为"省市分离型"(省级平台只包含省级政府部门的数据)、"部分统一型"(省级平台包含了市级平台的部分数据)、"统一开放型"(省级平台包含全部市级平台的数据)[3],但上述三种模式鲜有涉及"数据回流"的问题,而主要是通过建立专门的数据主管部门(如大数据局、数据信息中心)来推进和衔接部门间的数据共享。但问题在于,省、市级的

---

[1] 孟显印、杨超:《我国开放政府数据应用开发的现状与问题——基于开放政府数据平台的分析》,载《情报杂志》2020年第3期,第169页。

[2] 白利寅:《设区的市地方性法规与上级规章关系研究——以山东省设区的市地方性法规为分析对象》,载《云南大学学报(社会科学版)》2022年第1期,第132页。

[3] 参见刘瑾:《我国地方政府数据开放发展模式研究——以广东、山东和贵州省为例》,载《情报探索》2020年第5期,第87页。

数据主管部门并不直接生产数据，而是有赖于各个部门的"数据上交"。实践中，各个部门为了减少潜在的数据安全风险和数据争议，往往将大部分数据界定为"受限共享开放"和"不共享开放"，且对申请共享开放的数据施加更严格的审批程序。长此以往，必然会降低各个部门"数据上交"和"数据共享"的积极性，而只是共享开放一些"无足轻重"的形式性数据，最终消减掉公共数据集聚整合的巨大价值，形成更加明显的"数据割裂"。

作为应对，良性的双向互动机制的建立不妨从两方面着手：一是增加区域内部的"向心力"，这一问题又指涉制度和主体两个方面。从制度着手，重在于不同主体和部门间建立动态的"数据回流"机制，明确"数据回流"的标准与路径。正所谓"只有可信的数据信任源不断运行，才能避免数据的静态化和僵尸化"[1]，因此对于归集到的数据，数据主管部门需要按照业务机构的类别建立数据资源库，并实时共享到相应的各个部门[2]，从而真正形成"互通互惠互利"的良性循环机制，最终通过调动主体积极性来增强公共数据的应用效能。从主体着手，则可积极推动不同部门建立常态化的协作机制，鼓励部门之间签订互联互通协议，即按照业务的紧密程度，推动不同部门之间实时共享某些公共数据。二是有效履行数据分级分类制度。面对公共数据的复杂性，分级分类制度直接决定了开放共享的效果，而分类分级的标准、依据、种类等关键要素则是由数据控制者自由裁量，也就有可能架空公共数据的开放共享制度。所以，理应将统一的"公共数据分级分类指南"作为公共数据地方立法的配套文件，并由各层级的数据主管部门秉持"以共享为原则，不共享为例外"的基本要义，重点严格审查各个部门的数据目录，推动"作为生产要素的公共数据从静态量化信息的呈现样态，转为'大数据'中及时更新、持续演化、不断汇聚并能够广泛传递的'数据流'"[3]。与之相应，可

---

[1] 许可：《数据交易流通的三元治理：技术、标准与法律》，载《吉首大学学报（社会科学版）》2022年第1期，第97页。

[2] 以Z省的交通系统为例，Z省交通厅可以看到各地级市的道路交通数据，但各市、县的交通部门只能看到自有的数据。而在双向互动机制下，各地级市可以通过API接口，实时共享到省内其他地市交通系统的业务数据。

[3] 徐珉川：《论公共数据开放的可信治理》，载《比较法研究》2021年第6期，第151页。

在各级数据主管部门内部建立公共数据争议解决机构,既承担审查公共数据分类分级目录的职能,也可作为公共数据共享过程中的争议解决机构。按照笔者的初步设想,限于行政职能分工与权限设置,这一机构并不具有最终的强制力,而是主要通过机构自身人员以及受邀实务专家和理论专家的判断,给出问题解决的建议与方案。

第三,探索构建公共数据事务豁免机制。公共数据应用毕竟是近年来的新兴事务,诸多规则依然处于"摸着石头过河"的阶段,加之其间涉及多方面的问题,难免存在诸多不完满之处。而在现实中,很多部门之所以不愿意共享、开放本部门的公共数据,主要就是对数据共享开放的后果存有疑虑。于是在行政科层制更强调数据安全的背景下,秉持"多一事不如少一事"的理念,就会不自觉地趋于保守,尽可能限缩完全共享开放数据的范围。有鉴于此,面对有关于公共数据的一系列创新性改革举措,宜采用更加宽容的态度,赋予公共部门一定的"数据豁免开放权",以消解现有数据管理模式所带来的保守趋向。申言之,豁免机制实际是介于个人信息保护与公共数据的平衡之道,即对于数据共享开放部门而言,无须完全负担审查公共数据本身质量、内容、准确性、适用性的严格义务,而只负有合理的监管义务,即类似于商业平台的"通知—删除"义务,其间着重于对原始公共数据用途和去向监管。而对于公共数据的衍生数据,以及与其他数据混合、分析、运算所产生的结论,不宜由数据共享开放部门负责,即相关部门不承担"马赛克效应"[1]所产生的法律责任,而只是出于公共部门的个人信息保护义务,实时追踪并定期评估多源头数据叠加所可能产生的不利影响[2]。值得注意的是,以上两方面的豁免主要指向间接性的公共数据行为,但对于公共数据事务本身直接造成的侵害或损失,则还需要纳入行政责任机制,以防止权力滥用披上数字化的外衣。需要说明的是,这一豁免机制针对的是公共数据共享与开放行为,但对于本

---

〔1〕 所谓"马赛克效应",即单个数据集中的信息不会造成识别个人风险(或威胁到其他一些重要的利益),但当与其他可用信息结合时可能会造成风险。

〔2〕 参见胡凌:《论地方立法中公共数据开放的法律性质》,载《地方立法研究》2019年第3期,第13页。

部门利用公共数据的行政自动化决策,依然需要还原为具体的行政行为,接受现有行政法律规范体系的约束。更进一步而言,正所谓"透明"构成了"问责"的基础要件[1],对于各类公共数据处理应用活动的豁免或问责,皆应当以数据和算法"透明"为基本原则[2],纳入公共参与和民众监督的视野。

总之,在中央尚未进行专门立法的情境下,伴随着数字技术愈发普遍地嵌入地方治理体系,"数据地方主义"几乎成了一种必然趋势。这一趋势以地方立法为表征和基础,逐步贯穿于公共数据处理、应用的各个环节,在有力推动公共数据治理规范化的同时,也潜藏着助推"数据割据"、转向狭隘"地方主义"的隐忧。基于数字人权的价值要求,塑造一种恰切、有限的"数据地方主义",既是保证全国法制统一的必然选择,亦是调动地方积极性的应因之策,更是保障公民数字人权的内在要求。着眼于不远的未来,如何具体设计统一的公共数据权属、流通、收益制度,进而将数字人权的具体诉求落实到制度当中,形成央地公共数据治理机制的良性互动,更有力地保障社会成员的诸项权利,乃是实务界和理论界无可回避的重要议题。

---

[1] See Jennifer Shkabatur, *Transparency With(out) Accountability: Open Government in the United State*, Yale Law & Policy Review, Vol.31: 79, p.79-140(2012).

[2] 当然必须注意的是,透明原则仅仅是一种事前规制方式,更多是意图实现"防患于未然"的作用,其在算法规制中的作用不宜被过分夸大。即算法透明并不是终极目的,而只是通向算法可知的一个阶梯。相关论述可参见沈伟伟:《算法透明原则的迷思——算法规制理论的批判》,载《环球法律评论》2019年第6期。

第八章　基于数字人权的网络信息安全保护

第七章以数据为主要研究对象,本章则聚焦于网络安全议题。实际上,由于安全通常被视为"一种重要而又不确定的价值"[1],安全价值往往难以被视为一种独立的法律价值,安全权也通常不被作为一项独立的权利类型。但无论安全权是否具有独立性,其都表达了一种根本性、基础性的人权诉求,而在数字领域,伴随着数字设施重要性的提升以及数据价值的不断增长,数字安全的威胁也随之增加,网络安全事件的防范愈发困难。与此同时,现有论著对于安全和网络安全的论述大多是基于整体性的宏观视角,对于安全——尤其是网络信息安全的权利与人权视角研究还比较少。有鉴于此,本章尝试立足于数字人权的基本原理和价值要求,以《网络安全法》为参照,探讨公民网络安全的保障机制。

第一节　数字人权视角下的公民网络信息安全

按照词组的构成形式,对于公民网络安全的理解一般从两方面入手,一是以"网络信息安全"为关键词[2],将公民或个人视为保护的对象之一,如网络信息安

---

[1] 王贵松:《论法治国家的安全观》,载《清华法学》2021年第2期,第21页。
[2] 严格意义上,网络安全的全称应该是"网络信息安全",因为"网络信息安全"属于我国《网络安全法》中的"法定用语",其实际与"数字安全""信息安全""网络安全""网络空间安全"等概念的核心意思相同,同属于"交叉融合的概念圈"。参见王世伟、曹磊、罗天雨:《再论信息安全、网络安全、网络空间安全》,载《中国图书馆学报》2016年第5期,第26页。此外,为表述简便,本章除特殊说明外,均将信息作广义理解,认为信息包括了可识别和匿名清洗的个人数据。

全被定义为"保障国家、机构、个人的信息空间、信息载体和信息资源不受来自内外各种形式的危险、威胁、侵害和误导的外在状态和方式及内在主体感受"[1];二是将其视为数字人权谱系下"个人信息保护"的一个方面,如在个人信息权之下建构信息安全权这一概念[2]。二者的共同问题在于缺乏对公民网络信息安全的逻辑证成:在前一种进路中,公民容易被"湮没"在国家主权、公共秩序的宣谕之下;至于后者,尽管从数字人权以及《个人信息保护法》都可以推导出个人信息权,但个人信息权的安全维度往往被有意无意地忽略。而从数字人权的整体视角出发,笔者则认为应当以安全权为逻辑起点与理论基础,分析公民网络信息安全的基本内涵。

一、作为个体权利的安全

从语义学角度出发,安全的基本含义在于不存在危险、威胁或恐惧,意味着"一种合理的稳定生活状况"[3]。正是因此,安全被马斯洛视为一种底线性的人类需求[4]。在社会运转与法律实践过程中,伴随着主权国家的兴起,安全更多地与国家及社会秩序关联,个人安全往往处于一种悖论式的循环之中,其部分依赖于国家,又部分为国家所威胁[5]。而冷战之后,安全威胁的源头由国际转至国内,开始与贫困和发展问题相关联,正是在此背景下,传统安全观发生转向,个体安全问题引起了更多的国际关注,联合国开发计划署于1994年在《人类发展报告》中首次提出"人的安全"这一概念,以"专章宣示了推动人的安全概念取代传统安全概念的必要性"[6]。

---

[1] 王世伟:《论信息安全、网络安全、网络空间安全》,载《中国图书馆学报》2015年第2期,第78—79页。

[2] 参见姚建宗等:《新兴权利研究》,中国人民大学出版社2011年版,第125页。

[3] [美]E.博登海默:《法理学:法律哲学与法律方法》,中国政法大学出版社2004年版,第321页。

[4] 马斯洛的"需要层次理论"将人类需要从低到高分为五个层次,即生理需要、安全需要、爱的需要、尊重的需要、自我实现的需要。参见[美]马斯洛:《人的动机理论》,陈炳权、高文浩译,载林方主编:《人的潜能和价值——人本主义心理学译文集》,华夏出版社1987年版,第162—168页。

[5] 参见[英]巴瑞·布赞、[丹麦]奥利·维夫、[丹麦]迪·怀尔德:《新安全论》,朱宁译,浙江人民出版社2003年版,第56—57页。

[6] 封永平:《安全维度转向:人的安全》,载《现代国际关系》2006年第6期,第57页。

1994年的《人类发展报告》不仅推动了安全观念的转向,也为安全权概念的证成奠定了基础:一方面,个体成为安全指涉的对象乃至中心,由此安全不仅是一个主权议题,也是涉及公民权利与自由以及非国家行为体互动关系的概念,这也就为安全权的成立提供了主体条件;另一方面,《人类发展报告》大大拓展了安全的内涵,将人身安全、经济安全、食品安全、健康安全、环境安全、社群安全、政治安全列为"人的安全"的主要内容,从而明确了安全权的客体。此外,在安全的实现方式上,倡导"不仅是通过武力来实现的安全,而且是通过发展来实现的安全"[1],这一转变使得安全契合于人权的价值取向,成为具有正义性的主张或要求,安全权因此也获得了权利层面的正当性。至此,安全权开始越来越多地作为一类基本权利或人权出现在法学领域。

根据《人类发展报告》以及国内外学者的研究成果,安全权的核心意涵可以总结为"免于对人的权利、安全或者生活造成的持续性威胁"[2]。因而尽管安全权本身具有独立价值,但"关联性"实质上成了其最为显著的特征,所以站立于个人主义的法律视角,安全通常被理解为"个人生命、健康、财产等基本权利不受威胁的状态"[3]。这种关联性一方面意味着安全权通常伴随其他权利一道出现并发挥功用(如人身安全权、财产安全权、食品安全权),且其作用在于增强"享受其他价值在时间上的真实的或被认知的延伸的可能性"[4],现实中,脱离其他权利的安全权一般难以获得法律的救济。另一方面,这种关联性对于其他人权和基本权利的实现具有基础性作用。如霍布斯所言,"人民的安全乃是至高无上的法律",安

---

[1] 封永平:《安全维度转向:人的安全》,载《现代国际关系》2006年第6期,第58页。

[2] 例如《人类发展报告》认为,人的安全具有两层意思:一是免受诸如饥饿、疾病、压迫等长期性威胁;二是免受来自家庭、工作或社区等各类日常生活的突发性威胁。国内学者张洪波将其定义为不受干扰、侵害以及自主支配的安全状况,包括生命、身体、人格以及免受酷刑、未经同意强行治疗和试验的权利(参见张洪波:《作为人权的安全权:比较、内涵及规律》,载《南京社会科学》2013年第5期,第93页)。杨成铭则认为安全权不仅包含人身安全权的内容,同时也包括了与人的生存、发展相关联所必需的基本生存条件不受任意侵犯,并依法享有保障的权利(参见杨成铭主编:《人权法学》,中国方正出版社2004年版,第126页)。由此可见,学者倾向于将安全权定义为一种消极权利且具有相对广泛的外延。

[3] 王贵松:《论法治国家的安全观》,载《清华法学》2021年第2期,第26页。

[4] See Christian Bay, *The Structure of Freedom*, Stanford Press, 1958, p.19.

全有助于"人们享有诸如生命、财产、自由和平等等其他价值的状况稳定化并尽可能地维续下去"[1]——安全权尽管不能够配置利益,但却是保障权利分配机制运行的重要方面。

二、网络空间中的安全权

同理,公民网络信息安全是安全权保障问题在数字领域的具体化,即公民网络信息存在窃取、篡改、滥用的威胁或危险,其中具体包括以下三个方面的内容:一是网络设施安全,即硬件层面的网络设施构成了数字政府得以运转的物质基础,应当确保网络基础设施免受攻击、侵入、干扰和破坏,保证基础设施的功能完整与稳定运行,又可以据此衍生出网络空间防卫权[2];二是信息数据处理安全,即个人信息数据在利用过程中应具有匿名性和不可识别性;三是数据流动安全,即数据流动时应避免数据和算法的滥用。而以安全权为基础,则可以凸显出公民网络信息安全之于数字人权保护的基础性意义——这种意义不仅源自安全权的固有价值,更源于网络对安全权的再构建。

第一,数字技术放大了信息安全之于公民的重要性。伴随着数字技术的广泛应用,虚拟的网络空间[3]几乎承载了所有关于国家、组织和个人的真实信息,由此产生的信息安全问题随之超越了以往任何时期,对于国家,网络已成为具有主权性质的"第五空间"。对于个人,信息成为与基本权利密切相关的概念,如对信息的窃取就可能涉及对自由权、人格权以及财产权的侵犯,甚至可以说,网络空间中的权利问题皆以信息为起点。更为重要的是,网络信息主要以数据的形式储存并流通,其具有"天然的中立性",仅服从于技术性规则而不存在任何价值取向

---

[1] [美]博登海默:《法理学:法律哲学与法律方法》,邓正来译,中国政法大学出版社1999年版,第293页。
[2] 参见赵志云:《网络空间治理:全球进展与中国实践》,社会科学文献出版社2021年版,第6页。
[3] 美国学者劳伦斯·莱斯格对互联网和网络空间进行了区分,互联网只是一种技术,其运转的依据仅在于技术规则,而网络空间则是由于互联网技术的广泛应用而产生的一种虚拟社区,具有虚拟体验真实生活的价值,可以并值得为法律所调整。参见[美]劳伦斯·莱斯格:《代码2.0:网络空间中的法律》,李旭、沈伟伟译,清华大学出版社2009年版,第94页。

或目的。因此，对于公民信息的控制与保护不在于人为地宣布对数据或信息的所有权，而在于以下两方面：一是掌握操控信息的权限——其可以人为地进行设置或修改，也可以被破译或窃取，既定权限或系统的安全性问题（如权限密码不被盗取、系统不被破坏）也就成了保护网络信息的关键。正是基于这一认知，网络安全和个人信息保护成为网络立法的核心[1]。

第二，法律对网络空间的规制现状彰显了安全的预防性意义。网络不仅扩展了国家主权的范围，也催生了一系列的人权问题，这不仅仅是传统权利发生的空间位移，也涉及诸如非隐私性信息泄露、虚拟财产定性、算法评价等新型权利问题。而在现有法学理论与实践一时难以圆满解决网络空间权利问题的情形下，维护公民网络信息安全就成为保障数字人权的重要方面。相比于某些情形下缺乏理论空间与实践经验的事后救济，以安全权为基础的信息安全保护具有显著的预防性功能：由于权限决定了信息的控制权，当信息都处于可靠、稳定的安全保护体系之下时，通过网络的权利侵害必然会被进行事先的部分过滤——如果说安全权为其他权利的行使提供了一个稳定有序的环境，那么网络信息安全则是网络秩序最为基本的保证。需要说明的是，尽管对公民网络信息安全的保护以安全权为基础，但其之于网络规制的预防性作用却更多地来自网络空间特殊的技术构造。因为在现实世界中，安全权与多种要素关联，"人的安全"的威胁也来自多方面，相比而言，在网络空间，被数据化的信息以及对这些信息的处理构成了侵犯权利的重要形式，也就成了需要重点关注的安全议题。

三、网络安全立法与公民网络信息安全

正是因为信息安全对于公民权利具有重要意义，鉴于网络空间中权利保护的迫切性，《网络安全法》《数据安全法》在明确网络空间主权原则和各方安全义务的同时，也完善了个人信息安全保护规则。可以预见，《网络安全法》《数据安全

---

[1] 参见梅夏英：《数据的法律属性及其民法定位》，载《中国社会科学》2016年第9期，第181页。

法》不仅将推动国家数字安全法治建设,也为公民网络信息安全保护提供了法律保障。

第一,《网络安全法》和《数据安全法》对公民信息给予了相当程度的法律保护,从而为网络空间的权利救济提供了法律层面的依据。现有法律将个人信息的保密及保护制度作为网络运营者的一项基本义务,从消极和积极两个方面对公民网络信息安全加以保障。前者侧重于确保公民网络信息免于被侵害和滥用,规定了网络经营者在信息收集、使用、储存等方面的法定责任:对个人信息的收集应遵循合法、正当、必要的原则并应公示信息收集的目的、方式和范围。在储存时,应防止公民网络信息被泄露、篡改或毁损,并不得非法出售或非法提供;后者则是关于个人积极救济的规定,一是赋予了公民删除和更正的请求权,二是要求网络运营者建立投诉和举报制度,以便于个人能够及时反馈网络信息安全方面的问题[1]。

第二,《网络安全法》和《数据安全法》明确了对关键信息基础设施的保护,为公民网络信息安全提供了基础性的技术保障。由于大量公民网络信息储存于政府以及各类组织的平台,网络空间主权实际上与每个公民密切相关,公民的信息安全不仅取决于法律层面"权利—义务"的确定,更取决于关键信息基础设施的安全,甚至在世界各国,关键信息基础设施的安全保护"居于整个信息安全保护的战略核心地位"[2],即一个安全的网络运行环境将同时惠及国家、组织与个人。从这一角度来讲,对国家以及组织网络安全的保障实际也意味着对公民网络信息安全的促进。另外,网络已成为社会运转不可或缺的一部分,对于信息基础设施的破坏将波及大部分社会成员,故而维护信息基础设施安全也就构成了对公民网络信息的间接保护。依此原理,《网络安全法》引入网络安全"地基"理

---

[1] 例如,《网络安全法》第43条规定:"个人发现网络运营者违反法律、行政法规的规定或者双方的约定收集、使用其个人信息的,有权要求网络运营者删除其个人信息;发现网络运营者收集、存储的其个人信息有错误的,有权要求网络运营者予以更正。网络运营者应当采取措施予以删除或者更正。"第49条规定:"网络运营者应当建立网络信息安全投诉、举报制度,公布投诉、举报方式等信息,及时受理并处理有关网络信息安全的投诉和举报。"

[2] 马志刚:《中外互联网管理体制研究》,北京大学出版社2014年版,第280—281页。

念[1]，以专节的形式（第三章第二节，第31条至第39条），对关键信息基础设施进行了规定。由此可见，我国现有法律对公民信息安全的保护实际上包含了两个层次：一是捍卫网络主权，构建安全的网络空间，这一层次的保护出发点是国家利益，对于公民网络信息的保护具有基础性和间接性，其致力于整体性的安全环境构建，而非具体性的"权利条款"。二是创设一些个人信息保护的原则与规则，使其可以成为公民进行权利救济的法律依据。

总的来看，《网络安全法》和《数据安全法》的出台对于网络空间治理的法治化具有重大意义。但立足于数字人权的需求，就公民网络信息安全保护而言，其不足也是显而易见的。一是保护理念相对滞后，未能实现多中心的网络治理。现有法律沿循之前的做法，采取"等级保护制度"，即"官方制定标准—运营者实施"的单向二元模式，这不仅限制了安全保护措施的灵活性，也在加大保护成本的同时降低了效率。二是价值理念上的冲突。现有法律的本质在于"维护国家安全、社会安定和不特定公民权益"[2]，最主要的目的或许在于确保数据监管与行政执法行为于法有据。尽管国家网络信息安全与公民网络信息安全保护具有同一性，我们也强调"人民群众在国家安全维护中的主体性"[3]，但毕竟二者的价值取向存在明显区别——国家是个体安全的庇护体，也同样可能成为个体安全的威胁因素。例如，一种数字权力与行政权力相结合的"数智"范式开始呈现[4]，这种数字政府范式本身就蕴含着一系列的安全风险[5]。而基于公民网络信息安全与人权的双向互动关系，应当从事前和事后两个方面对公民网络信息安全加以保护：事前保护即"通过制度的预防"，从信息安全角度出发，同时彰显出公民网络信息安全对人权的预防性保障作用。事后保护则是"通过人权的救济"体现人权之于公

---

[1] 即将关键信息基础设施作为互联网立法的最基本层面。在我国2013年国家信息网络立法的规划中，将整个信息网络立法划分为四个层面：最基础层是互联网信息的关键基础设施；基础层之上的是互联网中间平台，要制定《电子商务法》；平台之上的是互联网用户；用户之上就是互联网信息。

[2] 丁道勤：《"上天人地"，还是"度权量利"——〈网络安全法〉（草案）述评》，载《中国矿业大学学报（社会科学版）》2016年第5期，第36页。

[3] 参见鞠丽华：《习近平总体国家安全观探析》，载《山东社会科学》2018年第9期，第19页。

[4] 参见王锡锌：《数治与法治：数字行政的法治约束》，载《中国人民大学学报》2022年第6期，第18页。

[5] 相关论述参见蒋银华：《论数字法治政府建设的安全之维》，载《法律科学》2024年第4期，第68-78页。

民网络信息安全的救济功能。

第二节 "通过人权的预防":公民网络信息安全的事前保护

在"防患于未然"的层面,公民网络信息安全是数字人权保障的基础,而网络信息安全保护理念则可视为"基础的基础"——其决定了信息安全保护制度的基本模式与实际效果,根据业态变化不断调整网络信息安全保护理念不仅是保证个人信息安全的前提,也是降低网络侵权行为发生概率的关键。以现有法律法规为切入点,我国网络信息安全保护理念至少需要在以下两个方面更新。

一是关于安全的定义。网络信息安全问题产生于互联网技术,故对其认知也必然随着科学技术的发展而不断更新。网络信息安全理论经历了"从通信安全(COMSEC)、计算机安全(INFOSEC)、网络安全(NETSEC)再到信息保障(IA)"[1]的演变。近20年,数字技术的突飞猛进和广泛应用导致了海量数据的产生,"数字时代"悄然来临。另外,数据资源超越传统时空限制,实现了无障碍的全球性、开放性流动。相应地,传统安全观中的保密性、完整性、可用性三原则已无法完整涵盖信息安全的目标、内容及范畴。作为回应,美国国家安全局在2001年发布《信息保障技术框架》,将可控性、真实性、不可抵赖性作为信息安全的新原则,以建立具有深度防御性的信息安全保障体系。目前我国的《网络安全法》中网络信息安全的目标尚停留在传统安全观层面,将保密性、完整性与可用性作为网络信息安全的标准[2]。作为应对,可考虑在制定修改《网络安全法》时

---

[1] 参见董贵山等:《国外信息保障体系发展综述与启示》,载《信息安全与通信保密》2014年第12期,第95页。
[2] 《网络安全法》第76条第2项规定:"网络安全,是指通过采取必要措施,防范对网络的攻击、侵入、干扰、破坏和非法使用以及意外事故,使网络处于稳定可靠运行的状态,以及保障网络数据的完整性、保密性、可用性的能力。"

吸收关于信息安全的最新定义,并通过综合保障体系、网络信息信任体系、网络监控体系、应急响应体系、容灾恢复体系等综合性保障体系的建立与完善予以体现。[1]

二是安全保护的思路。根据现有法律规定,网络信息安全保护以网络安全标准体系为基本制度框架,实行分类保护,其基本思路在于:根据"信息系统在国家安全、经济建设、社会生活中的重要程度,信息系统遭到破坏后对国家安全、社会秩序、公共利益以及公民、法人和其他组织的合法权益的危害程度等因素"[2]进行分级,继而制定相应的底线性管理规范和技术标准,并对应不同的网络运营者,行政部门亦针对不同的安全保护级别实行不同强度的监管政策[3]。这种模式实际上是一种自上而下的"政府主导模式",即以"国家、行业标准规定非常具体的措施性要求作为义务的主要内容"[4],然后通过行政处罚等强制性手段督促网络运营者履行义务。这一模式在应对传统安全问题时或许颇有成效,但由于网络信息技术的特殊构造,静态的底线性等级保护思路却并不足以保障网络信息安全:一方面,在日新月异的网络空间,标准往往落后于实践,难以应对变幻莫测的安全风险,很有可能导致网络经营者的安全措施合乎法律规定却不能保障公民网络信息安全;另一方面,日益频发的网络安全事件证明,"信息安全等级保护体制和静止的国家、行业标准已无法跟上攻防博弈的节奏,甚至在某种意义上还有可能成为信息安全的'负担'"[5],例如网络攻击者可以依照现有的安全标准发掘系统漏洞并有针对性"避实击虚"。更为重要的是,数字技术的飞速发展,意味着数

---

[1] 参见马志刚:《中外互联网管理体制研究》,北京大学出版社2014年版,第247页。

[2] 参见《信息安全等级保护管理办法》第6条。

[3] 《关于信息安全等级保护工作的实施意见》将网络信息安全分为五个等级:第一级,运营者自主保护;第二级,政府给予指导;第三级,政府要对履行义务情况进行监督和检查;第四级,政府要对履行义务情况进行强制监督和检查;第五级,政府将会指定专门部门、专门机构进行专门监管。

[4] 洪延青:《"以管理为基础的规制"——对网络运营者安全保护义务的重构》,载《环球法律评论》2016年第4期,第28页。

[5] See David Thaw, *The Efficacy of Cybersecurity Regulation*, Georgia State University Law Review, Vol.30: 287, p.302(2014).

字安全更容易陷入"易攻难守"的安全困局[1]，也就必须探索更为灵活、更加场景化的安全保障模式。

对此，可以从治理理论中汲取智识资源，实现网络信息安全的多元共治或多中心治理。长远来看，应逐渐淡化统一、强制性的实质安全标准，转而只进行程序性和原则性的规定，并赋予企业和机构根据各自商业模式制定不同的网络安全策略足够的空间。短期来看，则应在具体实践中突出《网络安全法》《数据安全法》关于网络经营者义务的"其他必要措施"和鼓励性条款，以增强公民网络信息安全保护的动态性。

第三节 "通过人权的救济"：公民网络信息安全的事后保护

合理的预防性保护制度对于公民网络信息安全保护意义重大，但网络信息安全并非一个绝对性的概念，其目的更多在于攻方和守方之间较量达到的均衡状态，所以公民网络信息安全保护的另一维度即在于"通过人权的救济"。

一、数字人权救济的必然性

安全权本质上是一项独立的权利，对其他人权具有保障和促进作用。而在对公民网络信息安全进行事后的权利救济时，并不必然需要创设信息安全权这一"新权利"，进行"整全式"保护，笔者更倾向于将人权理念渗入公民网络信息安全体系当中，并以现有的权利条款为基础进行分层分类的"分解式"事后

---

[1] 参见左亦鲁：《国家安全视域下的网络安全——从攻守平衡的角度切入》，载《华东政法大学学报》2018年第1期，第150页。

保护[1]。

首先，从理论层面来讲，之所以将公民信息安全进行"分解式"的人权保护，理论上主要是基于安全权固有的性质。尽管安全权具有独立的意义，但对其救济往往诉诸其他权利，其价值也更多地蕴于对其他权利的保障作用之中。在网络空间，信息安全之于公民权利的"预防"作用更加突出，但原理却是一致的，即在处理损害网络信息安全的行为时，涉及私法层面的救济须借鉴人身权利或财产权利保护原则，信息安全本身并不能成为请求权的基础。另外，人权的基本理论体系并未被网络空间重构，多数争议依然是现实纠纷在网络空间的重现，可以借助传统的权利理论解决数字人权议题，这就为"通过人权的公民信息安全保护"提供了理论可能。

其次，从规范层面来讲，无救济则无权利。一方面，数字技术已应用到社会生活的方方面面，也随之"嵌入"人权理论体系之中。考虑到现有《网络安全法》《数据安全法》的重心不止于个人信息安全，加之破坏公民网络信息安全的损失通常可以归为人身和财产两类，因此将其与人身权利或财产权利结合加以保护更符合现有法律制度，以应对无法归类的情形。另一方面，将信息安全权作为单独的一项权利面临着理论与现实的困境：尽管已有诸多保护个人信息安全的法律规范，但网络信息安全权这一概念尚未"法定化"，以其作为基础对公民信息安全加以保护尚缺乏理论根基与制度共识。

最后，从现实层面来讲，立法现状与司法实践决定了"分解式"的权利保护更具现实性。《网络安全法》《数据安全法》固然对公民信息安全保护多有裨益，但其主要落脚点还是在于国家安全和社会秩序：国家网络信息安全属于公法层面的问题，而对公民信息安全的保护还涉及私法或公法私法化。更重要的是，数

---

[1] 所谓分解式保护并不意味着对安全权独立价值的否认，有时对于公民信息安全的侵犯并未产生实质性的人身或财产损失，因而不能简单归结于人身或财产侵权。故分解式保护的着眼点在于为公民信息安全的救济寻求权利基础和法律依据。

字政府预示了"行政权与信息化融合的新的发展阶段"[1],理论上国家也是威胁公民信息安全的因素,现实中《网络安全法》《数据安全法》也赋予了公权力部门多项职权[2]。所以"分解式"的权利保护模式同时暗含了以"权利制约权力"的思路[3]。此外,我国司法实践中,对公民信息安全的事后保护也通常通过侵权(如名誉权、隐私权、个人信息权益)诉讼实现,这也为"分解式"的权利保护提供了现实依据。

二、数字人权救济的层次

法律作为人权保护的一种重要方式,强调将人权的理念作为价值归宿贯穿到整个法律的运行体系之中,规范化为宪法中的基本权利以及部门法中的各类权利。遵循这一原理,以数字人权理念为统摄,对于公民网络信息安全的保护分为政治权利保护、人身权利保护、财产权利保护三个层次。

(一)网络空间中的公民信息安全与政治权利保护

公民信息安全与政治权利保护的交集主要在于"通信自由"和"通信秘密":在网络空间中,有时会基于"安全"的考量,通过中断或限制网络连接等手段克减应有的"通信自由"、通过各类技术手段获取个人信息与网络通信秘密;在法律上,我国《宪法》将二者作为一项基本权利予以保护[4],这就明确了国家的权利保

---

[1] 关保英、汪骏良:《基于合作治理的数字法治政府建设》,载《福建论坛(人文社会科学版)》2022年第5期,第189页。

[2] 例如,《网络安全法》第28条规定:"网络运营者应当为公安机关、国家安全机关依法维护国家安全和侦查犯罪的活动提供技术支持和协助。"但却缺乏明确的权限和程序性规定。第58条规定:"因维护国家安全和社会公共秩序,处置重大突发社会安全事件的需要,经国务院决定或者批准,可以在特定区域对网络通信采取限制等临时措施。"但对于限网的时限和条件却没有规定。

[3] 实际上,网络安全领域的立法集中体现了公权与私权的冲突和博弈:为了维护网络安全秩序,必然加大公权力的监管力度,这样势必会对私权利有所限制。出于公共利益之需要,私权的适当让渡也是必需的,但必须防止公权力的滥用。

[4] 我国《宪法》第40条规定:"中华人民共和国公民的通信自由和通信秘密受法律的保护。除因国家安全或者追查刑事犯罪的需要,由公安机关或者检察机关依照法律规定的程序对通信进行检查外,任何组织或者个人不得以任何理由侵犯公民的通信自由和通信秘密。"与此相应,我国《网络安全法》第30条规定:"网信部门和有关部门在履行网络安全保护职责中获取的信息,只能用于维护网络安全的需要,不得用于其他用途。"

护义务,也彰显了通信自由的重要意义。此外,安全与个人信息自由在公法领域始终呈现出此消彼长的态势,集中体现着公权与私权的冲突和博弈,以政治权利作为着眼点处理二者关系,显然更有利于构建一个均衡的框架——这一框架亦是各政府部门介入网络空间治理的基本要求。

(二)网络空间中的公民信息安全与人格权保护

对网络侵权中人格权的保护是当今世界所有网络信息立法的主线[1],但如若并未将他人信息传播、损毁或滥用,某些损害个人信息安全(如完整性、保密性、可用性)的行为则难以归类到现有人格权的法律体系当中[2],对应隐私权、名誉权等予以救济。对此,可以借鉴德国的"个人信息自决权"理论,将个人信息视为"唯我独自享有的他人不得侵犯、干扰、触及的个人生活秘密、宁静的权利"[3],将类似的"窥探"信息行为视为对"个人尊严"的侵犯而予以人格利益的保护。而依照对"个人尊严"可能的损害程度,则可将损害个人信息安全的行为分为四个等级,一是不大可能伤及人格利益的个人信息,如公开的学位、职务以及联系方式等;二是可能伤及个人名誉的信息,如婚姻、收入、从业经历等;三是泄露必然严重伤害个人利益、名誉以及尊严的个人信息,如病史、犯罪记录等;四是滥用会伤害个人健康、自由甚至生命的信息,如刑事侦查中的线人资料、诉讼程序中的证人资料等。总之,当侵害信息安全的后果涉及人格利益时,一部分通过法定的人格权,如名誉权、隐私权等予以保护,另一部分则可将抽象的"个人尊严"作为

---

[1] 尽管如此,欧洲与美国的个人信息立法的理论基础却截然不同,欧洲以人的尊严为理论起点,美国则采用独具特色且包罗万象的隐私权理论作为基础。参见杨咏婕:《个人信息的私法保护研究》,吉林大学2013年博士毕业论文,第2页。

[2] 如仅仅是出于好奇而"窥探"个人存储于网络空间的信息,例如对个人电子邮箱、网络聊天记录等内容的"偷窥"。

[3] "个人信息自觉权"起源于德国,被视为一项全新的特别人格权加以对待,强调公民对个人信息的控制,并保护和鼓励个人对自身信息的利用。参见贺栩栩:《比较法上的个人数据信息自决权》,载《比较法研究》2013年第2期。

救济事由[1]。

(三)网络空间中的公民信息安全与财产权保护

将个人数据作为一种财产加以保护的理论发轫于美国,传入我国后构成了对信息人格权保护的反思与补充。现实当中,"并非所有的个人信息都具有维护主体人格利益的价值"[2],诸多侵害公民信息安全的行为更多地涉及经济利益而非人格利益。在搁置数据权利属性争议的前提下,某些情形下将信息安全置于财产权保护范畴,不仅更加符合网络空间的基本事实,也有利于有效预防对公民信息安全的侵害:人格权侵权案件中,在精神损失赔偿极为有限的背景下,加害人一般仅须承担较小的财产责任,损害公民信息安全的成本也就随之降低。而通过财产权的公民信息安全保护则将与信息安全关涉的财产利益转化为加害人的经济支付义务,由此提高了违法成本。具体而言,对于信息安全的财产权保护又可大体分为两种情形:一是通过非法操作权限在网络空间获取财产性利益,此类救济可借鉴虚拟财产的保护理论解决[3]。二是通过非法获取的个人信息谋得商业利益,此时个人信息安全受到人格权与财产权的双重保护,由于信息本身的商业价值难以确定,可以考虑借鉴国外做法,结合我国现有的惩罚性赔偿制度,建立公民网络信息侵权赔偿制度。此外,与数字技术相伴而生的,乃是数据投毒、标签操纵、样本修改、特洛伊攻击等多种新形式的安全威胁[4],今后也必然出现难以被现有权利体系所概括的公民信息安全问题。对此,可在数字人权的价值指引

---

[1] "个人尊严"在我国尚属于抽象的价值概念,其只能作为理论基础而无法成为法律规范层面的依据,现实中类似情形可诉诸《网络安全法》,这种理论与实践的分离也从侧面说明了我国对于"人的尊严"认识及保护之不足;尽管我国《宪法》第38条规定了"人格尊严",但却"难以谓之为是一个体现了宪法的本质性价值或整个人权保障体系之价值基础的概念,甚至也未像德国的'人的尊严'那样,可被视为处于宪法价值秩序或人权保障的核心地位之上。相反,如果在严格的意义上而言,它容易被解释为一项个别性的权利,与人格权最为相似"。参见林来梵:《人的尊严与人格尊严——兼论中国宪法第38条的解释方案》,载《浙江社会科学》2008年第3期,第48页。

[2] 刘德良:《论个人信息的财产权保护》,人民法院出版社2008年版,第4页。

[3] 当前,对于虚拟财产的保护亦是众说纷纭,主要集中于对虚拟财产性质和价值评估的探讨,而在学说论争与司法实践过程中,一系列的原则与规则也逐渐形成。

[4] 参见陈宇飞等:《人工智能系统安全与隐私风险》,载《计算机研究与发展》2019年第10期,第2135-2150页。

下,将"违反以保护他人为目的的法律"作为请求权基础进行救济。

总之,公民网络信息安全保护既需要"通过制度的预防",也需要"通过人权的救济",网络信息安全与数字人权并不是完全对立的范畴。在数字治理过程中吸收人权理念,不仅有利于优化网络安全管理与公民权利保护之间的关系,也必然有利于改变"重安全、轻发展,重管理、轻保护"的传统思路,寻求数字安全保障法治化的"元理论"。

第九章　基于数字人权的《民法典》功能延展

按照人权的一般原理，尤其是人权与权利的区分，数字人权当属公法领域的议题，即便将义务主体范围扩展至私主体性质的数字平台，也主要依据公法规范。本章则试图探索数字人权的私法保障可能。具体而言，自2021年1月1日起，《民法典》正式开始实施，由此我国正式迎来了"民法典时代"。作为新中国成立以来第一部以"法典"命名的法律，《民法典》的重要地位和重大意义已被充分阐释，对《民法典》实施过程中各类问题的探析亦成为学界研究热点。而正如习近平总书记所指出的，民法典对于推动我国人权事业发展具有重大意义[1]，但如何于学理层面理解这一"重大意义"的确切内涵与发生机理，却是语焉不详的。

具体至数字人权领域，《民法典》对于个人信息、数据的一系列规定构成了人权法律保障的重要依据，但是基于人权固有的"纵向性"特征，数字人权与《民法典》规范并不是直接契合的。与之相应，《民法典》本身又是一部"固根本、稳预期、利长远的基础性法律"，其之于数字人权保障具有不言而喻的重要意义，而这种重要意义又往往被湮没在学科间的区隔与人权的公法特质之中。由此在数字时代，昭示民法之于数字人权保障的重要意义，证成《民法典》保障数字人权的正当性，进而以人权价值为指引，不断完善《民法典》及其适用规则，就构成了本章的要旨所在。

---

[1] 习近平：《充分认识颁布实施民法典重大意义 依法更好保障人民合法权益》，载《中国人大》2020年第12期，第7页。

第一节　实在法面向：《民法典》保障数字人权的基本形式

明确提出"编纂民法典"始于党的十八届四中全会通过的《中共中央关于全面推进依法治国若干重大问题的决定》，而至2020年5月《民法典》通过，其间的7年亦是数字技术全面嵌入社会运转的关键期——甚至可以说，我们几乎同时迈进了"民法典时代"与"数字时代"。尽管二者所指向的背景迥然相异，但正所谓《民法典》是数字时代的民法典，而数字时代的社会关系调整也离不开基本的民事法律规范，数字人权的具体落实绕不开私法，《民法典》也必然需要对"作为社会背景的数字人权"予以回应。

一、数字人权的私法维度

就本源而论，人权乃是一个带有强烈公法色彩的概念，鉴于其产生之初的对抗性、反思性特征，也就着重强调国家之于个体的尊重、保护和实现义务[1]。但是除了抵御纵向的国家威胁，人权保障还必须考量平等主体间的关系，即难免要将人权效力注入私法之中。与此同时，基于数字技术所特有的权力自我生产机制，私权力膨胀构成了数字时代人权的全新挑战，进一步紧密了人权与民法的关系。

第一，人权通常需要转化为各类具体权利予以保护。尽管人权本身指向"国家—个人"的纵向关系，但其间内容毕竟太过于抽象，人权的制度落实与现实享有也就离不开作为法学范畴中基石性概念的"权利"，即必须经由制度化中介的

---

[1]　也有学者主张尊重、保护、保证、促进的四层次义务。相关论述可参见黄金荣：《司法保障人权的限度——经济和社会权利可诉性问题研究》，社会科学文献出版社2009年版，第146-147页。

表达和确认，实现"道德性和应然性权利主张向实证权利的转化"[1]。沿此进路，人权的制度化实质上表现为"权利享有主体和义务承担主体的指认、权利义务核心内容的明确、权利实施机制（机构和程序的确立）及其规范性和约束力的获得和保障"[2]。其中的逻辑理路在于，将人权理念注入具体化的权利要件之中，使得具体权利同样表达出趋同的正当性内涵。显然，在应然的道德共识和实证的法律制度之间，"权利"构成了实现人权诉求的桥梁，亦是把人权价值贯穿至法律体系的"中间性概念"。而按照法定权利的重要性程度，则有基本权利与一般权利之分，前者作为宪法规定的权利，时常被认定为原则，更多诉诸权衡的方法；后者尽管也未必呈现为一个完整的法律规范，但其实施主要依靠规则的适用方法，即三段论式的演绎推理[3]。

具体至数字人权，其中意旨通常被归纳为于数字时代的多重变革中张扬人权价值、捍卫人的主体性，这一意旨的实现既需要以"人权为导向"解释既有的权利条款，也离不开创设新兴（型）的"数字权利"以应对全新情境。更为重要的是，数字人权并不是凭空臆造的概念，而是基于对某些"数字权利"背后价值理念的抽象化整合，将与数字技术应用相关的法定权利请求凝结为数字科技必须以人为本的价值共识，进而以数字人权为价值坐标，衍生出更具体系性的数字权利，数字人权的发展脉络因之可以概括为"具体权利规范—抽象人权价值—具体权利规范（体系化）"。正是在此意义上，人权在本质上虽然带有显著的公法色彩，但表现形式和实现方式却不可避免地突破了"公法/私法"的二元界分，从而与"以权利为本位"的《民法典》发生关联。

第二，人权主体的属性与法律关系的性质并无必然关联。伴随着社会结构日益复杂，公法与私法的界限愈发模糊，不仅公主体可以介入私法关系中，私主体也能够获得公共权力，而这种错位在数字时代表现得更加明显，也就进一步

---

[1] 张文显主编：《马克思主义法理学——理论、方法和前沿》，高等教育出版社2003年版，第310页。
[2] 刘红臻：《人权的制度表达》，载《法制与社会发展》2004年第1期，第7页。
[3] 当然，基本权利的特殊问题还在于，其是否具有"第三人效力"乃是宪法学界的一桩"公案"，囿于本章主旨，在此不再加以赘述。

彰显了数字人权的私法维度。一方面，数字技术成为公共事务的新工具，而这种新工具得以运行的基础在于数据与算法，不仅带来了"科技理性"与"法律理性"的深度融合[1]，还意味着与本部门的专业性事务截然分离，各类"数字+""智慧+"的改革机制也就必须依赖于外部的技术力量，以此区别于多中心治理中的各类独立主体。此时，公共部门无论采取"政府与社会资本合作"（Public-Private Partnership，PPP）抑或战略合作、技术外包的形式，实质上均是以平等民事主体的身份参与其中，通过各类契约方式确保数字技术的应用。另一方面，除去前述的"公私合作"情形，数字技术本身还具有"自我赋权"的特性，并借此塑造了超越国家权力关系的"数字权力"。这种"新型权力"以数字技术为基础而打破了国家对于权力的"垄断"，使得私权力变得更加普遍。以此为基础，诸多商业平台基于用户体量和便捷功能等方面的优势，开始越来越多地承担起公共职能，也就使得数字人权必须同时处理公法与私法两方面的关系。

二、《民法典》的"数字人权"意蕴

数字人权不可避免地涉及私法，不仅表现在基本原理层次，也集中体现在实证法层面——《民法典》作为"典型的权利本位法"[2]，本质上可视为对《宪法》中"国家尊重和保障人权"的扩展与具体化，加之其固有的权利本位与时代性特征，实际上业已从诸多方面体现出数字人权的意蕴。

第一，微观层面上，《民法典》中的数字人权条款[3]。人权条款通常被理解为有助于推动人权保障的法律规范，《民法典》作为基础性法律，以公民的财产权、人身权、人格权为核心内容，通过创设"权利规则"显现出保护人权的功能，其间的数字人权条款则可区分为下述三个层次：一是概括性的宣示规定。"总则"作

---

[1] 参见李傲、王娅：《智慧法院建设中的"战略合作"问题剖判》，载《安徽大学学报（哲学社会科学版）》2019年第4期，第68页。
[2] 徐显明：《民法典应充分体现"尊重和保障人权"》，载《中国人大》2016年第14期，第16页。
[3] 为表明《民法典》条文与数字人权的关联，此处"数字人权"更侧重于外观上的契合，即"与数字相关的人权或权利规定"均可纳入。

为《民法典》提纲挈领的开篇,不仅旨在将各个分编中的共同要素予以体系化地归纳和抽象,而且也强调以基本原则和象征性规定弥补法律漏洞与法律空白,保持《民法典》本身的开放性。所以对于现阶段难以准确厘清的数字问题,往往倾向于"象征性地强调其受法律保护"[1],其中又以第111条和第127条最为典型,二者既是宣示条款——在法律上宣示将个人信息、数据、虚拟财产纳入权利客体的范围,也是一个"引致条款",从而将相应的具体规则留待专门的特别法规定[2],于原则层面宣告性地保障了数字人权[3]。二是人格权编的集中创设。如果不作严格区分,信息和数据皆兼具人格与财产属性,而《民法典》则主要采取了人格权保护思路,章节设置了"隐私权与个人信息保护"。尽管"个人信息"只是一项"权益",而未能成为一项显名的"权利",但依然初步建构了个人信息保护的基本架构,从而增强了数字人权的规范保障力度。与此同时,《民法典》第990条第2款的兜底性规定[4],也具有鲜明的数字人权色彩,即以人权中核心的"人身自由"和"人格尊严"为价值导向,有助于应对数字技术应用过程中的各类新问题,不断延展数字人权条款的适用范围。三是特定条款扩大了原有权利的涵摄范围。正所谓"阳光之下无新鲜事",诸多数字人权问题虽然是新现象,但原理却是一以贯之的,也就能够通过对法律概念或权利对象的解释,将数字人权保护纳入某些《民法典》条款之中。以《合同编》为例:认可电子数据作为书面合同的特殊形式,实际上是将合同权利义务与数字技术应用关联在一起,避免处于"权利失范"的状态。而《民法典》第497条、第498条关于格式条款无效以及争议解决的规定,在数字时代实际上更多指向了各个平台的"个人信息协议",并且也带有"扶弱抑

---

[1] 彭诚信、许素敏:《"新型权利"在〈民法典〉中的表现形式及规范价值》,载《求是学刊》2022年第3期,第105页。

[2] 王利明:《迈进数字时代的民法》,载《比较法研究》2022年第4期,第20页。

[3] 值得注意的是,《民法典》总编在对物权、债权、知识产权进行总括性规定时,均未提及网络虚拟财产的内容,而是以专门条款的形式规定网络虚拟财产的法律保护,这或许意味着网络虚拟财产已被划定为不同于物权、债权和知识产权的独立类型的新型财产权利。相关论述可参见杜启顺:《网络虚拟财产权利救济方式探微——以民事责任体系为论证进路》,载《北京行政学院学报》2017年第4期,第111页。

[4] 《民法典》第990条第2款规定:"除前款规定的人格权外,自然人享有基于人身自由、人格尊严产生的其他人格权益。"

强"的纵向关系意涵[1]。

第二,整体意义上,《民法典》的人权意味与机理。就字面理解而言,人权本质上还是一种权利,只不过突出的是"一个人之所以拥有这种权利,仅仅因为他是人"[2]。在对人权予以制度化法律保障的过程中,抽象的人权被分解成具体的权利"散落"在各个法律部门之中,通过一系列法定权利的构设,空洞的"人"在法律上被赋予了实质性的内涵。在这一过程中,民事规范虽然旨在调整平等主体间的法律关系,但其"权利本位法"的底色决定了《民法典》之于"人"的基础性意义所在,即通过增加权利的"密度"与可行性来抵御数字权力的侵袭。更进一步而言,从起源上来看,人权概念与现代民法都始肇于人的主体意识,构成了法的现代化进程中必不可少的要素。一方面,如果说人权代表了一种关乎人的潜能的社会选择,那么民法规范则是实现这一潜能的重要方式,即民法对于人应当怎样生活的预设,不仅是对人之本性的反映,也是自我实现过程中必不可少的制度基础。申言之,人权与民法的精神内核趋于一致,尤其是民法对于意思自治的推崇与捍卫,实际上正是延展了作为人权核心概念的"自主性",即意思自治的哲学基础就在于"我规定自己"的理性。而作为一项民法基本原则,意思自治不仅指涉免于他人干涉的自由,也因预设了每个人的"自我主宰"而具有平等意涵。在此意义上,《民法典》构造了个人自主性的权利机制。而在个体自主性受到越来越多威胁和挑战的数字时代,如何更新与重构意思自治理念,某种程度上也决定了数字人权的保障效果。另一方面,民法中的人格权概念构成了人权规范化的重要依据。按照格里芬的观点,"从人格的概念中,我们可以得到传统的人权清单中的大多数权利"。[3]鉴于人格权本身强大的解释力,数字人权概念体系的建立也必然需要借助人格权的诸多下位概念。由此,人格权构成了对人权内容的明显约束,意味着并非任何促进人之发展的诉求都能够成为法定人权的对象,唯有"人

---

[1] 《民法典》第498条第2句规定:"对格式条款有两种以上解释的,应当作出不利于提供格式条款一方的解释。"
[2] [美]杰克·唐纳利:《普遍人权的理论与实践》,王浦劬等译,中国社会科学出版社2001年版,第7页。
[3] 参见[英]詹姆斯·格里芬:《论人权》,徐向东、刘明译,译林出版社2015年版,第40页。

的资格所需要的那些东西才可以成为人权的对象"[1]，从而通过这一限定来避免贫乏的、抽象的、自我的自主性，以此保证民法中的"人"与人权中的"人"趋于一致，共同建构出以理性为核心而具有能动性的"人"。除此之外，侵权责任的分配机制所体现出的公平理念、人文关怀以及弱势群体保护趋向，同样一以贯之地体现出人权价值。

第二节 正当性证成:《民法典》保障数字人权的逻辑理路

前文从实证层面剖释了人权与《民法典》的交互关系与内在关联，也揭示了《民法典》之于数字人权保障的重要意义。然而按照经典的人权原理，人权主要体现出个人对国家作为或不作为的要求，这就与"民法调整平等主体的自然人、法人和非法人组织之间的人身关系和财产关系"(《民法典》第2条)的基本定位产生了偏差，于是将《民法典》用于保障数字人权，也就有可能造成法律逻辑的混乱。沿循"是/应当""事实—价值"二分，势必要从学理上证成以《民法典》保障数字人权的正当性。最简单的回应在于，人权本身的性质不等于人权保障制度的性质，但这一理由更多是"防御性"的，而未揭示出人权与民法规范的内在关联，所以此处的正当性证成主要诉诸主体与客体两个方面的内容。

一、主体证成

人权的主体性问题不仅致力于在知识论层面回答"谁的权利"，而且决定了人权内容及其相应的体系和目的[2]，因而具有基础性意义，其中主要包括权利主

---

[1] [英]詹姆斯·格里芬:《论人权》，徐向东、刘明译，译林出版社2015年版，第42页。
[2] 参见曲相霏:《论人权的普遍性与人权主体观》，载《文史哲》2009年第4期，第159页。

体与义务主体两个方面的内容,展示出人权与民法规范的契合。

一方面,人权主体与民事主体具有一定程度的重叠性。人权因普遍性特征而区别于特权,《民法典》第4条关于"法律地位一律平等"的规定则可视为人权普遍性的另一种表达方式,由此二者在主体哲学层面具有一致性,即无论是人权还是民法中的"人",都普遍而平等地享有权利。但是,从这种一致性中并不能必然得出人权适用民法的结论,其间的主体偏差不可忽视:一是自然人与公民的差异。通常认为,人权主体是不附带任何限制的"赤裸裸的人",区别于带有民族、国别色彩的公民,而以民法等国内实在法保障人权,势必意味着人权主体被限缩为法定范围内的公民。二是在"第三代人权"发展的进程中,出现了有关于"集体"是否可以、在多大范围内可以作为人权主体的争议,进而形成了国内/国际人权法二分的理路,即宜将集体人权"界定在国际人权法的领域内,以示对人权的国内保障与国际保障的区别"[1]。与之相应,民法的调整对象则是"自然人、法人和非法人组织"(《民法典》第2条),这种与人权主体的偏差又该如何纠正?

在笔者看来,上述两方面的诘问并不影响民事主体在人权法律保障体系中的重要地位,反而明确了人权的首要保护对象正是作为个体的"人"。一是在民法促进人权发展的过程中,并非所有的《民法典》条文都具有人权保障的功能,民事法规范与人权规范更像是部分重叠的关系,而自然人则是二者交集中最主要的权利主体。进言之,也不是所有关于自然人的民法规范都与人权相关,而只有涉及社会行动主体的自主性或自由意志时,才具有人权的部分意涵。二是人权意义上"人"的范围虽然不同于民法规范上的"人",但内在的价值逻辑却是一以贯之的,进而能够通过赋予主体一系列权利来维系自身的主体地位。至于从"自然人"向"公民"的主体范围限缩,乃是人权制度化、规范化、实在化的必由之路,继而将变动不居的价值宣言转化为具有法定效力的实在规范,便于通过"归责

---

[1] 徐显明、曲相霏:《人权主体界说》,载《中国法学》2001年第2期,第59页。

的逻辑表达"[1]来回应人权诉求。总之,民法中的"人"实际是把人权中抽象的"人"予以具体化和形象化,不仅不会在实质上造成"主体悖论",反而彰显了内在的一致性,即民法规范同样以主权范围内人的权利为出发点和落脚点,并设定了一视同仁的主体资格。至于在此基础上所衍生出的"集体权利",本质上依然可以还原到个人层面。

另一方面,数字时代的人权义务主体业已超越公权力范畴,扩张至私主体。民法与人权耦合的最大障碍在于,人权的纵向性特征与民法平等法律关系之间的错位,这种错位亦折射出人权的特性与独立性所在,使之区别于一般意义上的权利。但值得澄清的是,民法以调整平等关系为原则,但并不意味着所有主体在实质地位与能力上都是平等的,于是就出现了各类基于公平理念的制度设计和责任分配机制,以期矫正形式平等所引发的某些实质性压迫。在此意义上,《民法典》中的某些规范始终具有纵向性色彩。

具体而言,正所谓"信息是权力的中心"[2],数字技术不仅牵引了社会关系的变迁,还塑造了全新的权力生产机制,使得权力呈现出分散化、去中心化的趋势,也就打破了国家对于权力的专属垄断,使得"广泛性权力和深入性权力、威权性权力和弥散性权力以前所未有的方式结合起来"[3],形成了以技术为基础的"数字权力"。而鉴于经济本质上可视为"技术的一种表达"[4],以及"技术—资本"的紧密关联,数字权力的享有者往往是私主体。由此,19世纪以来显现的"私权力"不断膨胀,并且对于公共事务的介入日渐加深,甚至本身就成了公权力的一部分。显然,数字权力混同了公法内容与私法主体,而其本质上依然可视为"一

---

〔1〕 张龑:《论人权与基本权利的关系——以德国法和一般法学理论为背景》,载《法学家》2010年第6期,第23页。
〔2〕 [美]安德雷斯·韦思岸:《大数据和我们——如何更好地从后隐私经济中获益?》,胡小锐、李凯平译,中信出版集团2016年版,第12页。
〔3〕 周尚君:《数字社会对权力机制的重新构造》,载《华东政法大学学报》2021年第5期,第26页。
〔4〕 参见[美]布莱恩·阿瑟:《技术的本质:技术是什么,它是如何进化的》,曹东溟、王健译,浙江人民出版社2018年版,第213—216页。

种社会商业力量"[1],只不过这种商业力量蕴藏着庞大的数据资源和支配能量,也就必然突破权利领域进入权力的空间。沿此进路,在社会整体迈向数字化的宏大背景之下,《民法典》所欲调整的平等关系也就持续发生着实质性的变化,诸多民事主体获致了公共权力,也就有理由和有必要成为人权的义务主体。

二、客体证成

与主体相对,法律意义上的客体通常指涉权利或义务的行使对象。将《民法典》用于保障人权,主要原因就在于权利客体的一致性,即人权所欲保障的人的自主性或人之尊严,可以具体化为身体、人格、财产以及获得司法救济等具体权利或权益,继而进入《民法典》的辐射范围。

第一,数字人权的规范化实质上可视为将法律客体予以具体化、明确化的过程。人权最简单而又经典的界定是"人所以为人所必需的权利",是故人权的客体被抽象为"人的自主性"或"基本的权利"。然而,这种客体带有较强的主观色彩,也富有广阔的解释空间,也就可能导致人权成为"至大无边、至小无用"的概念。作为应对,人权通常会通过国家化、制度化、理性化、习俗化四个层次,被转化为宪法文本中的基本权利[2]。但是,宪法规定的权利通常被认为是不完整的规范,在规范意义上归结为"原则"更加恰切,于是在违宪审查制度不完备的情境下,宪法之于人权的保障更多也就是原则性的,也就意味着失去了直接性的制度支撑——至于新兴的数字人权究竟能够化约为哪些宪法基本权利尚且语焉不详,加之数字规则的缺失,必然导致数字人权保障处于制度虚置的状态。显然,如果说宪法构造了人权法律保障的基本架构,那么各个部门法则是对这一基本架构的延展和具体化。例如,现代民法试图透过平等且抽象的人格,进一步关注贫富、强弱、贤愚等具体差别,并通过所有权社会义务、强制缔约、精神损害、举证责任

---

[1] 马长山:《智慧社会背景下的"第四代人权"及其保障》,载《中国法学》2019年第5期,第13页。
[2] 关于人权向基本权利的限缩性转化,可参见张翔:《论人权与基本权利的关系——以德国法和一般法学理论为背景》,载《法学家》2010年第6期。

倒置等制度,将人权理念具体体现至物权、合同、救济等范畴之中。

按照"物质—理念—制度"的互动逻辑,无论是"数字人权"还是"数字基本权利",都不是无源之水、无本之木的"空中楼阁",而是对数字技术全面介入生产、生活的价值回应,折射出数字技术应用所带来的法律、法学和法理变迁,且这种"变迁—回应"不是单向和一元的,不仅逐步渗透至权利理念层面,也不断直接影响着具体的法律制度,即出于法律调整社会关系的现实需要,诸多与数字权利相关的民事法律规范不断生成,这一过程未必以人权理念为观念基础,但在客观上却实实在在起到了规范化保障数字人权的功能,在具体层面展现出细化主观权利与确立客观秩序的双重作用,使得数字人权不仅是一项"请求"意义上的权利,还具有"秩序"的性质[1]。

第二,现代民法逐步扬弃了"财产法中心主义",转而逐渐将对人的关怀视为民法的终极价值,有助于实现民法精神与人权价值的价值契合。在传统的民法谱系中,财产权利占据了支配性的地位,甚至可以说,传统民法的逻辑展开过程,就是对财产的生产、分配、流转过程进行法律描述,以至于人的主体性特征必须要通过主体所拥有的财产来确认。然而伴随着经济结构变化和资本积累,对财产权予以绝对保护的负面效应却愈发明显,间接导致的种种社会不公也使得人们开始反思"契约自由"与"正义"的正向相关关系:一方面,"泛财产化"的传统民法走向极致,容易导致"物"成为目的本身并凌驾在"人"之上,支配和决定着人[2],不仅与20世纪以来的人权诉求相悖,也不断消减着民法本身的正当性和伦理基础;另一方面,人与财产的结合形式具有多样性,然而"财产权保障的抽象的法律形式很可能会掩盖实际生活中不同的人与财产之间的复杂关系"[3],将对"人"的理解狭隘化为对外在财富的支配。这种对人简单的物质化理解显然与现代社会格格不入,民法理论因之迎来了反思的契机,更为强调契约平等基础上的身份,

---

[1] 参见张翔:《基本权利的规范建构》,高等教育出版社2008年版,第19页。
[2] 薛军:《人的保护:中国民法典编纂的价值基础》,载《中国社会科学》2006年第4期,第122页。
[3] 薛军:《人的保护:中国民法典编纂的价值基础》,载《中国社会科学》2006年第4期,第122页。

即"关于社会成员的位置体系又逐渐取代着自由主义的合约体系,从而反转了梅因从身份到契约的命题"[1]。正是以这种理论变迁为知识背景,对于"人的保护"被提升到了新的高度,"财产"或"物"不再是最重要的民法客体,而"人文关怀价值的考量正逐渐成为民法的基础价值体系"[2]。至此,民事法律规范内涵了更多的人权元素。

具体而言,这种客体上的转变与契合可从下述几方面加以理解:一是在现代民法的价值理念中,"人"是不同于"个体"的伦理性概念,体现出个体性因素与社会性因素的统一,前者指向人的内在维度,意味着抽象意义上自我主张的主体性确认,后者则强调在人的生存事实之上,张扬相互尊重他人人格的目的性价值[3],从而形成交互性意义上的平等。循此而论,民事主体不仅具有拟制性,还应当具有价值性与二元性,即不能简单地将"自然人"和"法人"等而视之,而是宜对二者进行"目的性/工具性"的价值二分,并在利益冲突时有限保护自然人。显然,这一观点不单强调了"民法的终极价值是对人的关怀"[4],也借助自然人/法人的区别对待,意图实现对弱势地位者的倾斜保护,因之契合了人权所强调的"人的价值"与"纵向关系"。二是在数字时代,财产与人格之间的关系正发生着重要转变。诚如耶林所言,对财产的侵害亦是对人格的侵害[5],近代民法将人格附着于财产之上,尔后又在反思和批判的过程中逐渐凸显出人格的独立意义。数字技术则进一步翻转了财产与人格之间的关系,不仅推动二者更加紧密地交融在一起,也使得财产权益开始附着于人格之上,从而进一步增强了人的地位。易言之,数字时代的"数据权益与个人信息是水乳交融的关系"[6],数据作为一种新型的生产要素和财产形式,最主要、最有价值的来源在于个人的各类信息,诸如

---

[1] See P. Williamson, *Varieties of Corporatism: A Conceptual Discussion*, Cambridge University Press, 1992, p.20.
[2] 王利明:《民法的人文关怀》,载《中国社会科学》2011年第4期,第153页。
[3] 参见[德]卡尔·拉伦茨:《德国民法通论》(上册),王晓晔等译,法律出版社2013年版,第47页。
[4] 王利明:《民法的人文关怀》,载《中国社会科学》2011年第4期,第152页。
[5] [德]鲁道夫·冯·耶林:《为权利而斗争》,胡海宝译,中国法制出版社2004年版,第24-25页。
[6] 王利明:《迈向数字时代的民法》,载《比较法研究》2022年第4期,第19页。

身份标识、生物信息、行动轨迹、消费记录等，经过技术处理就能够产生一系列收益。此时，财产紧密依附于个人人格，也就昭示了"人"本身在民法体系中的重要性。除此之外，借助数字技术，财产的虚拟化趋势愈发明显，而虚拟化的财产支配则更多地依存于人格。例如，无论是较为成熟的人脸支付、指纹支付，还是各种各样的数字货币，都离不开对人的个性化识别，人格因之成为数字时代财产的主导因素之一，于是不再契合传统意义上的财产交易逻辑。三是伴随着数字产品的普遍化，财产权利的概念与规则正悄然发生着变化，财产保护的逻辑不断变迁。在近代民法萌生之初，（财产）所有权通常被视为一项绝对权利，甚至可以理解为一个人对世界上的外部事物主张并行使的唯一的、专制的"统治"[1]，而这种绝对性则伴随着社会结构的复杂化不断消减，以至于在数字技术的推动下出现了有关"所有权终结"的隐忧，即"无所有权模式已经从非常态化转变为常态化"[2]，不仅共享经济方兴未艾，法律意义上的确权也变得更加精细和困难[3]。在此背景下，近代民法体系中主要适用于财产领域的意思自治和资格平等也就不再占有绝对的主导地位。这种趋向不仅为人权价值的渗透提供了更为广阔的空间，还意味着当数据和代码附着于实体物品之上时，失去所有权保护的个体面临着更大的风险，也就彰显了突破传统财产法逻辑而适用人权价值和人格权逻辑的必要性。

总之，在近代民法向现代民法演进的进程中，人们愈发认识到，单纯强调抽象的人格与形式的平等，无异于忽视乃至扩大了实质意义上的差别和不平等，也终将损害到民法所追求的自由与效率。由是，"具体的人格"被不断强调，民法的客体对象及其结构也不断发生着变化，此时人格权作为人权的重要形态，乃是现代民法作为市场经济基础结构的必要结果，进而通过平衡强者与弱者的利益关

---

〔1〕 See William Blackstone, *Commentaries on the Laws of England*, Harper & bros, 1857, p.1.

〔2〕 ［美］亚伦·普赞诺夫斯基、杰森·舒尔茨：《数字时代的财产保护》，赵精武译，北京大学出版社2022年版，第251页。

〔3〕 例如，大部分数据产生自个体的社会活动，但个体对数据并不具有控制力，而平台或企业虽然有能力控制和处理数据，但这种能力并不具有类似于财产所有权的内涵，且还受制于个体或公益等诸多因素。

系，为民法保障人权提供了更多的契合点与可能性。而在数字时代，上述主体与客体的转变更具有革命性，通过民事法律规范保障人权的必要性与合理性不断增强。而站立在整个法律体系的视角，保障人权实则是私法与公法的共同目标，前者"以人文主义为基础，追寻在横向平等社会关系中对于每个社会主体的关爱"[1]，后者则在纵向的社会结构中分配"权利—权力"和"权利—义务"关系，以落实宪法文本中的"尊重和保障人权"。在此意义上，民法不仅是保障人权的可能方案，亦是落实数字时代人权诉求的必要途径。

第三节 规范化建构:《民法典》保障数字人权的机制优化

前述内容从实然和应然两个层面剖释了民法保障人权的必要性与合理性，但并不意味着在民法领域业已形成了完备的人权保障机制。尽管我国的《民法典》"通过保障民权，旨在实现人民的福祉，确保人民的美好幸福生活"[2]，从而突出彰显了人权价值。然而人权发展事业是无止境的，况且数字技术应用所带来的新挑战与新问题亦层出不穷，所以如何进一步释放民法典的人权价值功能，就成为优化《民法典》人权保障机制的应因之策，这一过程实质上亦可视为以人权价值引领《民法典》的制度完善与制度适用。展言之，《民法典》被誉为"社会生活百科全书"，虽然致力于"以权利为核心建立民法的规范群体以及制度核心"[3]，但不可能事无巨细或面面俱到。尤其是面对新兴的数字问题和纷繁复杂的数字

---

[1] 满洪杰:《弱势群体权利保护与公私法的互动,以民法上人格的变迁为例》,载《山东大学学报(哲学社会科学版)》2013年第6期,第22页。
[2] 王利明:《论民法典的民本性》,载《中国人民大学学报》2020年第4期,第6页。
[3] 孙宪忠:《十九大科学立法要求与中国民法典编纂》,载《北京航空航天大学学报(社会科学版)》2018年第1期,第6页。

争议,亟须在民法典的架构之下不断完善,细化规则与方法,并将人权价值注入到相应的立法规范之中,最终实现"在广度上织密人权保护之网,在深度上强化了人权保护之力,在高度上创新了人权保护之举,在厚度上夯实了人权保护之基"[1]。

一、基于人权价值,细化数字人格权利规范

《民法典》不仅创设了一系列具体的人格权利,也通过"一般人格权"之规定形成了"宪法遁入民法的重要窗口"[2],由此对《民法典》第990条"一般人格权条款"的价值判断和开放适用[3]就构成了保障数字人权的重要路径。展言之,人格权往往被视为民法与人权互动的重要场域,而面对数字技术所带来的层出不穷新问题,众多新型人格权利的构成要件尚不清晰,所以《民法典》990条第2款借鉴《德国基本法》及其民法实践[4],形成了"差序类型"的兜底条款[5]。尽管《民法典》将"人身自由"和"人格尊严"作为判断新型人格权利是否值得法律保护的价值基准,有助于避免人格权利保护的泛化[6],但也可能因为概念过于抽象而导致该条款适用的不确定性。所以欲发挥《民法典》保障数字人权的功能,就必须从人权角度厘定"人身自由"和"人格尊严"的确切内涵。

---

[1] 汪习根:《论民法典的人权精神:以人格权编为重点》,载《法学家》2021年第2期,第1页。

[2] 参见姚辉、周云涛:《关于民事权利的宪法学思维——以一般人格权为对象的观察》,载《浙江社会科学》2007年第1期,第91—97页。

[3] 《民法典》990条第2款规定:"除前款规定的人格权外,自然人享有基于人身自由、人格尊严产生的其他人格权益。"这一规定被学界称为我国的"一般人格权条款"。相关论述可参见最高人民法院民法典贯彻实施工作领导小组主编:《中华人民共和国民法典人格权编理解与适用》,人民法院出版社2020年版,第24页;王利明、程啸:《中国民法典释评:人格权编》,中国人民大学出版社2020年版,第29页;江必新主编:《民法典重点修改及新条文解读》(下册),中国法制出版社2020年版,第668—669页。

[4] 按照梅迪库斯的界定,"一般人格权"意指经由德国联邦最高法院判例确立和发展,是一项以保护德国基本法上"人的尊严"和"发展人格"为宗旨、外延具有不确定性、通过个案中的利益权衡而认定的"框架权利"。相关论述可参见[德]迪特尔·梅迪库斯:《德国民法总论》,邵建东译,法律出版社2013年版,第803—811页。

[5] 有学者认为,《民法典》第990条的两个条款都具有兜底性质,其中第1款属于典型人格法益的同序类型兜底,第2款属于其他人格利益的差序兜底,旨在避免具体人格权保护出现漏洞。相关论述可参见温世扬:《〈民法典〉视域下的一般人格权》,载《中国法学》2022年第4期,第238—239页。

[6] 参见朱虎:《人格权何以成为民事权利?》,载《法学评论》2021年第5期,第65页。

第一,对"人身自由"的开放性认知。在既有的立法、案例和学理中,人身自由通常被理解为狭义上的行动自由。而站在人权的价值立场,则宜对《民法典》中的人身自由进行体系解释,将其含义扩展至"精神活动的自由和个人自主决定的自由"[1],进而将之作为一般人格权的产生基础,提升至普遍适用的高度。依此逻辑,"人身自由"所指向的自决性的物质性人格要素与精神性人格要素,就成为数字人权中自主性价值的具体内容,进而将数字人权的主观权利诉求转化为客观法秩序。具体至数字领域,重在将人身自由与个人信息处理、数据利用勾连起来,即除去个人信息保护的具体规则,还应当注重考量信息处理、数据利用过程中可能涉及的人身自由要素,并据此适用《民法典》第990条第2款,实现对数字隐私与个人信息的兜底性保护。在这一过程中,"概念特征经常不能涵盖全部案件"[2],即"人身自由"本身缺乏清晰界定的特征,必须通过法律解释予以明确,其间充斥着各类价值判断,也就为人权价值介入提供了契机,即通过扩大"人身自由"的价值辐射范围来保障数字人权。申言之,某些数字技术应用所导致的新问题,往往难以直接纳入"人身自由"的外延,于是就需要基于数字人权理念更新原有概念的语义规则,将新的案件事实对应于旧的"人身自由",其间又主要包括两种情形:一是采用数据运算方式而无缘由地限制行动自由,最典型的就是滥用"健康码";二是因不当的算法推荐或算法歧视,限制了信息获取和数据使用的自由。

第二,对"人格尊严"的体系化建构。人格尊严作为重要的人权和宪法概念,通常也被视为人格权编的首要价值[3],在实质层面显现出了民法规范与人权价值的共通性,即价值取向与权利客体趋同,只不过因为防御对象的分殊造成了性质上的差异。然而,人格尊严所指向的"始终是一个开放结构的特定权利类型"[4],

---

〔1〕 参见王利明、程啸:《中国民法典释评:人格权编》,中国人民大学出版社2020年版,第32页。
〔2〕 [德]拉伦茨:《法学方法论》,黄家镇译,商务印书馆2020年版,第286页。
〔3〕 参见王利明:《人格尊严:民法典人格权编的首要价值》,载《当代法学》2021年第1期,第3-14页。
〔4〕 刘练军:《定义人格权可能吗?——〈人格权编草案〉"四审稿"第990条第1款评述》,载《浙江社会科学》2020年第2期,第25页。

如何避免这一变动不居的价值概念无限蔓延，就成了其发挥人权保障功能的关键所在，其间主要包括体系、内涵和方法三个方面的问题。其一，理顺"人格尊严"与"人身自由"的关系。《民法典》将"人身自由"与"人格尊严"并列，意味着至少在立法技术和规范文义层面，二者并不存在位阶上的差异，而是具有趋于一致的价值内涵，属于"紧密结合、不可分离的整体性教义"[1]：一方面，如果说人身自由更偏重于外在障碍之消除，人格尊严则更强调落脚于内在的主体间性，体现出共同体内部人与人之间相互承认和尊重的关系[2]，从而与"人身自由"构成了递进关系；另一方面，某种意义上，人格尊严不啻于人身自由的边界，即以主体间的伦理准则来限定自由的限度，防止个体的人身自由无限扩张，侵害到他人尊严。其二，明确《民法典》中人格尊严的核心意涵。从法教义学出发，对人格尊严内涵的理解离不开对人格权利（益）的具体规定，所以包含的内容应与生命、健康、身体、姓名、名誉、肖像、隐私、个人信息等具体对象直接相关，即按照"具体人格权形态属于一般人格权片段"的逻辑[3]，反推数字化情境下人格尊严的辐射范围，并突出两方面的基本原则，一是禁止对人的物化。算法将万物都"客观化"为冷冰冰的数据，相应的结论并未考虑人的因素，从而可能使人成为数字技术的工具；二是强调主体资格的一律平等，反对基于算法自动化决策的不当区分[4]。其三，采用最有利于保障人权的解释方法。较之于人身自由，人格尊严具有更为明显的抽象性特征，因此如何进行解释就显得同样重要。诚然，多数学者都赞同解释方法的选择并不具有任意性，但除去文义和体系解释承担着基础性的限制功能，"在由它们所划定的边界内经常还可能有多种解释"[5]，且历史解释、目的解

---

〔1〕 温世扬：《民法典视域下的"人身自由"》，载《法制与社会发展》2022年第3期，第35页。
〔2〕 参见宋新：《论德国宪法上的人的尊严及借鉴》，载《东方法学》2016年第6期，第126页。
〔3〕 朱晓峰：《论一般人格权条款与具体人格权条款的规范适用关系》，载《比较法研究》2021年第3期，第159-161页。
〔4〕 需要说明的是，"人格尊严"主要起兜底和补充作用，当信息处理、数据利用或算法决策指向具体的损害时，应直接诉诸相应的法律规范，将"人格尊严"作为"补充理由"。当不存在明显或具体损害时，方可基于人格尊严适用一般人格权条款。
〔5〕 ［德］拉伦茨：《法学方法论》，黄家镇译，商务印书馆2020年版，第434页。

释、逻辑解释、当然解释等方法之间不存在一种固定的位阶关系。而有鉴于文义解释通常无法直接回应数字应用问题，"有利于人权"就有可能成为选择解释方法的因素甚至标准。更进一步而言，考虑到人格权条款与数字人权的紧密关联，亦可着重考虑采取目的解释的方法来实现人权保障的目的。

二、基于人权价值，完善数据财产权利规则

《民法典》第127条作为宣示条款，实际上肯认了数据和网络虚拟财产的法律地位，但其作为引致条款，也存在多重的理解路径。而以数字人权为价值指引，则重在强调将数据权益制度与"尊重和保障人权"之契合，基础性的架构主要指涉三端。

第一，数据权利（益）中的人格因素考量。如前文所述，在逐渐淡化"财产中心主义"的背景下，数据既具有财产属性，更包含人格权益，除去完全匿名化的状态，二者通常无法像传统物权一样进行所有权/用益物权的析分，也就意味着必须确定优先顺位，于是按照人权的价值标准，数据权利（益）框架的延展必须以保护数字人格利益为前提，形成"物权+人格"的二元复合权利结构。展言之，人格构成了财产处分的边界，也是公序良俗的具体化[1]，加之数据并非可被客观感知或辨识的客体，也就无法直接设立排他性的财产权利，而是需要将数据利益贴附于个体。此时，人格构成了数据财产权利的前设条件，即人格权（益）往往与可识别性密切相关，数据的可识别性越弱，则相应的财产权能越大。

第二，数据处理中的自主性。"同意"往往被视为数据处理的合法性基础，但在"同意"或"退出"的情境下，以隐私换便捷就成为一种无奈之举，于是"个人信息协议"中的用户同意更类似于一种"权利让渡的半契约逻辑"[2]，也就在很大

---

〔1〕 谢鸿飞:《财产权的公共性》，载《上海政法学院学报（法治论丛）》2022年第5期，第9页。
〔2〕 这种"半契约逻辑"和"算法利维坦"相呼应，强调公民为生活便利和社交诉求将自身权利让渡给平台公司。其间公民只是被动的参与者和数据的生产者，而非缔约的主权者，甚至不得不面对"同意或退出"的非此即彼式选择。相关论述也可参见张爱军:《"算法利维坦"的风险及其规制》，载《探索与争鸣》2021年第1期，第95-102页。

程度上虚置了同意原则。由此基于数字人权对个体自主性的强调，不妨在坚持同意原则的前提下，一方面强化对格式条款的规制，借助"给付均衡"原理保护处于弱势方的个体，即通过"利益均衡"与"风险均衡"的方法来加重数据处理者的义务，避免将风险不合理地分配给个体；另一方面，尝试赋予用户全过程的知情权利，以"数据透明"和"算法解释"来预防数据处理者的恣意妄为。前者强调将"透明"作为一种范式和指导原则，使数据活动具有传播光线的特质，能够将背后的事实完全显露出来[1]；后者则旨在通过设定"人格权衍生的非独立请求权"[2]，实现算法问责。

第三，注重数据确权和交易的公平性。对于数据权利（益）的定性，学界存在财产权进路、合同法进路、竞争法进路与知识产权进路等不同观点，而在《民法典》的框架下，财产权进路最有助于维系现有体系的稳定性[3]——况且无论如何界定数据权利（益），都无法回避数据的权属、流通、交易和收益等问题。居于数字人权的立场，数据财产制度的设立不应当仅仅考量对数据的控制力和占有状态，还宜适度向个体用户倾斜，即赋予作为"数据来源"的个体以一定的使用权利和收益权利，并根据《民法典》第1038条第1款的规定，以数据的敏感程度作为数据控制者权能的判定标准[4]，借此实现对弱势方的保护。

三、基于人权价值，建立灵活的侵权责任制度

就数字人权的内容而言，主要涉及的是财产权与人格权，但伴随着财产和人格客体出现全新的数字化形态，按照"无权利则无救济"的原则，也就需要在既有

---

[1] 参见王娅：《政府信息公开视阈下的"透明"论析》，载《华中科技大学学报（社会科学版）》2018年第4期，第119页。

[2] 胡巧莉、刘征峰：《算法解释在民法中的体系定位与类型区分》，载《财经法学》2022年第4期，第67页。

[3] 相关理由可参见钱子瑜：《论数据财产权的构建》，载《法学家》2021年第6期，第78-79页。

[4] 《民法典》第1038条第1款中规定："未经自然人同意，不得向他人非法提供其个人信息，但是经过加工无法识别特定个人且不能复原的除外。"根据这一规定，当数据经过合乎法律规定的清洗之后，当完全无法识别且不能复原，则数据控制者取得完全的财产所有权。反之，当合理收集未经过匿名化处理时，则相应的数据财产权更类似于无权能的"空虚财产权"。而在二者之间，还存在多重的中间状态。

的《民法典》框架下,适度变迁侵权责任规则。具言之,"越来越透明的个人"与"越来越幽暗的数据掌控者"[1]之间的鸿沟不断扩大。而结合数字化侵权的主要特征,按照数字人权的价值要求,则应当着重从下述两方面加以完善,推进数字人权的司法保障。

第一,建立多元化的赔偿方案。在数字领域,人格与财产利益的交融程度不断加深,且二者所指向的客体都是无形的,这就导致同一侵权行为往往会产生多种损害后果,使得损害认定与赔偿金额确定变得更加困难,相应的救济力度也就不断消减,导致"最有能力防止个人信息权益损害的人缺乏足够的动机谨慎行事"[2],最终数字人权难以得到有效的司法保障。所以基于个体的数字人权诉求,不妨从三方面入手加以完善:一是反思损害赔偿中的补偿原则。在"财产法中心主义"的框架下,损害赔偿实质就是一种补偿,但面对人格权日益重要的趋向以及人格/财产相融合的数字问题,理应建立更为多元化的损害赔偿方式,增强精神损害赔偿、象征性赔偿和惩罚性赔偿的适用。二是尝试将获利返还制度引入数字领域。《民法典》第1182条确立了"损失/利益—协商—法院酌定"的顺位,当数字应用侵害人身权益并因之造成财产损失时,即可引入这一条款。而依循人权价值,对于人身权益侵害和财产损失之间的因果关系,宜采用宽松认定的方法,即未必恪守明显、必然且直接的因果关系判定标准。三是适度降低精神损害赔偿的标准。为防止精神损害请求权的滥用,我国《民法典》第1183条以"严重精神损害"作为提起赔偿的前提要件。但是在数字领域,存在大量的"大规模微型侵害",虽然通常只会给个人带来轻微的不便,但却是长久而频繁的。所以按照数字人权的价值要求,"严重"这一程度标准应当不断淡化,借此降低个体的证明责任,真正"契合数字社会中个人信息的本质属性"[3]。

---

[1] 郑戈:《在鼓励创新与保护人权之间——法律如何回应大数据技术革新的挑战》,载《探索与争鸣》2016年第7期,第79—85页。

[2] See Vincent R. Johnson, *Data Security and Tort Liability*, Journal of Internet Law, Vol.11: 22, p.22(2008).

[3] 彭诚信、许素敏:《侵害个人信息权益精神损害赔偿的制度建构》,载《南京社会科学》2022年第3期,第91页。

第二，完善预防性的保护方案。借助于发达的网络传播技术，数字领域的侵权后果往往会极速扩展蔓延，进而造成多次伤害。所以面对"数字时代所特有的人格权侵害损害发生迅速、扩张速度极快、后果难以补救的特征"[1]，预防性保护方案就显得尤为重要。具体而言，出于人权保障之目的，可适当放宽《民法典》第997条"人格权禁令条款"的适用标准[2]。一方面，"有证据证明"应当采取盖然性判断标准，即有依据证明达到"有可能"侵害人格权的程度即可，而不必完全严格契合证据法意义上的合法性、真实性、关联性的标准；另一方面，"难以弥补的损害"具有较强的主观色彩，因而应当淡化这一不确定性标准，以放宽数字领域的人格权禁令适用门槛。在此基础上，则不妨从损害类型、扩展速度、双方地位等因素着手考量[3]，更好地前移人格权益保护的重心。

---

〔1〕 王利明：《迈向数字时代的民法》，载《比较法研究》2022年第4期，第28页。

〔2〕 我国《民法典》第997条规定："民事主体有证据证明行为人正在实施或者即将实施侵害其人格权的违法行为，不及时制止将使其合法权益受到难以弥补的损害的，有权依法向人民法院申请采取责令行为人停止有关行为的措施。"

〔3〕 例如，当损害后果可能是敏感信息泄露时，即具有不可恢复性，此时就可认定为"难以弥补"；当双方地位悬殊或有可能迅速传播扩大损害时，也可视为符合"难以弥补"的特征。

参考文献

一、中文文献

1.中文著作

[1]蔡琳:《裁判合理性理论研究》,法律出版社2009年版。

[2]陈辉:《解释作为法律的结构及其对法治的影响》,中国政法大学出版社2015年版。

[3]陈景辉:《实践理由与法律推理》,北京大学出版社2012年版。

[4]陈景辉:《法律的界限:实证主义命题群之展开》,中国政法大学出版社2007年版。

[5]陈林林:《裁判的进路与方法——司法论证理论导论》,中国政法大学出版社2007年版。

[6]陈林林:《法律方法比较研究——以法律解释为基点的考察》,浙江大学出版社2014年版。

[7]陈真:《当代西方规范伦理学》,南京师范大学出版社2006年版。

[8]崔卓兰等:《地方立法实证研究》,知识产权出版社2007年版。

[9]段卫利:《被遗忘权原论》,中国法制出版社2022年版。

[10]冯平:《评价论》,东方出版社1995年版。

[11]胡玉鸿主编:《弱者权益保护研究综述》,中国政法大学出版社2012年版。

[12]黄金荣:《司法保障人权的限度——经济和社会权利可诉性问题研究》,

社会科学文献出版社2009年版。

［13］黄茂荣:《法学方法与现代民法》,中国政法大学出版社2001年版。

［14］江必新主编:《民法典重点修改及新条文解读》(下册),中国法制出版社2020年版。

［15］焦宝乾:《法律论证导论》,山东人民出版社2006年版。

［16］金观涛:《观念史研究:中国现代重要政治术语的形成》,法律出版社2009年版。

［17］雷磊:《"法的渊源"意味着什么》,中国政法大学出版社2021年版。

［18］雷磊:《规范、逻辑与法律论证》,中国政法大学出版社2016年版。

［19］梁晓晖:《工商业与人权:从法律规制到合作治理》,北京大学出版社2019年版。

［20］刘德良:《论个人信息的财产权保护》,人民法院出版社2008年版。

［21］刘权:《比例原则》,清华大学出版社2022年版。

［22］刘志强:《人权法国家义务研究》,法律出版社2015年版。

［23］卢代富:《企业社会责任研究:基于经济学与法学的视野》,法律出版社2014年版。

［24］马志刚:《中外互联网管理体制研究》,北京大学出版社2014年版。

［25］齐爱民:《信息法原论——信息法的产生与体系化》,武汉大学出版社2010年版。

［26］沈洪涛、沈艺峰:《公司社会责任思想:起源与演变》,上海人民出版社2007年版。

［27］宋方青、姜孝贤、程庆栋:《我国地方立法权配置的理论与实践研究》,法律出版社2018年版。

［28］孙伟平:《价值哲学方法论》,中国社会科学出版社2008年版。

［29］孙志海:《价值理性批判:价值观念生成的先验程序和先验结构》,中央编译出版社2017年版。

［30］王利明、程啸:《中国民法典释评:人格权编》,中国人民大学出版社2020年版。

［31］吴从周:《概念法学、利益法学与价值法学:探索一部民法方法论的演变史》,中国法制出版社2011年版。

［32］夏征农、陈至立主编:《辞海》(第六版缩印本),上海辞书出版社2010年版。

［33］徐向东:《自我、他人与道德》,商务印书馆2007年版。

［34］杨成铭主编:《人权法学》,中国方正出版社2004年版。

［35］杨海坤、赵玮等:《弱势群体权益的公法保护》,中国人事出版社2015年版。

［36］姚建宗等:《新兴权利研究》,中国人民大学出版社2011年版。

［37］于秀丽:《排斥与包容:转型期的城市贫困救助政策》,商务印书馆2009年版。

［38］余少祥:《弱者的权利——社会弱势群体保护的法理研究》,社会科学文献出版社2008年版。

［39］张佛泉:《自由与人权》,台湾商务印书馆1993年版。

［40］张文显:《二十世纪法哲学思潮研究》,法律出版社1996年版。

［41］张文显主编:《马克思主义法理学——理论、方法和前沿》,高等教育出版社2003年版。

［42］张翔:《基本权利的规范建构》,高等教育出版社2008年版。

［43］张玉洁:《规"智":人工智能的法律挑战与回应》,社会科学文献出版社2022年版。

［44］赵志云:《网络空间治理:全球进展与中国实践》,社会科学文献出版社2021年版。

［45］郑贤君:《基本权利原理》,法律出版社2010年版。

［46］郑永年:《中国模式:经验与困局》,浙江人民出版社2010年版。

［47］中共中央党史和文献研究院：《习近平关于尊重和保障人权论述摘编》，中央文献出版社2021年版。

［48］钟丽娟：《自然权利制度化研究》，山东人民出版社2010年版。

［49］朱同江：《人权司法的一个前提：如何理解人权——论一种"纯粹的整体性人权观"》，西南交通大学出版社2015年版。

［50］朱颖：《"原则"的法理学：一种关于德沃金法学理论的考察》，法律出版社2010年版。

［51］朱振：《立法的法理学——一种社会理论的进路》，上海三联书店2022年版。

［52］卓泽渊：《法的价值论》，法律出版社2018年版。

［53］最高人民法院民法典贯彻实施工作领导小组主编：《中华人民共和国民法典人格权编理解与适用》，人民法院出版社2020年版。

2.中文译作

［1］［奥］汉斯·凯尔森著，［德］马蒂亚斯·耶施泰特编：《纯粹法学说》，雷磊译，法律出版社2021年版。

［2］［奥］凯尔森：《法与国家的一般理论》，沈宗灵译，中国大百科全书出版社1996年版。

［3］［澳］莫妮卡·佐尼鲁特等：《法治与政府决策自动化》，廖建凯译，载《理论月刊》2020年第11期。

［4］［丹麦］哥斯塔·埃斯平-安德森：《福利资本主义的三个世界》，苗正民、滕玉英译，商务印书馆2010年版。

［5］［德］阿列克西：《法、理性、商谈：法哲学研究》，朱光、雷磊译，中国法制出版社2011年版。

［6］［德］阿列克西：《论人权的存在》，蔡琳译，载张仁善主编：《南京大学法律评论》2013年秋季卷，法律出版社2013年版。

［7］［德］阿列克西：《论宪法权利的构造》，张龑译，载《法学家》2009年第

5期。

［8］［德］阿图尔·考夫曼:《法律获取的程序——一种理性分析》,雷磊译,中国政法大学出版社2015年版。

［9］［德］伯恩·魏德士:《法理学》,丁小春、吴越译,法律出版社2003年版。

［10］［德］迪特尔·梅迪库斯:《德国民法总论》,邵建东译,法律出版社2013年版。

［11］［德］冯·基尔希曼:《作为科学的法学的无价值性——在柏林法学会的演讲》,赵阳译,载《比较法研究》2004年第1期。

［12］［德］福尔克尔·埃平、塞巴斯蒂安·伦茨、菲利普·莱德克:《基本权利》,张冬阳译,北京大学出版社2023年版。

［13］［德］哈贝马斯:《作为意识形态的技术与科学》,李黎、郭官义译,学林出版社1999年版。

［14］［德］汉斯·约阿斯、沃尔夫冈·克诺伯:《社会理论二十讲》,郑作彧译,上海人民出版社2021年版。

［15］［德］汉斯-格奥尔格·伽达默尔:《诠释学I:真理与方法——哲学诠释学的基本特征》,洪汉鼎译,商务印书馆2007年版。

［16］［德］卡尔·拉伦茨:《德国民法通论》(上册),王晓晔等译,法律出版社2013年版。

［17］［德］卡尔·拉伦茨:《法学方法论》,黄家镇译,商务印书馆2020年版。

［18］［德］卡尔·拉伦茨:《正确法:法伦理学基础》,雷磊译,法律出版社2022年版。

［19］［德］康德:《道德形而上学原理》,苗力田译,上海人民出版社2005年版。

［20］［美］林南:《社会资本——关于社会结构与行动的理论》,张磊译,上海人民出版社2005年版。

［21］［德］卢曼:《法社会学》,宾凯、赵春燕译,上海人民出版社2013年版。

[22][德]鲁道夫·冯·耶林:《为权利而斗争》,胡海宝译,中国法制出版社2004年版。

[23][德]罗尔夫·旺克:《法律解释》,蒋毅、季红明译,北京大学出版社2020年版。

[24][德]齐佩利乌斯:《法学方法论》,金振豹译,法律出版社2009年版。

[25][德]托马斯·M.J.默勒斯:《法学方法论》,杜志浩译,北京大学出版社2022年版。

[26][德]托马斯·M.J.默勒斯:《欧洲资本市场法的最新发展——从德国的视角观察》,申柳华、李海等译,中国政法大学出版社2016年版。

[27][法]勒内·达维德:《当代主要法律体系》,漆竹生译,上海译文出版社1984年版。

[28][法]卢梭:《社会契约论》,徐强译,中国社会科学出版社2009年版。

[29][韩]权宁星:《基本权利的竞合与冲突》,韩大元译,载《环球法律评论》1996年第4期。

[30][加]L.W.萨姆纳:《权利的道德基础》,李茂森译,中国人民大学出版社2011年版。

[31][美]E.博登海默:《法理学:法律哲学与法律方法》,邓正来译,中国政法大学出版社2004年版。

[32][美]F.M.卡姆:《权利》,杜宴林、李子林译,载朱振、刘小平、瞿郑龙等编译:《权利理论》,上海三联书店2020年版。

[33][美]T.内格尔:《什么是客观性?》,姚大志译,载《世界哲学》2003年第3期。

[34][美]安德雷斯·韦思岸:《大数据和我们——如何更好地从后隐私经济中获益?》,胡小锐、李凯平译,中信出版集团2016年版。

[35][美]贝思·J.辛格:《实用主义、权利和民主》,王守昌等译,上海译文出版社2001年版。

［36］［美］布莱恩·阿瑟:《复杂经济学:经济思想的新框架》,贾拥民译,浙江人民出版社2018年版。

［37］［美］布莱恩·阿瑟:《技术的本质:技术是什么,它是如何进化的》,曹东溟、王健译,浙江人民出版社2018年版。

［38］［美］大卫·哈维:《跟大卫·哈维读〈资本论〉》(第2卷),谢富胜等译,上海译文出版社2016年版。

［39］［美］戴维·索萨:《后果主义的后果》,载徐向东主编:《后果主义与义务论》,浙江大学出版社2011年版。

［40］［美］德沃金:《刺猬的正义》,周望、徐宗立译,中国政法大学出版社2016年版。

［41］［美］德沃金:《法律帝国》,李常青译,中国大百科全书出版社1996年版。

［42］［美］德沃金:《认真对待权利》,吴玉章、信春鹰译,中国大百科全书出版社2002年版。

［43］［美］杰克·唐纳利:《普遍人权的理论与实践》,王浦劬等译,中国社会科学出版社2001年版。

［44］［美］杰拉尔德·J.鲍斯特玛:《适于法律的客观性》,高中等译,载［英］布莱恩·莱特编:《法律和道德领域的客观性》,高中等译,中国政法大学出版社2007年版。

［45］［美］理查德·A.波斯纳:《道德和法律理论的疑问》,苏力译,中国政法大学出版社2001年版。

［46］［美］卡尔·威尔曼:《真正的权利》,刘振宇等译,商务印书馆2015年版。

［47］［美］凯斯·桑斯坦:《就事论事——美国最高法院的司法最低限度主义》,泮伟江、周武译,北京大学出版社2007年版。

［48］［美］科斯塔斯·杜兹纳:《人权与帝国》,辛亨复译,江苏人民出版社

2010年版。

［49］［美］劳伦斯·弗里德曼：《人权文化：一种历史和语境的研究》，郭晓明译，中国政法大学出版社2018年版。

［50］［美］劳伦斯·弗里德曼：《选择的共和国：法律、权威与文化》，高鸿钧等译，清华大学出版社2005年版。

［51］［美］劳伦斯·莱斯格：《代码2.0：网络空间中的法律》，李旭、沈伟伟译，清华大学出版社2009年版。

［52］［美］赫伯特·马尔库塞：《单向度的人：发达工业社会意识形态研究》，刘继译，上海译文出版社2006年版。

［53］［美］马克·格雷厄姆，威廉·H.达顿：《另一个地球：互联网+社会》，胡泳等译，电子工业出版社2015年版。

［54］［美］马修·克雷默：《哈特：法律的性质》，杨建译，上海人民出版社2023年版。

［55］［美］乔纳森·特纳：《社会学理论的结构》，邱泽奇、张茂元等译，华夏出版社2006年版。

［56］［美］乔治·H.米德：《心灵、自我与社会》，赵月瑟译，上海译文出版社2018年版。

［57］［美］史蒂芬·霍尔姆斯、凯斯·R.桑斯坦：《权利的成本——为什么自由依赖于税》，毕竞悦译，北京大学出版社2004年版。

［58］［美］斯蒂芬·佩里：《法律原则的两种模型》，张晓笑、陈林林译，《厦门大学法律评论》第20辑，厦门大学出版社2012年版。

［59］［美］亚伦·普赞诺夫斯基、杰森·舒尔茨：《所有权的终结：数字时代的财产保护》，赵精武译，北京大学出版社2022年版。

［60］［日］芦部信喜：《宪法》（第6版），林来梵等译，清华大学出版社2018年版。

［61］［意］圭多·斯莫尔托：《平台经济中的弱势群体保护》，宁萌译，载《环

球法律评论》2018年第4期。

［62］［英］爱德华·泰勒:《原始文化》,连树声译,广西师范大学出版社2005年版。

［63］［英］巴瑞·布赞、［丹麦］奥利·维夫、［丹麦］迪·怀尔德:《新安全论》,朱宁译,浙江人民出版社2003年版。

［64］［英］格里·斯托克:《新地方主义、参与及网络化社区治理》,游祥斌摘译,载《国家行政学院学报》2006年第3期。

［65］［英］理查德·贝拉米:《重新思考自由主义》,王萍译,江苏人民出版社2005年版。

［66］［英］迈克尔·曼:《社会权力的来源》(第一卷),刘北成、李少军译,上海人民出版社2015年版。

［67］［英］尼尔·麦考密克:《法律推理与法律理论》,姜峰译,法律出版社2018年版。

［68］［英］尼古拉斯·布宁、余纪元编著:《西方哲学英汉对照辞典》,人民出版社2001年版。

［69］［英］帕特里克·贝尔特,［葡］菲利佩·达·席尔瓦:《二十世纪以来的社会理论》,瞿铁鹏译,商务印书馆2014年版。

［70］［英］W.D.拉蒙特:《价值判断》,马俊峰等译,中国人民大学出版社1992年版。

［71］［英］约瑟夫·拉兹:《实践理性与规范》,朱学平译,中国法制出版社2011年版。

［72］［英］约瑟夫·拉兹:《法律原则与法律的界限》,雷磊译,载《比较法研究》2009年第6期。

［73］［英］约瑟夫·拉兹:《人权无需根基》,岳林、章永乐译,载《中外法学》2010年第3期。

［74］［英］约瑟夫·拉兹:《法律的权威——关于法律与道德论文集》,朱峰

译,法律出版社2021年版。

[75][英]詹姆斯·格里芬:《论人权》,徐向东、刘明译,译林出版社2015年版。

3.中文期刊论文

[1]白利寅:《设区的市地方性法规与上级规章关系研究——以山东省设区的市地方性法规为分析对象》,载《云南大学学报(社会科学版)》2022年第1期。

[2]常健:《人的数字化生存及其人权保障》,载《东南大学学报(哲学社会科学版)》2022年第4期。

[3]陈金钊:《"法律解释权"行使中的"尊重和保障人权"》,载《政治与法律》2019年第1期。

[4]陈金钊:《解决"疑难"案件的法律修辞方法——以交通肇事连环案为研究对象的诠释》,载《现代法学》2013年第5期。

[5]陈金钊:《司法过程中的法律发现》,载《中国法学》2002年第1期。

[6]陈景辉:《不可放弃的权利:它能成立吗?》,载《清华法学》2020年第2期。

[7]陈景辉:《存在一种独立的原则理论吗?》,载《浙江社会科学》2012年第3期。

[8]陈景辉:《权利的规范力:一个对利益论的批判》,载《中外法学》2019年第3期。

[9]陈景辉:《权利和义务是对应的吗?》,载《法制与社会发展》2014年第3期。

[10]陈景辉:《权利可能新兴吗?——新兴权利的两个命题及其批判》,载《法制与社会发展》2021年第3期。

[11]陈景辉:《算法之治:法治的另一种可能性?》,载《法制与社会发展》2022年第4期。

[12]陈林林:《法律原则的模式与应用》,载《浙江社会科学》2012年第3期。

［13］陈林林：《基于法律原则的裁判》，载《法学研究》2006年第3期。

［14］陈宇飞等：《人工智能系统安全与隐私风险》，载《计算机研究与发展》2019年第10期。

［15］程金华：《地方法制/法治的自主性》，载《中国法律评论》2019年第3期。

［16］程梦婧：《"权利方式"：人权实现的法律工具》，载《政法论坛》2019年第5期。

［17］程骞：《公司人权义务的法哲学原理》，武汉大学2016年博士学位论文。

［18］崔宏轶、冼骏：《政务数据管理中的"数据可用性"——痛点及其消解》，载《中国行政管理》2019年第8期。

［19］戴昕：《数据界权的关系进路》，载《中外法学》2021年第6期。

［20］丁道勤：《"上天入地"，还是"度权量利"——〈网络安全法〉（草案）述评》，载《中国矿业大学学报（社会科学版）》2016年第3期。

［21］丁晓东：《论"数字人权"的新型权利特征》，载《法律科学》2022年第6期。

［22］董贵山等：《国外信息保障体系发展综述与启示》，载《信息安全与通信保密》2014年第12期。

［23］杜启顺：《网络虚拟财产权利救济方式探微——以民事责任体系为论证进路》，载《北京行政学院学报》2017年第4期。

［24］范如国：《平台技术赋能、公共博弈与复杂适应性治理》，载《中国社会科学》2021年第12期。

［25］封丽霞：《中央与地方立法权限的划分标准："重要程度"还是"影响范围"》，载《法制与社会发展》2008年第5期。

［26］封永平：《安全维度转向：人的安全》，载《现代国际关系》2006年第6期。

［27］冯平：《价值判断的可证实性——杜威对逻辑实证主义反价值理论的批判》，载《复旦学报（社会科学版）》2006年第5期。

［28］冯平：《走出价值判断的悖谬》，载《哲学研究》1995年第10期。

［29］高富平：《个人信息保护：从个人控制到社会控制》，载《法学研究》2018年第3期。

［30］高富平：《个人信息流通利用的制度基础——以信息识别性为视角》，载《环球法律评论》2022年第1期。

［31］高秦伟：《数字政府背景下行政法治的发展及其课题》，载《东方法学》2022年第2期。

［32］葛洪义：《法治建设中的"地方"》，载《吉林大学社会科学学报》2012年第2期。

［33］龚天平：《企业公民、企业社会责任与企业伦理》，载《河南社会科学》2010年第4期。

［34］龚向和：《人的"数字属性"及其法律保障》，载《华东政法大学学报》2021年第3期。

［35］龚向和：《数字人权的概念证立、本原考察及其宪法基础》，载《华东政法大学学报》2023年第3期。

［36］关保英、汪骏良：《基于合作治理的数字法治政府建设》，载《福建论坛（人文社会科学版）》2022年第5期。

［37］桂晓伟：《智慧社会的数字人权保护——基于"能力路径"的理论建构》，载《法学评论》2023年第1期。

［38］郭春镇：《"权力-权利"视野中的数字赋能双螺旋结构》，载《浙江社会科学》2022年第1期。

［39］郭春镇：《法律解释的公共性》，载《中国法学》2023年第1期。

［40］郭春镇：《数字人权时代人脸识别技术应用的治理》，载《现代法学》2020年第4期。

［41］郭春镇：《作为中国政法话语的表达权》，载《法学家》2021年第5期。

［42］韩大元：《完善人权司法保障制度》，载《法商研究》2014年第3期。

［43］韩旭至:《认真对待数字社会的个人拒绝权》,载《华东政法大学学报》2023年第1期。

［44］韩旭至:《信息权利范畴的模糊性使用及其后果——基于对信息、数据混用的分析》,载《华东政法大学学报》2020年第1期。

［45］禾木:《从所指/能指到能指/所指——论拉康对索绪尔二元论的批判》,载《现代哲学》2005年第2期。

［46］贺栩栩:《比较法上的个人数据信息自决权》,载《比较法研究》2013年第2期。

［47］洪延青:《"以管理为基础的规制"——对网络运营者安全保护义务的重构》,载《环球法律评论》2016年第4期。

［48］侯健:《国家治理的人权思维和方式》,载《法学》2017年第6期。

［49］侯健:《试论人权治理》,载《学术界》2020年第10期。

［50］胡大平:《网络与全球资本主义》,载《马克思主义与现实》2002年第2期。

［51］胡杰:《论权力的义务性》,载《法学》2021年第10期。

［52］胡凌:《论地方立法中公共数据开放的法律性质》,载《地方立法研究》2019年第3期。

［53］胡敏洁:《自动化行政的法律控制》,载《行政法学研究》2019年第2期。

［54］胡巧莉、刘征峰:《算法解释在民法中的体系定位与类型区分》,载《财经法学》2022年第4期。

［55］胡玉鸿:《论司法审判中法律适用的个别化》,载《法制与社会发展》2012年第6期。

［56］黄晨熹:《老年数字鸿沟的现状、挑战及对策》,载《人民论坛》2020年第29期。

［57］黄伟文:《论法律的中度客观性》,载《法制与社会发展》2013年第4期。

［58］黄子瑶、李平:《概念的功能:表征与概念能力》,载《哲学动态》2016年

第11期。

[59]贾开、张会平、汤志伟:《智慧社会的概念演进、内涵构建与制度框架创新》,载《电子政务》2019年第4期。

[60]江必新、王红霞:《论现代社会治理格局——共建共治共享的意蕴、基础与关键》,载《法学杂志》2019年第2期。

[61]江必新:《关于完善人权司法保障的若干思考》,载《中国法律评论》2014年第2期。

[62]蒋银华:《论数字法治政府建设的安全之维》,载《法律科学》2024年第4期。

[63]鞠丽华:《习近平总体国家安全观探析》,载《山东社会科学》2018年第9期。

[64]雷磊:《法律概念是重要的吗》,载《法学研究》2017年第4期。

[65]雷磊:《法律规范冲突的逻辑性质》,载《法律科学》2016年第6期。

[66]雷磊:《法律原则如何适用？——〈法律原则适用中的难题何在〉的线索及其推展》,载《法学方法论丛》2012年第1辑。

[67]雷磊:《反思司法裁判中的后果考量》,载《法学家》2019年第4期。

[68]雷磊:《为涵摄模式辩护》,载《中外法学》2016年第5期。

[69]雷磊:《新科技时代的法学基本范畴:挑战与回应》,载《中国法学》2023年第1期。

[70]雷磊:《新兴(新型)权利的证成标准》,载《法学论坛》2019年第3期。

[71]李傲、王娅:《智慧法院建设中的"战略合作"问题剖判》,载《安徽大学学报(哲学社会科学版)》2019年第4期。

[72]李超民:《智慧社会建设:中国愿景、基本架构与路径选择》,载《宁夏社会科学》2019年第2期。

[73]李晟:《略论人工智能语境下的法律转型》,载《法学评论》2018年第1期。

［74］李德顺:《马克思主义怎样看"人"》,载《岭南学刊》2018年第6期。

［75］李海平:《个人信息国家保护义务理论的反思与重塑》,载《法学研究》2023年第1期。

［76］李海平:《论基本权利对社会公权力主体的直接效力》,载《政治与法律》2018年第10期。

［77］李慧凤:《公共治理视域下的社会管理行为优化》,载《中国人民大学学报》2014年第2期。

［78］李俊:《相对剥夺理论与弱势群体的心理疏导机制》,载《社会科学》2004年第4期。

［79］李俊:《全过程人民民主推进司法现代化的逻辑机理与优化路径》,载《探索》2024年第5期。

［80］李蕾:《从信息权利到信息人权:法理证成与分层建构》,载《人权研究》2022年第3期。

［81］李璐君:《"人权司法保障"的语义分析》,载《华东政法大学学报》2019年第4期。

［82］李莎莎:《企业人权责任边界分析》,载《北方法学》2018年第3期。

［83］林来梵、季彦敏:《人权保障:作为原则的意义》,载《法商研究》2005年第4期。

［84］林来梵、张卓明:《论法律原则的司法适用——从规范性法学方法论角度的一个分析》,载《中国法学》2006年第2期。

［85］林来梵、翟国强:《论基本权利的竞合》,载《法学家》2006年第5期。

［86］林来梵:《人的尊严与人格尊严——兼论中国宪法第38条的解释方案》,载《浙江社会科学》2008年第3期。

［87］刘红臻:《人权的制度表达》,载《法制与社会发展》2004年第1期。

［88］刘瑾:《我国地方政府数据开放发展模式研究——以广东、山东和贵州省为例》,载《情报探索》2020年第5期。

［89］刘军、David Willer、Pamela Emanuelson：《网络结构与权力分配：要素论的解释》，载《社会学研究》2011年第2期。

［90］刘练军：《定义人格权可能吗？——〈人格权编草案〉"四审稿"第990条第1款评述》，载《浙江社会科学》2020年第2期。

［91］刘擎：《重申个人自主性：概念修正与规范建构》，载《学术月刊》2010年第9期。

［92］刘权：《政府数据开放的立法路径》，载《暨南学报（哲学社会科学版）》2021年第1期。

［93］刘树德：《"裁判依据"与"裁判理由"的法理再辨——以社会主义核心价值观的法源定位为中心》，载《政治与法律》2023年第8期。

［94］刘雁鹏：《中央与地方立法权限划分：标准、反思与改进》，载《河北法学》2019年第3期。

［95］刘叶深：《法律规则与法律原则：质的差别？》，载《法学家》2009年第5期。

［96］刘叶深：《为新兴权利辩护》，载《法制与社会发展》2021年第5期。

［97］刘志强、李越开：《再论"数字人权"的解构与追问》，载《北京航空航天大学学报（社会科学版）》2024年第1期。

［98］刘志强：《"数字人权"再反思——与马长山教授等商榷》，载《政法论坛》2022年第6期。

［99］刘志强：《论"数字人权"不构成第四代人权》，载《法学研究》2021年第1期。

［100］刘志强：《论人权概念与人权话语的关联互构》，载《政法论坛》2020年第6期。

［101］刘志强：《论人权治理的三重逻辑及其展开》，载《现代法学》2023年第4期。

［102］刘志强：《三论"数字人权"之榷扬》，载《中国法律评论》2023年第

4期。

[103] 柳建龙:《论基本权利竞合》,载《法学家》2018年第1期。

[104] 马岭:《宪法权利冲突与法律权利冲突之区别——兼与张翔博士商榷》,载《法商研究》2006年第6期。

[105] 马长山:《国家"建构主义"法治的误区与出路》,载《法学评论》2016年第4期。

[106] 马长山:《数字法学的理论表达》,载《中国法学》2022年第3期。

[107] 马长山:《数字人权的"中国图景"》,载《人权》2023年第4期。

[108] 马长山:《数字社会的治理逻辑及其法治化展开》,载《法律科学》2020年第5期。

[109] 马长山:《智慧社会背景下的"第四代人权"及其保障》,载《中国法学》2019年第5期。

[110] 马长山:《智慧社会建设中的"众创"式制度变革——基于"网约车"合法化进程的法理学分析》,载《中国社会科学》2019年第4期。

[111] 马长山:《智能互联网时代的法律变革》,载《法学研究》2018年第4期。

[112] 满洪杰:《弱势群体权利保护与公私法的互动,以民法上人格的变迁为例》,载《山东大学学报(哲学社会科学版)》2013年第6期。

[113] 梅夏英:《数据的法律属性及其民法定位》,载《中国社会科学》2016年第9期。

[114] 梅夏英:《信息和数据概念区分的法律意义》,载《比较法研究》2020年第6期。

[115] 孟显印、杨超:《我国开放政府数据应用开发的现状与问题——基于开放政府数据平台的分析》,载《情报杂志》2020年第3期。

[116] 宁凯惠:《论法律规范的发生机制——基于社会认知的视角》,载《法学评论》2021年第6期。

[117] 泮伟江:《超越"依法裁判"理论》,载《中国法律评论》2020年第2期。

[118] 彭诚信、许素敏:《"新型权利"在〈民法典〉中的表现形式及规范价值》,载《求是学刊》2022年第3期。

[119] 彭诚信、许素敏:《侵害个人信息权益精神损害赔偿的制度建构》,载《南京社会科学》2022年第3期。

[120] 彭诚信:《从法律原则到个案规范——阿列克西原则理论的民法应用》,载《法学研究》2014年第4期。

[121] 彭诚信:《数字法学的前提性命题与核心范式》,载《中国法学》2023年第1期。

[122] 彭诚信:《现代权利视域中利益理论的更新与发展》,载《东方法学》2018年第1期。

[123] 彭中礼:《司法裁判引证法律学说的功能研究——基于生效裁判文书的实证分析》,载《现代法学》2022年第1期。

[124] 齐延平:《论人工智能时代法律场景的变迁》,载《法律科学》2018年第4期。

[125] 齐英程:《作为公物的公共数据资源之使用规则构建》,载《行政法学研究》2021年第5期。

[126] 钱再见:《中国社会弱势群体及其社会支持政策》,载《江海学刊》2002年第3期。

[127] 钱子瑜:《论数据财产权的构建》,载《法学家》2021年第6期。

[128] 邱泽奇、张樹沁、刘世定等:《从数字鸿沟到红利差异——互联网资本的视角》,载《中国社会科学》2016年第10期。

[129] 曲相霏:《论人权的普遍性与人权主体观》,载《文史哲》2009年第4期。

[130] 任帅军:《人权价值尺度思想研究》,载《湖北社会科学》2016年第10期。

[131] 商希雪:《政府数据开放中数据收益权制度的建构》,载《华东政法大

学学报》2021年第4期。

[132]申卫星:《数字权利体系再造:迈向隐私、信息与数据的差序格局》,载《政法论坛》2022年第3期。

[133]沈广明:《论中央与地方立法权限的划分标准——基于公共服务理论的研究》,载《河北法学》2020年第4期。

[134]沈伟伟:《算法透明原则的迷思——算法规制理论的批判》,载《环球法律评论》2019年第6期。

[135]沈宗灵:《人权是什么意义上的权利》,载《中国法学》1991年第5期。

[136]舒国滢:《法律规范的逻辑结构:概念辨析与逻辑刻画》,载《浙江社会科学》2022年第2期。

[137]舒国滢:《法律原则适用的困境——方法论视角的四个追问》,载《苏州大学学报(社会科学版)》2005年第1期。

[138]舒国滢:《法律原则适用中的难题何在》,载《苏州大学学报(哲学社会科学版)》2004年第6期。

[139]舒国滢:《菲利普·赫克的法律漏洞填补论与法律(诫命)更正论》,载《上海政法学院学报(法治论丛)》2022年第6期。

[140]赵树坤、毛奎:《中国人权研究的主体性觉醒与省思:1978—2018》,载《华东政法大学学报》2019年第1期。

[141]宋保振:《"数字弱势群体"权利及其法治化保障》,载《法律科学》2020年第6期。

[142]宋华琳:《中国政府数据开放法制的发展与建构》,载《行政法学研究》2018年第2期。

[143]宋烁:《政府数据开放宜采取不同于信息公开的立法进路》,载《法学》2021年第1期。

[144]宋新:《论德国宪法上的人的尊严及借鉴》,载《东方法学》2016年第6期。

[145]宋旭光:《论法律原则与法律规则的区分:从逻辑结构出发》,载《浙江社会科学》2022年第2期。

[146]宋旭光:《依法裁判与民意诉求——基于弹性法律秩序的方法论反思》,载《浙江社会科学》2016年第2期。

[147]苏力:《弱者保护与法律面前人人平等——从孕妇李丽云死亡事件切入》,载《北京大学学报(哲学社会科学版)》2008年第6期。

[148]苏宇:《数字时代的技术性正当程序:理论检视与制度构建》,载《法学研究》2023年第1期。

[149]孙波:《论地方专属立法权》,载《当代法学》2008年第2期。

[150]孙承叔:《资本与历史唯物主义——〈马克思恩格斯全集〉中文第二版第30、31卷的当代解读》,载《西南大学学报(社会科学版)》2013年第1期。

[151]孙海波:《在"规范拘束"与"个案正义"之间——论法教义学视野下的价值判断》,载《法学论坛》2014年第1期。

[152]孙海波:《在法律之内考量裁判后果》,载《比较法研究》2022年第4期。

[153]孙海波:《重新发现"同案":构建案件相似性的判断标准》,载《中国法学》2020年第6期。

[154]孙清白、王建文:《大数据时代个人信息"公共性"的法律逻辑与法律规制》,载《行政法学研究》2018年第3期。

[155]孙宪忠:《十九大科学立法要求与中国民法典编纂》,载《北京航空航天大学学报(社会科学版)》2018年第1期。

[156]孙展望:《法律保留与立法保留关系辨析——兼论立法法第8条可纳入法律保留范畴》,载《政法论坛》2011年第2期。

[157]田方林:《论客观性》,载《四川大学学报(哲学社会科学版)》2012年第4期。

[158]涂少彬:《人权比例分析的马克思主义解读——兼论我国外交领域的人权话语应对》,载《人权》2020年第6期。

[159]万斌、诸凤娟:《人权的四维透视》,载《浙江学刊》2009年第6期。

[160]汪习根、段昀:《数字发展权保障的中国经验与世界意义》,载《学习与实践》2023年第7期。

[161]汪习根:《论民法典的人权精神:以人格权编为重点》,载《法学家》2021年第2期。

[162]汪习根:《论人权司法保障制度的完善》,载《法制与社会发展》2014年第1期。

[163]王彬:《结果导向的法律解释及其控制》,载《济南大学学报(社会科学版)》2024年第1期。

[164]王贵松:《论法治国家的安全观》,载《清华法学》2021年第2期。

[165]王怀勇、邓若翰:《算法行政:现实挑战与法律应对》,载《行政法学研究》2022年第4期。

[166]王克金:《权利冲突研究中需要进一步澄清的问题》,载《法制与社会发展》2010年第5期。

[167]王克稳:《论中央与地方立法机关立法事项的划分》,载《行政法学研究》2022年第3期。

[168]王利明:《论民法典的民本性》,载《中国人民大学学报》2020年第4期。

[169]王利明:《迈进数字时代的民法》,载《比较法研究》2022年第4期。

[170]王利明:《民法的人文关怀》,载《中国社会科学》2011年第4期。

[171]王利明:《人格尊严:民法典人格权编的首要价值》,载《当代法学》2021年第1期。

[172]王琳:《论法律原则的性质及其适用——权衡说之批判与诠释说之辩护》,载《法制与社会发展》2017年第2期。

[173]王鹏翔:《基本权作为最佳化命令与框架秩序——从原则理论初探立法余地(Gesetzgeberische Spielraume)问题》,载《东吴法律学报》2007年第3期。

[174]王庆廷:《新兴权利渐进入法的路径探析》,载《法商研究》2018年第

1期。

［175］王世伟、曹磊、罗天雨：《再论信息安全、网络安全、网络空间安全》，载《中国图书馆学报》2016年第5期。

［176］王世伟：《论信息安全、网络安全、网络空间安全》，载《中国图书馆学报》2015年第2期。

［177］王锡锌、黄智杰：《公平利用权：公共数据开放制度建构的权利基础》，载《华东政法大学学报》2022年第2期。

［178］王锡锌：《数治与法治：数字行政的法治约束》，载《中国人民大学学报》2022年第6期。

［179］王娅：《政府信息公开视阈下的"透明"论析》，载《华中科技大学学报（社会科学版）》2018年第4期。

［180］王云清、陈林林：《依法裁判的法理意义及其方法论展开》，载《中国法律评论》2020年第2期。

［181］王云清：《制定法中的目的解释——以英美国家为中心》，载《法制与社会发展》2020年第1期。

［182］温世扬：《〈民法典〉视域下的一般人格权》，载《中国法学》2022年第4期。

［183］温世扬：《民法典视域下的"人身自由"》，载《法制与社会发展》2022年第3期。

［184］温昱：《搜索引擎数据痕迹处理中权利义务关系之反思——以两起百度涉诉案例为切入点》，载《东方法学》2020年第6期。

［185］吴丙新：《论法律概念——一个司法中心主义的立场》，载《甘肃政法学院学报》2006年第2期。

［186］吴东镐：《我国中央与地方关系的法治化议题》，载《当代法学》2015年第4期。

［187］吴汉东：《人工智能时代的制度安排与法律规制》，载《法律科学》2017

年第5期。

[188]吴楠:《智慧社会的治理模式探析》,载《河海大学学报(哲学社会科学版)》2018年第5期。

[189]吴仙桂:《网络交易平台的法律定位》,载《重庆邮电大学学报(社会科学版)》2008年第6期。

[190]伍德志:《论人权的自我正当化及其负面后果》,载《法律科学》2016年第4期。

[191]伍科霖:《新兴人权困境及其辨证》,载《人权》2020年第2期。

[192]习近平:《充分认识颁布实施民法典重大意义 依法更好保障人民合法权益》,载《中国人大》2020年第12期。

[193]肖东梅:《"后真相"背后的算法权力及其公法规制路径》,载《行政法学研究》2020年第4期。

[194]肖卫兵:《论我国政府数据开放的立法模式》,载《当代法学》2017年第3期。

[195]谢鸿飞:《财产权的公共性》,载《上海政法学院学报(法治论丛)》2022年第5期。

[196]谢晖:《论新型权利的基础概念》,载《法学论坛》2019年第3期。

[197]谢晖:《数字社会的"人权例外"及法律决断》,载《法律科学》2021年第6期。

[198]谢立斌:《基本权利审查中的法益权衡:困境与出路》,载《清华法学》2022年第5期。

[199]熊静波:《作为实体性原则的基本人权——对基本人权的制度化及其实践的另一种考察》,载《人权研究》2019年第1期。

[200]徐晨光、王海峰:《中央与地方关系视阈下地方政府治理模式重塑的政治逻辑》,载《政治学研究》2013年第4期。

[201]徐珉川:《论公共数据开放的可信治理》,载《比较法研究》2021年第

6期。

[202]徐明:《文义解释的语用分析与构建》,载《政法论丛》2016年第3期。

[203]徐玮:《略论美国第二次工业革命》,载《世界历史》1989年第6期。

[204]徐显明、曲相霏:《人权主体界说》,载《中国法学》2001年第2期。

[205]徐显明:《民法典应充分体现"尊重和保障人权"》,载《中国人大》2016年第14期。

[206]徐显明:《人权的体系与分类》,载《中国社会科学》2000年第6期。

[207]徐信予、杨东:《平台政府:数据开放共享的"治理红利"》,载《行政管理改革》2021年第2期。

[208]徐雨衡:《法律原则适用的涵摄模式:基础、方法与难题》,载《甘肃社会科学》2020年第2期。

[209]许可:《数据交易流通的三元治理:技术、标准与法律》,载《吉首大学学报(社会科学版)》2022年第1期。

[210]许瑞超:《基本权利第三人效力的范畴与本质》,载《交大法学》2021年第1期。

[211]薛军:《人的保护:中国民法典编纂的价值基础》,载《中国社会科学》2006年第4期。

[212]严海良:《迈向以人的尊严为基础的功能性人权理论——当代人权观流变及评析》,载《环球法律评论》2015年第4期。

[213]严海良:《从主体性到关系性:人权论证的范式转向》,载《法制与社会发展》2008年第5期。

[214]杨世健:《法制统一的反思:中央与地方立法权限的界分及冲突解决——以"洛阳种子案"为例》,载《南京大学法律评论》2006年第2期。

[215]杨学科:《第四代人权论:数字时代的数字权利总纲》,载《山东科技大学学报(社会科学版)》2022年第2期。

[216]杨咏婕:《个人信息的私法保护研究》,吉林大学2013年博士学位论文。

［217］杨宇冠:《论人权司法保障》,载《法治研究》2016年第5期。

［218］杨知文:《类案适用的司法论证》,载《法学研究》2022年第5期。

［219］杨志军:《中央聚合—地方封闭政策体制及其更新:国家治理现代化的政治资源再造》,载《学术月刊》2022年第1期。

［220］姚辉、周云涛:《关于民事权利的宪法学思维——以一般人格权为对象的观察》,载《浙江社会科学》2007年第1期。

［221］姚建宗、方芳:《新兴权利研究的几个问题》,载《苏州大学学报(哲学社会科学版)》2015年第3期。

［222］叶传星:《人权概念的理论分歧解析》,载《法学家》2005年第6期。

［223］于安:《论数字行政法——比较法视角的探讨》,载《华东政法大学学报》2022年第1期。

［224］于柏华:《权利的证立论:超越意志论和利益论》,载《法制与社会发展》2021年第5期。

［225］于亮:《企业人权审慎义务的民事责任维度》,载《人权研究》2023年第2期。

［226］余凌云:《诚信政府理论的本土化构建——诚实信用、信赖保护与合法预期的引入和发展》,载《清华法学》2022年第4期。

［227］余少祥:《法律语境中弱势群体概念构建分析》,载《中国法学》2009年第3期。

［228］俞祺:《正确性抑或权威性:论规范效力的不同维度》,载《中外法学》2014年第4期。

［229］虞青松:《算法行政:社会信用体系治理范式及其法治化》,载《法学论坛》2020年第2期。

［230］张爱军:《"算法利维坦"的风险及其规制》,载《探索与争鸣》2021年第1期。

［231］张春生、林彦:《〈立法法〉修改前瞻——访中国立法学研究会会长张

春生》,载《交大法学》2014年第3期。

[232]张洪波:《作为人权的安全权:比较、内涵及规律》,载《南京社会科学》2013年第5期。

[233]张吉豫:《数字法理的基础概念与命题》,载《法制与社会发展》2022年第5期。

[234]张继成:《从案件事实之"是"到当事人之"应当"——法律推理机制及其正当理由的逻辑研究》,载《法学研究》2003年第1期。

[235]张继成:《价值判断是法律推理的灵魂》,载《北京科技大学学报(社会科学版)》2001年第1期。

[236]张建伟:《超越地方主义和去行政化——司法体制改革的两大目标和实现途径》,载《法学杂志》2014年第3期。

[237]张万洪:《论人权主流化》,载《法学评论》2016年第6期。

[238]张万洪:《止于至善:我国〈国家人权行动计划〉的发展历程及新进展》,载《人权》2021年第5期。

[239]张文显:《人权保障与司法文明》,载《中国法律评论》2014年第2期。

[240]张文显:《新时代的人权法理》,载《人权》2019年第3期。

[241]张新平:《网络平台治理立法的反思与完善》,载《中国法学》2023年第3期。

[242]张龑:《论人权与基本权利的关系——以德国法和一般法学理论为背景》,载《法学家》2010年第6期。

[243]张以哲:《数据资本权力:数字现代性批判的重要维度》,载《西南大学学报(社会科学版)》2021年第1期。

[244]张祖阳:《法律漏洞的认定标准、正当理由及认定方法》,载《华东政法大学学报》2021年第2期。

[245]郑春燕、唐俊麟:《论公共数据的规范含义》,载《法治研究》2021年第6期。

［246］郑戈：《在鼓励创新与保护人权之间——法律如何回应大数据技术革新的挑战》，载《探索与争鸣》2016年第7期。

［247］郑贤君：《公法价值向私法领域的再渗透——基本权利水平效力与契约自由原则》，载《浙江学刊》2007年第1期。

［248］郑毅：《论同一主体的基本权利冲突》，载《政治与法律》2015年第2期。

［249］郑玉双：《个人信息权利的共同善维度》，载《浙江社会科学》2023年第2期。

［250］郑玉双：《价值一元论的法政困境——对德沃金〈刺猬的正义〉的批判性阅读》，载《政法论坛》2018年第6期。

［251］郑智航：《"技术—组织"互动论视角下的中国智慧司法》，载《中国法学》2023年第3期。

［252］郑智航：《数字人权的理论证成与自主性内涵》，载《华东政法大学学报》2023年第1期。

［253］周汉华：《打造升级版政务公开制度——论〈政府信息公开条例〉修改的基本定位》，载《行政法学研究》2016年第3期。

［254］周辉：《算法权力及其规制》，载《法制与社会发展》2019年第6期。

［255］周尚君：《地方政府的价值治理及其制度效能》，载《中国社会科学》2021年第5期。

［256］周尚君：《数字社会对权力机制的重新构造》，载《华东政法大学学报》2021年第5期。

［257］周维栋：《个人数据权利的宪法体系化展开》，载《法学》2023年第1期。

［258］周裕琼：《数字弱势群体的崛起：老年人微信采纳与使用影响因素研究》，载《新闻与传播研究》2018年第7期。

［259］朱虎：《人格权何以成为民事权利？》，载《法学评论》2021年第5期。

［260］朱伟：《论自主性及其在生命伦理学中的意义》，载《伦理学研究》2013年第4期。

[261]朱晓峰:《论一般人格权条款与具体人格权条款的规范适用关系》,载《比较法研究》2021年第3期。

[262]朱新力、周许阳:《大数据时代个人数据利用与保护的均衡——"资源准入模式"之提出》,载《浙江大学学报(人文社会科学版)》2018年第1期。

[263]朱振:《权利与自主性——探寻权利优先性的一种道德基础》,载《华东政法大学学报》2016年第3期。

[264]朱振:《事实性与有效性张力中的权利——关于权利来源的省思》,载《浙江社会科学》2018年第10期。

[265]左亦鲁:《国家安全视域下的网络安全——从攻守平衡的角度切入》,载《华东政法大学学报》2018年第1期。

4.其他类型文献

[1]李书磊:《增强实现中华民族伟大复兴的精神力量》,载《人民日报》2022年10月21日,第5版。

[2]刘畅:《各地竞相为数据立法,有何意义和局限?》,载百家号2021年11月30日,https://baijiahao.baidu.com/s?id=1717851655635952633&wfr=spider&for=pc。

[3]张文显:《无数字,不人权——在"知识产权与相关权利的法理"学术研讨会暨"法理研究行动计划"第八次例会上的致辞》,载爱思想网2019年5月26日,http://www.aisixiang.com/data/116468.html。

二、外文文献

[1] Aharon Barak, *Proportionality: Constitutional Rights and Their Limitations*, Cambridge University Press, 2012.

[2] Andrew Clapham, *Human Rights: A Very Short Introduction*, Oxford University Press, 2015.

[3] Andrzej Grabowski, *Juristic Concept of the Validity of Statutory Law: A*

Critique of Contemporary Legal Nonpositivism, Verlag Berlin Heidelberg, 2013.

[4] Ariel L. Bendor & Tal Sela, *How Proportional is Proportionality?* International Journal of Constitutional Law, 2015.

[5] Bebhinn Donnelly, *A Natural Law Approach to Normativity*, Ashgate Publishing Company, 2007.

[6] Beth Simone Noveck, *Rights-Based and Tech-Driven: Open Data, Freedom of Information, and the Future of Government Transparency*, Yale Human Rights and Development Law Journal, 2017.

[7] David M. Walker(ed.), *The Oxford Companion to Law*, Clarendon Press, 1980.

[8] Gerald Dworkin, *The Theory and Practice of Autonomy*, Cambridge University Press, 1988.

[9] Giovanni Ziccardi, *Resistance, Liberation Technology and Human Rights in the Digital Age*, Springer Netherlands, 2013.

[10] Miller ed., *The Blackwell Encyclopaedia of Political Thought*, Blackwell Publishers Ltd., 1987.

[11] Robert Alexy, *A Theory of Constitutional Rights*, Trans. by Julian Rivers, Oxford University Press, 2002.

[12] Andrea Monti, *The Digital Rights Delusion: Humans, Machines and the Technology of Information*, Routledge, 2023.

[13] Cary Coglianese & David Lehr, *Transparency and Algorithmic Governance*, Administrative Law Review, 2019.

[14] Cass R. Sunstein, *Incompletely Theorized Agreements*, Harvard University Law Review, 1995.

[15] Ch. Perelman, *Justice, Law and Argument: Essays on Moral and Legal Reasoning*, D. Reidel Publishing Company, 1980.

[16] Christian Bay, *The Structure of Freedom*, Stanford Press, 1958.

[17] Christian Fuchs, *Digital Humanism: A Philosophy for 21st Century Digital Society*, Emerald Publishing Limited, 2022.

[18] Clark, Andy & Prinz, Jesse, *Putting Concepts to Work: Some Thoughts for the Twenty-first Century*, Mind & Language, 2004.

[19] Cong Xu, *Regulatory Model for Digital Rights Management: Analysis of U.S., Europe and China*, Springer Nature Singapore Pte Ltd., 2020.

[20] Daniel Rudofsky, *Modern State Action Doctrine in the Age of Big Data*, N.Y.U. Annual Survey of American Law, 2016.

[21] David Thaw, *The Efficacy of Cybersecurity Regulation*, Georgia State University Law Review, 2014.

[22] Edoardo Celeste, *Digital Constitutionalism: The Role of Internet Bills of Rights*, Routledge, 2023.

[23] Eleni Kosta, *Consent in European Data Protection Law*, Brill, 2013.

[24] Gene M. Lyons & James Mayall (ed.), *International Human Rights in the 21st Century: Protecting the Rights of Group*, Rowman & Littlefield Publishers. Inc, 2003.

[25] Hans-W. Micklitz, *Constitutional Challenges in the Algorithmic Society*, Cambridge University Press, 2022.

[26] Jennifer Shkabatur, *Transparency With (out) Accountability: Open Government in the United States*, Yale Law & Policy Review, 2012.

[27] Joel Feinberg, *Rights, Justice, and the Bounds of Liberty: Essays in Social Philosophy*, Princeton University Press, 1980.

[28] John Rawls, *The Law of Peoples*, Harvard University Press, 1999.

[29] Joseph Raz, *Legal Principles and the Limits of Law*, Yale Law Journal, 1972.

[30] Martin Heidegger, *Discourse on Thinking*, trans. by John Anderson and Hans Freund, Harper & Row, 1966.

[31] P. Williamson, *Varieties of Corporatism: A Conceptual Discussion*, Cambridge University Press, 1992.

[32] Rebekah Dowd, *The Birth of Digital Human Rights: Digitized Data Governance as a Human Rights Issue in the EU*, Palgrave Macmillan, 2022.

[33] Richard A. Posner, *The Right of Privacy*, Georgia Law Review, 1977.

[34] Robert Alexy, *A Theory of Constitutional Rights*, trans. by Julian Rivers, Oxford University Press, 2002.

[35] Robert Alexy, *Constitutional Rights, Proportionality, and Argumentation*, in Jan-R. Sieckmann(ed.). Proportionality, Balancing and Rights: Robert Alexy's Theory of Constitutional Rights, Springer, 2021.

[36] Ronald Dworkin, *A Matter of Principle*, Harvard University Press, 1985.

[37] Shoshana Zuboff, *The Age of Surveillance Capitalism: The Fight for Human Future at New Frontier of Power*, Public Affairs, 2019.

[38] Stephan Kirste, *Concept and Validity of Law*, in Pauline Westerman(et al.), Legal Validity and Soft Law, Springer International Publishing AG, 2018.

[39] Susan Perry & Claudia Roda, *Human Rights and Digital Technology: Digital Tightrope*, Palgrave Macmillan, 2017.

[40] Tom Campbell, Seumas Miller, ed., *Human Rights and the Moral Responsibilities of Corporate and Public Sector Organisations*, Kluwer Academic Publishers, 2004.

[41] Vincent R. Johnson, *Data Security and Tort Liability*, Journal of Internet Law, 2008.

[42] William Blackstone, *Commentaries on the Laws of England*, Harper & bros, 1857.

[43] Bryan S. Turner, *Vulnerability and Human Rights*, The Pennsylvania State University Press, 2006.

[44] Stephen P. Marks, *Emerging Human Rights: A New Generation for the 1980s?* Rutgers Law Review, 1981.

[45] Stuart Banner, *The Decline of Natural Law: How American Lawyers Once Used Natural Law and Why They Stopped*, Oxford University Press, 2021.

[46] Sylvie Delacroix, *Legal Norms and Normativity: An Essay in Genealogy*, Hart Publishing, 2006.

[47] Talcott Parsons, *Sociological Theory and Modern Society*, Free Press, 1967.

[48] Westerman et al., *Legal Validity and Soft Law*, Springer International Publishing AG, 2018.

后 记

早在1995年，也就是约30年前，尼葛洛庞帝便预言道，"比特作为信息的DNA，正迅速取代原子成为人类社会的基本要素"。也正是1995年，我国互联网的雏形开始显现，这一年因之被习惯称为"中国互联网的商业元年"。三十年既漫长也短暂，"数字革命"的浩浩汤汤超出了尼葛洛庞帝在《数字化生存》最初所描绘的图景，如今无论是在中国还是在世界范围内，互联网早已经从一种新兴技术跃升为社会生活的核心部分。深层次、全方位、多维度地型构了社会结构与价值理念。百川朝海，流行不止，"数字人权"议题的兴起乃是一种必然，映射出人类面对颠覆性变革所固有的警惕、忧虑以及反思、期待——无论是否出现"数字人权"这一称谓，"数字"已然全面性、多领域、深层次地嵌入社会运转乃是不争的事实，数字时代"人—技术—法律—权利"之间的复杂关系与全新构造也是关乎现实境况和未来命运的根本性挑战。

依循柏拉图的"洞穴隐喻"，人文社会科学的"天命"或许在于推动个体灵魂从可见世界擢升到理念世界，其间显露的"人之觉醒"意蕴构成了人权理念的重要渊源。然而在柏拉图的"意料之外、情理之中"，数字化的"洞穴"正滑向相反的轨迹：数字技术在深度介入社会运转的过程中，逐渐生成层层嵌套的封闭性环境，理念世界正在极速降沉到可见世界，人类不可避免地自我捆绑。阳光之下无新鲜事，这种"数字洞穴"亦是现代性困境的延展，繁荣的物质文明、空前的技术革命推动大量知识、数据、信息如潮水般涌入普通现代人的日常生活，但似乎技术越便捷，肉身却愈发沉重，自主性与反思性在技术理性的光环下不断迷失。

与这种数字洞穴相呼应的则是数字时代的人权挑战。持续的科技发展与社会繁荣促使我们将进步视为一种必然，但这种进步性可能会掩藏社会主体内在的否定性、批判性、超越性维度，消解人权深层次的价值塑造与尊严感知。人权曾是人类社会从低级文明走向高级文明、从专制走向民主、从人治走向法治的重要动力，然而数字技术意味着使得人们更加深层次、全方位地仰赖精巧严密的"人造之物"——而非以感官体验、生活常识和价值共识来认识世界，人类的感性/理性不断被数字技术刻画与修改，权利风险随之增长，权利内容因之变迁，权利观念失之共识。更重要的是，数字革命有可能进一步加剧"人权工具化"的趋向，将人权保障简化和固化为权利数量的增长，最终导致人权在"工具化"的道路上渐行渐远。

于此背景之下，数字人权实质是对数字领域或数字技术应用过程中人权议题的强调和重申，其重点并不在于"权"，即创制多少新权利，而在于"人"，即在数字时代的多重变革中张扬人权价值，捍卫人的主体性，并将人权作为"一个无价值的世界里的价值观"来评价或指引数字科技应用于社会的各种行为或制度。沿此进路，数字人权的法学研究理应重点聚焦"价值—规范—行动"的互动机制，将人权由一种价值理念转化成共同的行动指引和体系化的制度规范，贯穿至法律运行的全过程。这种研究理路，不仅可能"守正出奇"地衔接人权的基本原理与数字化背景，亦是构建中国特色人权自主知识体系，坚持中国特色人权发展道路的应有题中之义。本书所论的"数字人权"正是建基于这一旨趣，尝试跳出"数字人权"是否成立的二元论争，初步性地剖释数字人权的"价值化/实在化"议题，将人权原理与诸项经典法学命题联结起来，据此在发展人权法理论的同时，也为审视经典法理提供人权视角。

屈指而算，从珞珈山到钱塘江畔已逾六载，六年间钱塘江潮裹挟着青葱岁月呼啸入海，年华也在既静寂又喧嚣的轮回中逐渐老去。数字人权议题一直被笔者自诩为一种"联结东西湖"的研究，试图将负笈东湖之滨所学"人权之理"，与求职西子湖边所见"数字之势"融会贯通。在此意义上，本书是对博士毕业后"青椒"生活的一个小结，感谢家人的包容，感怀学院的支持，感恩前行路上诸多前辈与师友的帮助，感激授业恩师与母校一如既往的关爱，也谨以此书向故去的李龙老师和张万洪老师致敬。

本书的部分章节内容曾先后发表在《法学研究》《中国法学》《现代法学》《行政法学研究》《人权法学》《浙江社会科学》《江海学刊》等期刊，并有幸被《中国社会科学文摘》《高等学校文科学术文摘》《人大复印资料》转载。发文不易，"青椒"发文尤其困难，在此特别感谢诸位编辑老师的悉心指导和全心提携，你们"为人梯者"的精神不仅滋养了"青椒"的成长，更是"青椒"继续前行的动力。本书系笔者主持的浙江省社科规划"党的二十大和省委十五届二次全会精神研究阐释"专项课题的成果，受浙江省哲学社会科学规划基金资助。本书同时还受到了笔者主持的两项国家社科基金项目"数字人权的司法保障机制研究"和"基于数字人权的平台义务体系化研究"的支持，在此一并致谢。最后也是最重要的，本书的出版离不开法律出版社韩泓宇、金姗两位老师的精心编校，在此谨致谢忱。当然，本书还存在诸多有待完善之处，在此恳请各位专家与读者多多批评、指正。

人之主体性不应该随数字大潮滚滚东逝，"钱塘江上潮信来，今日方知我是我"。

2024年11月
于杭州钱塘江畔